官僚體制結構 ×《官場現形記》解析 × 漕運利益糾葛……

從衙門到民間，看權力如何在無形中滲透與影響！

張程 著

權力與冤案

泛權力下

的歷史困局

丁、陰陽生、醫官……不入流小官職為何人人倒貼銀子也要爭搶？

因為實際權力＝法定權力＋衍生權力，

也就是「泛權力」！

官制度、官員職權、奇案操作、衙門利益……

本書看懂中國古代權力的泛化怎麼運作！

目錄

目錄

第三章
拍案驚奇：文藝作品中的奇案

後記

參考文獻

前言

從海鹽縣談起

　　道光二十八年（西元 1848 年），段光清奉委出任浙江海鹽知縣。

　　海鹽縣政務的一大要點，也是難點，就是「辦漕」。全國漕糧年定額為 400 萬石，海鹽一個縣就超過了 5 萬，可謂是一個漕務大縣。段光清自述：「余昔坐書房時亦聞有漕規之說，不知海鹽漕規之弊乃有如此之甚也！」新縣太爺到了任所後，才真正領教了傳說中的「漕規」。那麼，海鹽漕務有什麼弊端呢？

　　海鹽縣的百姓，分三六九等，有紳戶、衿戶、訟戶等名目。紳戶，就是在任或者卸任的官宦人家。紳戶繳納漕糧，每石並不交足一石，缺斤少兩，習以為常；衿戶，是有科舉功名在身、但沒有做官的士人家庭，每石交足一石，依法辦事，不能缺斤少兩。官府也不多收濫取。

　　訟戶，則是正在縣衙打官司的百姓人家，都是那些久拖不決的案件的當事人家庭。或許是迫於當事人反覆上訴、越級上訪等壓力，海鹽縣默許「訟戶交米，或一石加一斗，或一石加二斗不等」，也就是要多收他們一兩成的漕糧。而對於一般老百姓，「漕糧非一石收至兩石以外，不能運到京師」。也就是說，「三戶」以外的布衣平民，法定的一石漕糧的義務，至少要繳納兩石以上才能過關。所以，每到臨近收漕的時節，海鹽縣衙就擠滿了報案的、上訪的人，大家都來爭當「訟戶」。

　　在「三戶」之外，還有更厲害的「包戶」。一些強者，仗勢包攬他人的納糧，收取好處。比如，強者向平民每石按照一石五斗來徵收漕糧，

只繳納官府一石，賺取五斗好處。而一般小戶，樂於接受包戶的「公道標準」，紛紛投靠他們，請他們代交漕糧，以避免官吏的敲詐，避免更大的損失。

這還僅僅是徵稅群體中的漕規，與之相對的收稅群體中的弊端更多。除了正常的地方官吏、差役外，段光清發現，「自糧道、幫官、旗丁、委員及各衙門所薦收糧朋友，皆有漕規」。相關部門的官吏，都想從中分一杯羹。清朝有專門的漕運、河道系統，兩大衙門實行縱橫交錯的管理模式。他們自然要從漕糧徵收中自肥，雁過拔毛。省、道、府等上級官府的長官們又「推薦」了不少「朋友」，幫忙海鹽縣徵收、起運漕糧。如此美意，段光清是不敢違背的。

漕糧由專門的船隊沿大運河北運。其間，驗收官吏尺度的寬窄、押運兵丁看管糧食的鬆緊、販運船伕裝運糧食的快慢，甚至是船老大心情的好壞，都能影響海鹽漕務的成敗。自然，他們每個群體都發展出了潛規則，能從中得到實惠。此外，身為「統治民族」的浙江紈褲子弟（旗丁），藉口漕糧供應京畿，主要是為了滿足京師八旗的生活需求，也自告奮勇，前來幫忙。對這些爺，段光清即便打心底裡覺得就是群紈褲子弟、痞子流氓，表面上也不敢得罪。最終，「旗丁又於每年收縣幫費之外，又收民間折色米三四千石。」段光清問前任：「這些人已經收了我們海鹽縣的幫費，為什麼還要收折色米？」前任回答：「此亦明知而不能解者也。」向來如此，誰又有辦法改變呢？

起初，漕糧徵收穀米實物，後來因為運費、勒索等額外開支都強迫縣裡支付，海鹽就開始徵收「折色」。也就是徵收銀兩。至於漕糧按照什麼標準折算銀兩？銀子又怎麼個收法？這就又大有文章可做啦！

綜上前述，前任知縣向段光清感嘆：「海鹽之漕，所以不可辦也。」

這差事，簡直沒法辦！（段光清：《鏡湖自撰年譜》）

沒法辦，也得辦！紳戶、衿戶、訟戶、包戶、漕口、河道、上司的朋友、旗丁、押運兵丁、船伕等等群體層層篩過後，學者猜想，清代每運一石漕糧到北京，老百姓實際繳納的糧食在三石以上。這還沒加上時間成本和人力成本。如果按照綜合成本來算的話，一石漕糧的成本逼近40兩白銀。（倪玉平：〈試論道光初年漕糧海運〉；李作棟：《新輯時務匯通》卷67）這是一個什麼概念呢？段光清一年的俸祿是45兩白銀。一石漕糧幾乎可抵一個知縣的年俸。北京官民吃的是天價稻米！

天價稻米，權力作祟。每個群體，只要有些實權在手，就盯上漕糧漕務，牟取私利。漕口、河道衙門自然不必說了，紳戶有官員身分，衿戶有科舉功名，不是密集接觸公權力，就是有權力網絡能間接影響地方政務；訟戶雖然沒有公權力關係，但能利用官司和上訪等行為，對地方官吏造成負面影響；運輸船隻上的一般兵丁和船伕，看似無權無勢，可是也利用經手漕糧的第一線身分，在微觀和實踐層面上，對漕務施加影響。總之，所有人都有或大或小的、書面之外的實際權力。這些權力為他們帶來了巨大的好處，大到一石糧食數十兩白銀的好處，助推天價稻米的產生。

海鹽的漕規，是各方面群體長年累月博弈之後的結果。大家都接受了現實。比如，老百姓接受了「三戶」的存在，默認了不平等，忍受盤剝。他們的反抗，最多是爭當「訟戶」。而且，一些百姓還歡迎「包戶」的出現。這可看作不同群體在權力因素下的現實選擇。又比如，以段光清為首的地方官吏，接受了規則、各級衙門插手分肥。清帝國體制下的相關衙門和人群，都有公權力在手，段光清身為體制內的人，誰都得罪不起，他能做的只是維護現有漕規的平穩執行：大家都按「規矩」辦事，

該拿多少就拿多少，不能多貪多占。旗丁在幫費之外，可以拿走三四千石糧食；海鹽縣的「包戶」包攬漕糧的規模也是有「規定」的，「舉人包米一百六十石，副榜八十石」。每個群體發揮權力的空間、獲取利益的規模，都有約定俗成的限制，不能無限制發揮。

層層累積，海鹽漕務的現實情況和朝廷書面上的規定，千差萬別。猜想，每個新接觸的人都會像段光清那樣，發出「漕規之弊乃有如此之甚也」的感嘆；離任時，又會像他的前任那樣做出「明知而不能解者也」的苦嘆。

本書對準這些中國古代「明知而不能解」的權力現象，認為存在權力泛化，進而提煉出「泛權力」的概念。它包括兩層意思。第一層意思是在微觀層面上，古代權力所有者的實際權力與法定權力不相符，常常存在額外的、不明確的權力。比如，相同職位上的不同官員，實權有大小，作為有高低。此外，白紙黑字上的權力是固定的、明確的，但很多個體，透過分沾公權力，或者透過關係網絡，獲取了實際上的權力。比如，海鹽縣包戶對一般百姓就有包攬漕糧的權力。第二層意思是在宏觀層面上，政府力量的擴張是中國古代史的一大趨勢。明清時期，官府公權力氾濫，橫行到其他領域，大有「上管天下管地中間管空氣」的趨勢。這與當時西歐社會中「風能進雨能進國王不能進」的狀況截然相反。

本書會對泛權力及其衍生概念進行一番論述，並輔以大量案例講解。我的一個基本判斷是，不管是否意識到，古人都置身於泛權力網絡的籠罩之下，極難置身其外。即便遁世如陶淵明者，也未能完全超脫於權力網絡之外，隱居生活是相當不如意的。

本書出版後，引起了一些反響。一些讀者不認可中國古代權力的泛化。他們認為，很多古人置身於權力籠罩之外。此外，官府公權力也受

到了諸多制約。宗法制度、儒家思想、傳統道德等,在精神和現實上都制約公權力。即便公權力有心擴張,落後的技術也限制了這種傾向。比如,黃仁宇先生認為,中國古代始終沒有實現細緻的科學管理,就是受技術因素的制約。同樣,古代中國疆域沒有繼續拓展,也是受政府管理的技術因素制約。這種制約,在公權力拓展上也同樣存在。比如,古代縣衙門要想滲透到商貿領域,必然對全縣的商家、物流和人員進行登記和管理。這就超過了古代政府管理的能力。總之,權力泛化是一個值得商榷的話題。

我們還可以用海鹽縣漕務的例子,來爭論權力泛化話題。個體權力泛化,在海鹽縣客觀存在。泛權力概念,針對微觀權力現象,是有解釋力的。

清朝中期以後,朝野上下都意識到了漕務弊端,意識到漕運系統成本出奇地高。漕糧徵運對相關百姓和地方社會的騷擾,不是幾兩銀子可以計算的,它對涉及地域的整個社會產生了消極作用。那麼,為什麼要保留腐敗、低效的漕運系統呢?為什麼不把京畿糧食供應問題委託給市場呢?以吝嗇著稱的道光皇帝,登基之初,在部分官員的支持下改漕糧河運為海運。漕糧海運,時間有保障,運抵天津的糧食成本大為降低 —— 雖然還是很貴。可惜的是,漕糧海運僅此一次,就在強大的反對聲浪中夭折。為什麼這項利國利民的改革「下不為例」了呢?我們似乎也能從泛權力的角度來解析。

「漕鹽兵河四大計」,漕運居於清朝國計民生的四大計之首。先不說漕運、河道、倉場、戶部和地方的諸多衙門和群體,從漕規中分肥,形成了既得利益集團,反對改革。更重要的原因,我認為是清朝政府將漕運作為一項影響(甚至是控制)社會的重要手段。漕糧徵運的多少、急

緩影響相關地方的社會穩定；漕糧的減免、調撥，是政府調節經濟的一大措施；漕運解決了數以十萬計人口的生計問題，安排了數以千計的官吏；最高層掌握對漕運工作的評價權，這也是箝制官員進退禍福的手段之一……綜上，漕運的存在，雖然對社會不利，對官府是有利的。官府利用漕運，滲入各方面，影響社會。後人很難把漕運當作一個簡單的糧食問題。在這個問題上，權力泛化是存在的。那麼，在鹽運問題上，在治河問題上，「固執腐敗的低效」問題同樣存在。

我們細想，古代城池的中央是恢弘的地方衙門，城建以衙門為中心，其他建築圍繞衙門展開。古今中國，在衙門當差、讀書當官，始終是一種榮耀。官本位現象，存在於古代中國，也很難說已經在當今中國絕跡。所以，「泛權力」概念還是有討論意義的。

第一章

揭開泛權力的面紗

第一節
苦役庫丁緣何誘人

　　權力，實在是觀察中國古代歷史和社會的一個好切入點。

　　「權力」一詞是中國人最常用的詞彙之一。何謂權力？大致上，人們公認權力就是一種命令與服從的關係。一個人擁有迫使你服從的力量，他就對你具有權力。這個概念運用範圍很廣，舉凡生活各領域各方面都能發現權力的影子。而對一個概念定義範圍的無限擴展，恰恰是消抹掉此概念的開端。中國人的權力最核心的內容、最原始的源頭應該是和官府衙門緊密相連的。其他領域的權力用「影響力」來命名，可能更恰當。因此，本書的權力概念回歸政府範疇，特指人們從政治體制中獲得的、強制性的、迫使他人服從的力量。

　　舉兩個例子來說明權力概念。明清北京的物質供應全靠漕運，有專門的官署管理。官署會為每批漕糧漕銀的押解規定到達日期，而無視運輸過程中的天氣變化和船隊的實際情況。船員水手們不敢違抗，想方設法趕在期限前送達。在這裡，漕運衙門就對船隻水手們擁有權力。這是沒法與之理論、帶有強制性的權力。

　　第二個例子是每個衙門中都有文書，就是抄抄寫寫的角色，看似沒有什麼權力。他可能字寫得歪歪扭扭，力氣沒有你大，甚至耳聾駝背老邁無用，但你就是裁撤不了他。如果你得罪了他，文書可以用檔案處理

的快慢、抄寫字跡的清晰潦草與否，來對與你有關的事務設定程序性的障礙。那麼，這個文書就擁有你所沒有的權力。

古代中國人對官位趨之若鶩。京郊的道路上，一邊是有人老態龍鍾告老還鄉去，一邊是有人千里迢迢頂風冒雨趕考來。科舉熱、升官圖、迎來送往、仕途八卦等「官場文化」流行千年。之所以前赴後繼不斷付出，人們看中的就是各級官位具有的權力。官場結構是一個嚴密的、科層化、固定的結構，事事處處有法律規定。從法律上看，官位越高權力就越大，管轄的範圍越大權力就越大。比如清朝七品縣令管轄一縣百里之地，年俸是 45 兩白銀；一品總督管轄一省或數省幾千里之地，年俸是 180 兩白銀。理論上，人們應該都去追逐品級高、法定權力大的職位。

同時，我們又看到許多奇怪的現象。人們追逐的通常並非那些品級高、法定權力大的職位。同級別的官員之間權力有大有小，說話聲音有大有小，一些官員發揮了遠大於朝廷授予他的權力，甚至超過了他的上級。實踐中，實際權力的大小與朝廷律法的規定並不一致。也就是說，個人的權力大小與他的品級大小、律法的明文規定沒有必然關係。這又是怎麼回事呢？

《清稗類鈔》記載了這麼一則故事：雍正年間，內閣裡有個供事（辦事員，屬於「吏」而不是「官」）藍某，老實上班認真做事。一年元宵節晚上，同事們都回家過節去了，只留藍某一人值班。藍某對月獨酌正喝著，有個衣冠華麗的長者走進了內閣。藍某以為是宮廷值宿官前來巡查，站起迎接，邀請他一起喝酒。來人欣然就座，問藍某官居何職。藍某說：「我不是官，只是小小的供事。」來人又問藍某的姓名履歷執掌，內閣的其他人都上哪兒去了。藍某老實回答說平時收發文牘打打雜，有同事四十餘人今夜都回家過節了。來人就問你為什麼留在這裡？藍某

說：「朝廷公事慜重，若人人自便，萬一事起意外，咎將誰歸？」來人又問做供事有什麼好處？藍某說希望日後能夠「轉正」做一個小官。清朝為胥吏們設定了轉正為官的機制，不過都是些不入流的小官（有官員身分和編制，但沒有品級，在九品之外）。來人好奇地問做不入流的小官有什麼好的？藍某笑了：「假如我運氣好，能到廣東管理個河泊所，那就是大樂趣了！」

河泊所是沿海負責徵收漁稅的機構，負責人沒有品秩，連正式官名都沒有，是基層得不能再基層的小官。無論從身分地位，還是工作環境和壓力來說，河泊所都沒法和內閣比。從法定權力上來看，河泊所只能徵收漁稅，也比不過內閣供事權力大。

於是，來人更不解了。藍某解釋道：「河泊所近在海邊，舟楫來往，多有饋送呀！」原來，河泊所可以藉口收稅，向漁民們敲詐勒索，又因為漁民天高皇帝遠，官府管理不便，有事的時候河泊所就代行漁民管轄之權。所以，河泊所的負責人就在法定的稅收之外，成了沿海的父母官。如此一來，河泊所負責人的權力和好處就不是內閣供事能比的了。藍某的一番話，讓來人連連點頭。第二天，雍正皇帝下詔書任命藍某為廣東河泊所負責人。皇帝親自任命一個不入流的官員，前所未聞。原來昨天來內閣探望的人就是雍正。藍某的遭遇頓時讓同僚羨慕死了。

在這個例子裡，河泊所看似偏遠，權力很小（只能徵收漁稅），工作內容又苦又累。在實際運作中，河泊所就是沿海漁民的縣衙門，實際權力類似於陸地上的州縣衙門，其負責人的實權可以與州縣長官相提並論了。難怪要引起包括內閣供事在內的眾多人的覬覦。

如果說河泊所的職位表面看來還有些權力，爭奪它還可以理解，那麼許多人爭奪醫官、陰陽生、庫丁的職位就更讓人難以理解了。地方官

署都有醫官和陰陽生，分別負責看病和看風水預報天氣。這些職位有三個不好的地方：他們連「吏」都算不上，沒有正式編制；沒有編制就沒有法定的收入，政府不需要向醫官和陰陽生支付薪水；最後，醫官和陰陽生要義務為官府和官吏們看病、看風水，聽候使喚。可是人們依然對這些職位趨之若鶩，寧願倒貼銀子也要去當。人們爭奪國庫庫丁一職就更加令人費解了。庫丁的實質是一種「役」，政府強制徵發勞力去國庫裡搬運官銀。庫丁這種毫無地位和收益的職位每年輪換都能吸引成千上萬的人爭奪。《清代野記》說有意者「每屆點派時，行賄於滿尚書及尚書左右，一兵須費六七千金」。交了賄賂當上庫丁後，每個庫丁還要聘請拳師保護自己，怕遭人搶劫。「蓋無力行賄之兵以及地棍等麇集數十人於大堂階下，見兵出，即乘其不備劫之去，囚於家」，抓人的目的不是加害，而是讓庫丁沒法上班，誤期被除名後可以空出名額來。而被劫的庫丁，往往又要花數千銀兩來贖身。

當庫丁的好處就那麼大嗎？讓人不惜血本去爭奪？是的。實際上，庫丁能夠偷銀子。為了防止銀子被盜，庫丁無論寒暑必須裸體入庫，「由堂官公案前魚貫入，入庫後，內有官制之衣褲取而著之。搬運力乏，可出而稍憩，出則仍赤身至公案前，兩臂平張，露兩脅，胯亦微蹭，更張口作聲如鵝鳴然。」監管嚴密，庫丁們就盜銀藏在肛門中，屬害的人每次能夾圓錠十枚，足足有一百兩之多。江西官銀因為光滑無稜，最受庫丁們喜歡，被稱為「粉潑錠」。如此一來，「每一兵月不過輪班三四期，每期出入庫內外者，多則七八次，少亦三四次，每次夾帶即以五十兩計，若四次亦二百矣。月輪三期，亦六百矣，而況絕不止此也」，庫丁收入頗豐。

在這個例子裡，苦役庫丁的實際權力要比六七千兩白銀更誘人。庫丁盜銀成為公開的祕密。《清代野記》作者張祖翼曾經去戶部轉餉，見國

庫「門前一矢地有小屋一間，裱糊工整，門戶嚴密，距窗二尺皆以木柵圍之」。他開始以為是戶部司堂官休息的地方，後來才知道是庫丁脫衣卸贓之地，周圍用木柵護之是不允許他人近窗窺伺。在這裡，庫丁的法定權力（搬運官銀）可以忽略不計，實際權力令人眼紅（賄賂長官，半公開地偷盜官銀）。「三年更替……役滿人可餘三四萬金不等。」他們的管理者銀庫郎中也是三年一任，「任滿，貪者可餘二十萬，至廉者亦能餘十萬」。同樣，醫官和陰陽生也各有各的實際權力。

囉嗦了這麼多，只想指出一個歷史現象：官府中人的實際權力往往有別於白紙黑字的規定。

張祖翼曾代北洋綏鞏軍去國庫領軍餉，軍餉總額超過十一萬兩白銀。他向國庫文書塞了一千六百兩白銀的「好處費」，文書隨即批准發給張祖翼山西寶銀五萬兩。在這裡，國庫文書沒有權力核定批款的具體數額（那是領餉的軍隊高層和付錢的戶部高層商量的事情），卻有兩項不在法律文書規定中的權力：支付的速度快慢，具體支付的白銀種類。張祖翼的一千六百兩白銀讓文書很快就支付了軍餉，而且給的是成色最好的山西官銀，「俗謂之凹山西。蓋西銀為天下冠，每一寶中有黃金錢許。若不與此千六百金，則潮色低銀盡以付爾矣。」張祖翼不禁感慨：「庫書之權如此。」

戶部文書就是刀筆小吏，連官都不是，法定權力就是抄抄寫寫，但卻能夠對高層將領頤指氣使。乾隆時代的大將軍福康安是皇帝的寵臣，據說還可能是乾隆皇帝的私生子。福康安出征西南歸來，要戶部報銷軍費。一天晚上，戶部經辦的文書竟然來向福康安索要一萬兩白銀的「辦事費」。福康安勃然大怒，你一個小小的文書，竟然向我索賄！只見文書不卑不亢地說了一套大道理，讓福康安無可奈何，也讓後人看到了戶

部權力運作的若干實情。「軍費核算事務繁重，經辦的文書只有我們幾個人，忙不過來。大將軍給我一萬兩白銀，我才好去多找些人來一起核算，快速替大將軍把軍費給報銷了。不然，我們幾個人可能要花上一兩年才能核完軍費，到時候不知道上面是否有人對軍費報銷指手畫腳，也保不準皇上到時候都忘記了大將軍在西南辛苦的事情了。我要這一萬兩白銀，也是為大將軍您考慮啊！」福康安無奈，只好掏了銀子，果然軍費很快就核完報銷了。

　　這裡戶部文書有個白紙黑字外的權力：把事情拖著不辦，最後拖得大將軍福康安都不得不行賄。後來，曾國藩鎮壓太平天國，一次大勝後向朝廷報銷軍費。慈禧太后聞捷大喜，下令這筆軍費不需核算直接支付。按說，有了立即撥款的聖旨，戶部經辦的小吏們沒有上下其手的機會了，可是曾國藩還是主動向各位小吏塞上了兩萬兩白銀的賄賂。因為，這回你不用求戶部的刀筆小吏，日後打仗還是要和他們打交道，關係要維持好。曾國藩主動送賄，正是因為了解這些戶部文書的實際權力。

　　我們分析一下戶部文書的權力情況。朝廷律法明確規定的戶部文書權力很瑣碎，大抵是抄寫計算，都是具體事務性工作，沒有決策權力。我們可以認定文書的「法定權力」很小。但是文書在實踐中衍生出來了許多權力，如我們上述的掌握撥款速度、支付的白銀成色，還比如在核算的時候抹去若干款項、對某些開支提出質疑，最後可能造成四兩撥千斤的作用，影響巨大。所以，戶部文書的實際權力很大，連福康安、曾國藩等重臣都不得不屈意結交。

　　我們可以用一個公式表達戶部文書的權力情況：實際權力＝法定權力＋衍生權力。

　　法定權力，是朝廷有明文規定的權力。衍生權力，是權力所有者在實踐中衍生出來的權力。它並非法定權力，但只要政府存在衍生權力就不會消失。只要朝廷還在，就需要戶部之類的機構管理國庫和開支，類似的文書角色就有他的衍生權力。衡量一個人實際權力的大小，法定權力只是一個方面，要結合衍生權力一起考察。我們把上述公式稱為「泛權力公式」，表達實際權力超出了法律規定或者明面表象的意思。套用這個公式，戶部文書的法定權力的數值可能只有 1，但實際權力是 10，因為他依附政府產生的衍生權力可能達到了 9。

　　歷史上，實際權力和法定權力不相符的情況是常態。衍生權力就成了考察個人權力情況的關鍵要素。透過分析衍生權力的多少，可以發現權力所有者的情況：

　　有人的衍生權力為零，那他的實際權力就是法定權力，名實相符。這是書本上和理論上的權力狀態。

　　有人的衍生權力為負數，那他的實際權力就小於法定權力。比如《官場現形記》中有個浙江候補道臺，科舉出身四品頂戴，可惜不會說話辦事，很不討省裡上級的喜歡，結果在杭州城裡候補了十幾年，一直沒等到實缺。這個道臺後來窮得連飯店都拒絕賒帳給他。又比如曾國藩擔任兩江總督的時候，在南京街頭遇到有人挑著二品頂戴叫賣。一問，才知道這是個作戰有功的湘軍軍官，被保舉為記名提督。只是清末戰爭頻仍，因功被保舉為提督總兵參將者數以萬計，僧多粥少，絕大多數發個頂戴讓等機會上任。結果就有這麼個湘軍記名提督窮得連回鄉的盤纏都沒了，當街叫賣頂戴。在這兩個例子中，候補道臺和記名提督都有響噹噹的級別（四品頂戴、二品頂戴），有法定權力，一旦官位出缺即可上任，平時也享受官員待遇，可以參加衙門會議等等。但他們的衍生權力

卻是負的，不然也不會落魄到飯店都賒不來吃的、連回家都沒路費。他倆的實際權力情況，遠比自身品級應該享有的法定權力要小。

另有一種權力形態更加複雜：某人的法定權力和衍生權力都是明確的，但其他人的衍生權力過於強大，侵蝕了某人的法定權力，導致他的實際權力小於法定權力。晚清張集馨擔任甘肅布政使（省政府的第二把手）的時候，擁有管轄一省人事的法定權力，加上他正途出身受到過道光皇帝的重視，為人也精幹通達，衍生權力也不可小視。但是當時的陝甘總督樂斌（陝甘兩省的一把手）和甘肅按察使明緒（甘肅省政府的第三把手）關係特別好，形成了封閉式的小圈子，把張集馨排除在外。結果張集馨對甘肅的人事任免根本插不上話，實際權力遠小於法定權力。

歷史上還有許多人的法定權力為零，衍生權力卻不可小視。俗語說「宰相家人七品官」。宰相家人只是府中奴僕而已，沒有一官半職，也沒有公家的差役在身，沒有任何明文規定的權力。可是宰相家人的實際權力並不比七品縣令小，一般的縣令見到宰相家人還要主動示好套關係。為什麼？因為宰相家人的衍生權力大。張集馨還擔任過陝西布政使，上任之初，去拜訪陝甘總督，不僅要塞紅包給總督府看門的，還因為紅包裡的銀子成色不足被看門人擲了回去，說總督大人不見客。張集馨一點脾氣都不敢發，乖乖補足銀兩重新塞了進去。在這裡，沒有法定權力的人，實際權力卻大得驚人，由此可以推知權力所有者不一定是朝廷命官，也不一定是在衙門中有差使的人，還可能是那些能接觸到官府實權或者朝廷命官身邊的人。比如清末杭州織造選送了浙江杭州、湖州的蠶織婦人數名進紫禁城陪慈禧太后針織刺繡，為老太后解悶。這些民間婦女入內供奉，頗蒙優眷，回浙江省親後傲睨一切。一個湖州婦人見到縣令竟然頂撞道：「我在內廷，見大官無算，汝一知縣，敢如此耶！」這名

縣令大怒，可是也不能懲治。可見沒有一官半職的平頭百姓，也能獲得鋒利的實際權力。

權力所有者的範圍很廣，並不局限於政府中人；這些所有者既追逐法定權力的升降，更追逐衍生權力的多少。泛權力公式在考察所有權力所有者的權力情況時都有效。

法定權力也好，衍生權力也罷，運用哪種權力能快捷有效地解決問題，權力所有者就選擇哪種權力運作。如果能用法定權力解決問題，那就例行公事。不過例行的公事畢竟少，所以常常要在臺面下暗箱裡解決，或者一會兒暗箱操作一會兒又冠冕堂皇地在臺面上進行，才能最終解決問題。

在這本書中，我們就透過一個個鮮活的歷史案例，用泛權力公式來分析古代權力運作的實際情況。書中選取的案例都是一個個歷史案件。案件是社會運轉出現問題的表現，是矛盾暴露的表現，案件的審理可以充分顯示權力運作的來龍去脈，把臺前幕後的人物和操作都串聯起來呈現在我們面前。透過一個個歷史案件，我們會發現，權力因素並非落在白紙上的黑字那麼簡單，而是錯綜複雜地盤踞在社會的各個領域、運用的各個時間，可謂無處不在無時不有。這也是本書要揭示的「泛權力」概念的本意。

第二節
衍生權力的分類

　　衍生權力是一個廣泛的概念，用來指示依附政治體制產生又別於法定權力的那部分權力。一方面它具有依附性，權力所有者必須與政治體制有密切連繫，或身為官吏，或與官吏、衙門有親密接觸；另一方面它又是政府權力泛化的結果，政治影響其他，其他反作用於政治，衍生出許多法外幕後的權力來。按照權力來源細分，衍生權力包括以下七種：親緣權力、地緣權力、科緣權力、陋規權力、體制權力、靠山權力、跨界權力。

　　一、親緣權力，指透過親戚關係獲取的衍生權力。權力所有者的法定權力一般為零，卻因為有親戚是朝廷命官或者衙門的差役，依附這些親戚獲得了權力。古代，大到母后干政、外戚專權，小到衙門裡河東獅吼、太太掌權，都可以歸入親緣權力的考察範圍。

　　有一個專門的詞來形容親緣權力的所有者：官親。有些朝代是戒用官親的，目的就是防止官親攬權辦事，但多數朝代並沒有嚴格的限制，明清時期還允許地方官員攜帶親眷上任。這便造成官親泛濫用權。客觀來說，官員任職小則兩三年多則十數年，沒有親眷在身邊，日子的確難過；加上有血緣關係，官員們對親戚比較信任，會把一些重要事務或者不方便外人處理的事務交給親戚來辦。比如明清州縣官員常僱用姪子、

表弟、妻弟等人來當帳房或者處理檔案收發。實際效果並不好，狐假虎威、中飽私囊、貪贓枉法，官親出事的情況很多。一旦出事，官親「犯事不能懲辦，非如家人可以驅逐而嚴治之也」，讓當官的親戚很為難（張集馨語）。所以，清代官場上有一句諺語：「莫用三爺，廢職亡家。」這裡的「三爺」就是少爺、姑爺、舅爺為代表的官親。話雖這麼說，出於血緣親情的考慮，官親一直是尾隨官員上任的龐大隊伍。

　　二、地緣權力，指透過同鄉關係獲取的衍生權力。在古代，與親戚之外的人建立連繫，同鄉關係至關重要。古代交通不便，異地遇同鄉很不容易。因此，古人重鄉情。在外宦海沉浮的官員更是如此。各大城市都有同鄉會館，對來往的官員士人和尋常買賣人家都酌情給予資助，提供食宿。許多貧寒舉子赴京趕考，都投宿同鄉會館，節約成本，會館也熱情接待——保不準哪天人家就科榜高中，飛黃騰達了呢！（同鄉會館往往兼具同鄉會、招待所和地方政府駐京辦的功能。）

　　明代官員重鄉情，高層官僚更是講地緣。內閣成員，半數出自江南（浙江、江蘇、江西）。這裡面有江南文教發達的因素，更有同鄉官員相互扶持、援引的因素。永樂內閣中，7 人有 5 人是江西籍；景泰內閣，8 人中有 3 個浙江人；成化內閣，6 人中 3 個江西人，泰昌時 6 人中 3 個浙江人；崇禎年間則出了 9 個江蘇籍的內閣大學士。大學士陳循引薦彭時，夏言舉薦嚴嵩，劉健推薦劉宇，而他們都是同鄉。江西人嚴嵩擔任首輔，專權一時。大學士徐階為上海人，為防止嚴嵩猜忌擠壓，藉口家鄉倭患，在江西置地買房，冒籍江西。可見，地緣權力在明代官場的影響所及。

　　清朝末年的楊乃武小白菜案，是一個典型的冤案，最初判定楊乃武小白菜有罪的餘杭知縣提供不了證據，人證不敢到場，口供前後矛盾，定案漏洞百出。就這麼一個明擺著的冤案，卻得到了浙江層層官員的追

認，一直把官司打到金鑾殿上才翻轉過來。是一層層的官員智商有問題，還是餘杭知縣能力通天，能讓各級相關官員都站在自己一邊？兩者都不是，而是當時湖南籍官員遍布朝野，餘杭知縣就是湖南人。湖南籍官員官官相護，明知是冤案也不平反，因為一旦平反，之前審判的湖南老鄉就要頂戴落地。為了保住湖南這條線上的各級官員，越來越多的同鄉主動或者被動地被這個案子捲了進來，最終結成了一個龐大的權力集團。在這個集團中，最初的餘杭知縣輕易獲得了「指揮」上級同鄉的衍生權力，長期安然無恙，直到浙江籍官員聯合群起翻案。

清朝州縣長官僱傭的師爺以紹興籍居多，俗稱「紹興師爺」，少數不是紹興人的師爺也冒充是紹興人。為什麼師爺多用紹興人呢？很重要的原因就是地域壟斷形成了一個幫派。「一個官員新上任，和上司、同僚全不相識，只能講官面話，而幕僚則不同，名帖兒一交換，或認同鄉、或攀同門、或稱師生，馬上就編織成了一張左右貫通上下聯結的關係網絡；有啥需要通同舞弊的事情，臺面上官員們心照不宣，而他們各自的幕僚則湊在一塊兒，放開膽量講斤頭談交易。」（《天下衙門》）地緣就是他們套交情拉關係的好藉口，慢慢地就導致全國的師爺行業都被某個地方的人給壟斷了。

三、科緣權力，指的是透過科舉考試獲取的衍生權力。科舉考試有固定的時間，比如張三是子丑年的舉人、李四是辛亥年的進士，一對就知道是否同年考取的功名。如果是同年，高中者之間就形成了「同年」關係，相互間有「年誼」。考試有主考官，錄取與否主考官發揮著關鍵作用，比如張三是趙中堂錄取的、李四也是趙中堂錄取的，兩人就是「同門」關係，趙中堂就對兩人有「師恩」。張三和李四就要對趙中堂「酬恩」，趙中堂對兩人有關照提攜的義務。

　　乾隆五十一年廣東鄉試，中舉者最年長的98歲，最年輕的才12歲。這兩人之間就存在「同年同門」的親密關係，可以稱兄道弟，當官後相互關照。那12歲的少年在年紀上很占便宜，可以對晚於他中舉的人有兄長教訓小弟的權力，還可以在晚他十屆以上中舉的人面前自稱「老前輩」──哪怕對方的年紀比他大許多。可別小看了科緣權力。這種權力在官場上也有用。科舉出身一直是古代官場的「正途」，受朝野尊崇，與捐納、恩蔭、議敘等雜途出身的官員之間存在若隱若現的競爭關係，很容易自我強化認同。科舉時代的這層層關係，可能是正途官員最重要的「政治關係」。它把透過科舉出身的官員都編織到了一張大網中，相互間衍生出種種非正式的權力。加上「非進士不入翰林、非翰林不入內閣」，清要官職和特定職位只允許正途官員擔任等制度性安排，更是增強了科緣關係和衍生權力。

　　考生之間相互扶持，考官和考生的關係就複雜多了。門生初入仕途，困難障礙很多，有恩師的關照能順利很多。況且能做科舉主考官的非一般官員，達官顯貴居多，他們關照門生並非難事。相應地，門生要聽從考官的吩咐。師生間命令與服從的關係被官場所預設，如果有官員與錄取他的恩師之間政見相左，反而被認為忘恩負義不遵師重道了。慢慢地，考官和門生之間輕易形成了師生團體。歷史上，擔任科舉主考官既是風光顯達的事情，也有實實在在的利益：可以招一大批為己所用的官場新人。和珅就多次擔任科舉考官，錄取標準只有一條：順從自己。凡是發榜前沒向自己示好、不來拜訪、不打招呼的，一律不錄取；那些對和珅不滿的考生，一律除名。和珅當權時，不知有多少只知讀書的書呆子和耿直剛毅的考生名落孫山。和珅此舉就是為了自己日後能夠獲取盡可能多的科緣權力。

「三緣」是古人編織人際關係網絡，獲取衍生權力的基本途徑。

陋規權力，指的是官場上盛行卻沒有法律依據的制度性權力。這是一種半合法半非法的衍生權力。官場上有許多千百年來就存在的不合理制度或者規矩，比如「向來規矩」是官府裡買東西只按九五折付錢，卻照整價做帳，相關人員有權瓜分百分之五的差價。這種權力是「公開的祕密」，但肯定沒有明確的法律許可。

官場有許多陋規，我們先說經濟方面的。老百姓交納糧食時，官府用大斛做量器，糧食要在斛中堆起成尖，差役用腳踢上幾腳，糧食散落大斛，尖就削平了。掉出來的糧食，據說是彌補儲存和運輸過程中的損耗用的，不許老百姓掃回去。這部分就又成了徵稅者分肥的對象。明清商品經濟發達，百姓用銀子交稅，在朝廷法定的稅額之外還要交納「火耗」。所謂火耗，官府的說法是銀子熔鑄和運輸會有損失，需要彌補。可這火耗的標準不統一，有收一兩正銀加徵幾分乃至一錢火耗的，也有加徵至四錢乃至五錢的。新官上任有新標準。他就有從中分肥和決定稅率的陋規權力。

陋規肯定是不合理的，但生命力異常強大，因為它關係到權力所有者的切身利益。明代馮夢龍當壽寧知縣時，縣裡有百姓欠糧。當年，縣裡有部分田地因為等級提高多納糧食（俗稱「升科」），馮夢龍就想把這筆多出來的糧食沖抵之前的拖欠，讓老百姓喘喘氣。全縣的書吏們都反對知縣這麼做。因為收糧能為全縣書吏帶來實實在在的經濟利益，沖抵了就沒有這筆錢了。馮夢龍「不得已而聽之」。清朝中期，朝廷有意清理火耗，減輕百姓負擔。清理的主要想法是「火耗歸公」，由各省固定火耗的標準，用法定的形式在正稅之外加徵，不允許多徵多收；收上來的火耗由省裡統一支配，在彌補白銀的損耗外由各級官員平分。應該說，這

個改革方案照顧到了各方面的利益，且有將「陋規」更新為「法律」的建設性意義。結果有官員預言火耗歸公後，各地官吏只會在歸公的火耗之外加徵新的火耗，無補百姓。果然預言成真，火耗改革只是徒然提高了正稅，各地都徵收新的火耗，反而加重了百姓負擔。

老百姓去衙門打官司，衙役就可以向當事人索要「鞋襪錢」、「酒飯錢」、「車船錢」、「招結費」、「解鎖費」、「帶堂費」等等；書吏可以向當事人索要「紙筆費」、「掛號費」、「傳呈費」、「買批費」、「出票費」、「到案費」、「鋪堂費」、「踏勘費」、「結案費」、「和息費」等等。總之每個細微的環節都要向老百姓索要賄賂，最後逼得老百姓有事都不敢找衙門，都習慣私了。這是司法上的陋規。

我們再說說組織上的陋規。各級官府都有完整的機構和編制，理論上官員上任輕車簡從，人到了就行。可是明清時期，地方長官上任都隨身帶來自己的一整套工作團隊：協助決策的有私人聘請的各類師爺，執行具體事務的有各種僕役（如看門的「門政」、管理公文發送傳遞的「稿簽」、管理倉庫的「倉場」、執行徵稅的「稅務」、跟隨左右的「跟班」、對外聯繫的「執帖」等，統稱「長隨」或「長班」），等於自己又招募了整套政府團隊。原來官府中的相關人員就變成了這套團隊的助理和幫閒了。長官透過自己團隊掌控政務的權力就是一種陋規權力。康熙二十五年，朝廷宣布：「議准外任官員，除攜帶兄弟、妻子外，漢督、撫准帶家人五十名，藩、桌准帶家人四十名，道、府准帶三十名，同知、通判、州、縣准帶二十名，州同、縣丞以下官員，准帶十名。」這就默許了私人政府團隊的存在，部分承認了長官們的陋規權力。而這些幕僚和跟班們依附在雇主權力身上，獲得了治理政務的衍生權力。這種陋規權力不小，收益也不少。《官場現形記》透過一個錢典史的嘴，道出了這些人的

陋規權力：「州、縣雖是親民之官，究竟體制要尊貴些，有些事情自己插不得身，下不得手；自己不便，不免就要仰仗師爺同著二爺。多一個經手，就多一個扣頭，一層一層的剝削了去，到得本官就有限了。」

《清代野記》中則有一則幕僚誤事的笑話，最後說來與讀者一笑。

光緒初年，河南鎮平縣出了一件盜案，是大盜王澍汶所為。一段時間後，幕僚們報告知縣說王澍汶抓住了。知縣方某，是少年進士，一上任就是地方實職，不知道怎麼做，處處仰仗幕僚團隊。「案出時，見刑幕（註：刑名師爺）東塗西抹，與所供多不合，怪而問之。幕曰：

『我等皆老於申、韓者，公讀書初出茅廬，不知其中玄妙也。』方即不敢再問。」等到王澍汶綁赴市曹要開刀問斬了，突發事故發生了。王澍汶「一出獄，即大聲呼冤。檻車道出城隍廟街，不由人馭，直趨入廟中庭下而止，而澍汶仍呼冤不已」。恰巧被巡撫大人聽到了，命令將案子重審，結果發現要斬首的王澍汶並非真身，而是假冒的。原來為了破案，衙役抓住王澍汶的孿童，要他假冒王澍汶，教他供詞，騙他說王澍汶已經為他謀劃好出獄的門路了，只要照做就不會有事。那人就冒充了王澍汶，等到發現真要被推出去斬首了，才知道被騙了，高聲呼冤不已。此案最終被刑部提訊，刑名師爺下獄，知縣方某革職，斷送了大好前程。

第五種衍生權力是體制權力。政府工作內容和制度的設計，原本就讓部分機構或者在特定職位上的人擁有比同等級別的機構或官吏更多的權力。這是體制設計造成的，任何體制都不能做到絕對的權力平均。那部分多出來的權力，我們姑且稱之為體制權力。

「尚書」一職，秦漢就有，本是處理檔案的低階官員。一般是年輕人擔任，因為事情多要值班，對體力要求高。尚書臺處理檔案，熟悉中樞和地方的政務，又可以透過檔案處理來行使程序性的權力，再加上由皇

帝直接管理，發揮了決策顧問的作用——似乎在官僚系統中檔案工作都很重要。尚書們透過檔案和顧問工作，漸漸連貫起了皇權和朝野的政務處理；皇帝越來越喜歡透過簡單通暢的尚書系統來貫徹政令，把握權柄，於是尚書儼然成了權力中樞。排在第一的尚書叫尚書令，尚書令的副手叫尚書僕射。他們的級別還是很低，不過縣令級別，實際權力卻不在朝堂上的丞相、御史大夫之下。尚書臺的體制權力遠遠超過了三公九卿的法定權力。結果就變成，丞相等高官不惜「屈就」，爭著兼任尚書令或者尚書僕射。到漢朝末期，如果丞相不兼任尚書令，就是「假相」，沒有實權坐享俸祿而已。後來，皇帝為了樹立某個權臣，或者大臣為了專權，又在尚書令之上設定了一個「錄尚書事」，就是全權負責尚書們的工作。尚書令等人成了他的副手。比如霍光、諸葛亮等人，實權都來自「錄尚書事」這個職位。

發展到唐朝，尚書省名正言順地成了行政中心，尚書令就是原來的丞相。尚書們的級別都升高了，原來的體制權力變成了法定權力。可是發展到明代，皇帝又嫌尚書們的權力侵犯了皇權，乾脆廢除了丞相制度，又建立了直接聽命於自己的顧問機構：內閣。內閣大學士成了皇帝的新顧問，品級很低，終明一朝都沒有超過五品，但實權遠大於被架空的外界尚書們。首席大學士無丞相之名，行丞相之權。結果又發展為朝堂上的尚書放著二品高官不做，爭著擠進內閣，「屈就」五品官的內閣大學士。如果一個人僅是尚書，而沒有進入內閣，那就是「白板尚書」，說話不管用了。在一個部裡，如果侍郎進入內閣而尚書沒有進入內閣，那麼連尚書都要看侍郎的眼色行事了。等到了清朝，內閣的權力又不被皇帝接受了，結果到雍正時新設了一個軍機處。又一番權力遷移過程開始了。

　　從尚書到內閣再到軍機處，後人很清晰地看到了權力重心的移動。因為掌管中樞檔案運作，它們及內部官員的實際權力遠大於法定權力。同樣，負責人事和財政等核心權力內容的機構，比如吏部和戶部，也擁有體制權力。戶部官員進入內閣或者軍機處的機率要大於其他部門的官員；一個吏部郎中去地方辦事，巡撫都可能出面接待，而詹事府、鴻臚寺的負責官員去地方辦事，要享受巡撫的款待是很困難的事情。

　　除了工作內容導致的權力不均，出於權力制衡或者集權的考慮，古代制度在設計的時候，就有意讓部分機構獲得了傲視同僚的權力。這個現象在明朝最突出。皇帝人為設計了不均衡的權力機構。六部平行向皇帝負責，地方上設立三司（布政司、按察司、都司）分割權力，皇帝掌握了大權，但在外面需要內閣協助決策，在後宮仰仗太監勢力。司禮監秉筆太監，原本是後宮幫助皇帝抄寫奏摺批示的角色，即便在本部門（司禮監）也不是頭號角色（上面還有司禮監掌印太監），實際上卻成了「大太監」。因為皇帝沒有精力事必躬親，有時候還想偷偷懶，處理奏摺的很大部分權力就放手給了秉筆太監。很自然地，司禮監的秉筆太監在法定權力（抄寫奏摺批示）之外，獲得了部分最高權力（批奏摺），連內閣大學士都要對他禮讓三分。一代名相張居正力行改革時，政策能夠推行，很重要的原因是與司禮監太監馮保相勾結，把自己的意志貫徹為法律。日後政敵攻擊張居正，就抓住他獲取「非法」衍生權力為把柄，說他「擅威作福」。（這又是中國歷史上的一大潛規則：臺面下的罪行、矛盾與衝突，最後都得用臺面上的話語來表達和解決。我們姑且可稱之為「聲東擊西」策略。）

　　說到太監，其實他們出現之初只是低賤的宮廷奴隸而已，卻因為皇權體制的漏洞獲取了巨大的體制權力。各朝皇帝都派太監外出辦事，「如

朕親臨」，小到欺負伐薪燒炭南山中的賣炭翁，大到監督大軍掣肘元帥。尤其是唐朝太監領軍和明朝太監掌管東廠西廠成為法定制度，雖然太監們的級別依然很低，法定權力也不大，但實際權力已經膨脹到可以左右朝政的地步了。

　　第六種衍生權力是靠山權力，顧名思義是指權力所有者仰仗背後的靠山獲取的權力，頗有點「狐假虎威」的意思。上文提到的「宰相家人七品官」就是靠山權力的展現。靠山權力是所有者自己鑽營的結果。「三緣權力」、陋規權力、體制權力基本上是客觀存在的權力，個人能夠改變的空間不大。一個人一進入權力系統，上述五項衍生權力基本上就固定了。對於社會背景、職位完全相同的權力所有者來說，實際權力的大小就看他能否找到靠山了。朝中有人好辦事，一旦找到了靠山，收益是巨大的。

　　最大的靠山，無過於皇帝。有人統計了明朝的 162 位內閣大學士，其中 103 位擔任過東宮屬官，占 63.58%。他們要麼教小皇帝讀書、陪小皇帝讀書，或者受老皇帝的信任輔助過太子，總之和皇帝關係密切。對明朝皇帝來說，親近、熟悉可能是選用重臣的首要標準。明朝如此，我們再來看一個清代的例子：

　　簽訂《南京條約》的兩江總督伊里布年輕時在雲南做通判，沒有什麼背景，因事被彈劾罷官。他窮得沒辦法，就去求巡撫撥點盤纏回老家北京。巡撫衙門前站崗的兵丁見是個沒錢的前官員，不肯通報。再三懇求，他們才讓伊里布到西偏房等著接見。一連三天，伊里布看到雲南大小官吏走進走出，晉見巡撫大人，可就是沒有自己的份。大家都當伊里布不存在一樣。在這三天裡，伊里布枯坐胡床，百無聊賴，只好仰頭默數西偏房房頂的椽木，數完了椽木又數椽上的方磚有幾塊，反反覆覆，

默記在心。直到晚年，他都還記得雲南巡撫衙門西偏房的結構和磚木數量。西偏房裡的伊里布無論法定權力還是衍生權力，都等於零。

第四天，伊里布明白巡撫是不會搭理自己了，只好借了一點點錢先孤身一人回北京，把妻子兒女暫時留在雲南，等在北京賺到了錢再想辦法接回去。回到北京後，伊里布還是沒人搭理，生活都成問題了。朝廷有規定，紈褲子弟有過官爵的，都有奏請覲見皇上的權力。

這是項法定權力，但從來沒人把它當過一回事──就好像朝廷規定所有百姓都可以到紫禁城鳴冤一樣。伊里布實在是山窮水盡了，乾脆孤注一擲，狠狠心把衣服褲子都典當了湊錢塞給值守的人，向皇帝遞上一個奏摺。

奇蹟出現了！皇上正思索著雲南局勢混亂要加強治理，見到有一份雲南來的奏摺，馬上下令單獨召見伊里布。召見時，皇上向伊里布詳細詢問了情況，很認可伊里布，龍顏大悅將伊里布官復原職，回雲南上任。伊里布高高興興地準備返回雲南，聖旨突下越級提拔伊里布為知府。伊里布剛走出京城，突然又下聖旨再破格提拔伊里布為監司（監察州縣的地方長官，比按察使低一級）。一到昆明，伊里布就去拜訪巡撫。門口站崗的還是那幾個兵丁，看到伊里布一口一個老爺，極盡諂媚之能事。衙門裡的大小官員看到伊里布，都忙著主動行禮，滿臉堆笑套交情。巡撫接到通報就來接見，和顏悅色說了一大堆慶賀的話。見伊里布還穿著監司的衣服，巡撫驚訝道：「你大概還不知道吧？昨日聖旨到昆明，升你做雲南按察使（省政府第三把手）了，怎麼還穿監司的衣服呢？」巡撫喝斥左右：「趕緊去把大人官服拿來！」

到這裡，伊里布的法定權力是雲南按察使，正三品，但他的「靠山權力」讓巡撫都敬畏三分。他的靠山是誰？皇上！因為皇上專門單獨召

見了伊里布，伊里布這人肯定和皇上有密切關係，不然怎麼會單獨召見呢？皇上如果不是寵信伊里布，怎麼轉眼就讓他官復原職，而且還幾天之間從小小通判破格提拔為按察使呢？所以，伊里布上可通天，說不定就是皇上暗地派往雲南的欽差大臣呢！出於對皇權的敬畏，雲南全省上下都對伊里布禮敬不休。不到兩年，伊里布便由按察使升為布政使，又升為巡撫。

　　《清代野記》裡面記載了兩則有「皇帝靠山」的人物的命運。安徽人龍汝言在某都統家教書。嘉慶皇帝生日，都統讓龍汝言代寫祝詞。龍汝言就收集康熙、乾隆兩朝御製詩百韻，寫了篇祝詞。結果嘉慶皇帝非常喜歡，要獎勵該都統。都統不敢隱瞞，說祝詞是家庭教師龍汝言寫的。嘉慶更高興了：「南方士子往往不屑讀先皇詩，今此人熟讀如此，具見其愛君之誠。」立即賞龍汝言舉人功名，參加第二年的會試。第二年會試結束後，嘉慶大聲申斥各位考官，說這次錄取的進士水準太差了。考官們出來後，很不解，偷偷詢問近侍太監：「今科闈墨甚佳，何以不愜上意？」太監回答：「龍汝言落第，皇上不高興。」龍汝言是嘉慶嘉獎過的，親自樹立起來的「南方士子」榜樣，是嘉慶特命參加會試的。他落第了，無疑是在說嘉慶皇帝的眼光有問題，挑選的士子程度不好。龍汝言因此獲得了「靠山權力」，在科舉考場上無往不勝，在下一科會試中「擬中」狀元。考官們把初步名單交給嘉慶，嘉慶皇帝一看排在第一的是龍汝言，高興地說：「朕所賞果不謬也。」（我所欣賞的人果然能力不錯嘛！）龍汝言即派南書房行走、實錄館纂修等差，賞賚稠疊，舉朝羨之。

　　「京師西便門外有白雲觀，每年元宵後，開廟十餘日，傾城士女皆往遊，謂之會神仙。」白雲觀興旺的原因是「交通宮禁，賣官鬻爵」。道士高峒元和總管太監是拜把兄弟。高峒元以神仙之術蠱惑慈禧太后，慈

禧封他為總道教司，與江西龍虎山正乙真人並行，其實正乙真人遠不如白雲觀的權力大。有了慈禧這個靠山，白雲觀既有了法定權力（總道教司），又有了衍生權力（溝通宮廷賣官鬻爵的通道）。「凡達官貴人妻妾子女有姿色者，皆寄名為義女，得為所幸則大榮耀。有杭州某侍郎妻絕美，亦拜峒元為假父，為言於慈禧，侍郎遂得廣東學差，天下學差之最優者也。」

正是因為「靠山權力」力量巨大，天下鑽營取巧之徒無不四處奔走。以一兩個權貴為核心結成了圈子，圈子外的人拚命往圈子裡擠，圈子邊緣的人拚命往圈子核心擠。一個圈子挨著一個圈子，大圈子套著小圈子，形成了蔚為壯觀的圈子生態。簡單言之，圈子即派系，利益各不相同，黨同伐異便難以杜絕；在圈子生態中，法定的官員考核獎懲升遷制度讓位於人際關係。你屬於什麼派系、處於派系的什麼位置、和派系核心（靠山）的關係如何，決定了你的仕途。因此，權力所有者在敷衍法定的人事制度之餘，主要精力放在了搭建和維繫人際關係上（人際關係始終在中國歷史上發揮著巨大作用）。本書〈朝中有人好辦事〉一節將結合案例進一步闡述這種衍生權力。

最後一種細分的衍生權力是跨界權力。政府權力跨出了正常的政府管理領域，在社會其他領域施展權力，就屬於「跨界」。在其他領域發揮作用的那部分權力，就是跨界權力。政府為了政治統治和社會管理的需要，將權力跨越到一定的範圍是應該的，關鍵是跨越要有一個限度。政府力量和民間力量要協調好相互的管理範圍。跨界權力關注的是那部分跨越到民間領域的政府權力。

中國古代官府常常跨界行使權力，大包大攬。「集市辦在什麼地方，商肆店鋪該怎樣開設，這都得由州縣衙門來解決。開店要向衙門提出申

請，要有擔保，衙門審核後發給憑證，這才允許開張。集市的地點和日期，亦都由衙門指定。」（《天下衙門》）州縣衙門有專管醫藥事務的醫典科（州）、醫訓科（縣），有主管天文星象和時令氣候觀察預報的陰陽訓術等。辦診所、開藥鋪、做遊方郎中、出家當和尚、和尚道士雲遊他處、瞎子擺攤算卦測命，理論上都要到衙門審批，求官爺們替你蓋個大紅章。一些灰色行業，比如賭坊、妓院、肉舖等，無法可依，官府是有權力取締的。官員卻默許這些行業的存在，轉身變為這些行業的庇護者和規則制定者。明清時典史定期收取這些行業的「月敬」、「節敬」，是他們主要的灰色收入。

古代官府還創辦了許多「官辦企業」。食鹽、生鐵等因為關係百姓生存國家安全，國家專營專賣，還在情理之中。可是其他一些行業，政府也插一腳，就沒必要了。從宋代開始，州縣衙門都建立了官辦的樂隊，專備在恭接聖諭、慶賀年節或迎送上司等儀式上吹吹打打。這個傳統一直沿襲到清末。上段提到的醫典科、醫訓科等既是醫藥管理機構，又是官辦醫院。醫官既管理其他醫生，又和其他醫生競爭。這些官辦事業的水準怎麼樣呢？海瑞說：「醫官察病症脈理，識藥性，以利一縣之疾，近多納銀為之，圖差遣取利。」可見在明朝，人們爭相花錢買醫官職位，醫生的水準實在不能保證。上述陰陽生等的情況也類似。

必須指出的是，這些官辦企業中的人是沒有國家俸祿的。官府不發薪水給醫官、陰陽生等人，全要他們「自負盈虧」，自己養活自己。從這些事業長久存在和人們賄賂相關職位的史實來看，這些官辦企業的盈利情況尚可。其中有官府的支持，更有一個比較糾結的現象：雖然品質不怎麼樣，老百姓總認為公家的東西比江湖術士或者遊方郎中可靠一些，官辦企業從不缺顧客。

　　政府權力會增減。金錢、武力等都可以與政府權力競爭。政府權力影響範圍有變化，但中國歷朝歷代對社會其他領域的權力影響始終牢固存在。〈古代城池裡的衙門〉一文還會詳細說說跨界權力的存在。

第三節
巡撫被騙案

　　光緒年間，當時的河南省會開封城內的一處寺院來了幾十個操北京口音的借住客。他們穿著打扮精緻高貴，不像是住不起客棧的人。更奇怪的是他們入住後緊鎖門戶，禁止閒雜人員在門前窺探流連，搞得神祕兮兮的。很快，這咄咄怪事就被報告給了官府，震動了開封官場。原來時任河南巡撫剛遭到彈劾，官場盛傳朝廷正暗中調查巡撫。巡撫本人很緊張，底下官員們也很緊張。常在河邊走哪能不濕鞋，要真查起來，巡撫的問題少不了；而底下多少人和巡撫一榮俱榮一損俱損。大家正擔心著，突然來了幾十個低調神祕的北京人，巡撫等人怎麼能不緊張呢？

　　不會是朝廷查案的欽差來了吧？巡撫馬上派了一個親信去寺院查探虛實。那個親信在寺院周圍守候到黃昏，才看到有個人從寺院裡走出來。那人很年輕，太監打扮，一副不諳世事的模樣，提著一隻葫蘆去沽酒。巡撫親信緊隨其後，尋機與他搭訕。那年輕人警惕性很高，沒搭理巡撫親信。親信不氣餒，第二天守在原地等，果然又候著了那年輕人。年輕人還是不搭理親信，親信就搶著替他付酒錢，又邀請他喝酒。年輕人不再排斥，落座和親信邊喝邊聊起來。等對方有幾分醉意了，巡撫親信開始套年輕人的真實身分。年輕人告訴他，聽說河南巡撫貪贓枉法，自己特隨主子前來密訪，一旦查到確鑿證據就回京覆命了。臨別，年輕

人再三囑託巡撫親信不要告訴第三個人。

　　親信一轉身就報告了巡撫。巡撫寧信其有不信其無，第二天帶上大小官員，前往寺院拜訪。院門緊閉，巡撫等人正躊躇著，突然聽到院子裡面傳來呼爹喊娘的慘叫聲，中間夾雜著棍棒呼嘯聲。叫聲一陣慘過一陣，讓外面一干人等直皺眉頭。好一會兒，慘叫聲停了，院門突然開啟，兩個差役打扮的人拖著一個奄奄一息的人出來了，留下一灘血跡。巡撫親信一看，這被打得不成人樣的人正是昨日的年輕人，趕忙耳語告訴巡撫。巡撫等大小官吏大驚失色，立刻整理衣裝，由巡撫大人領頭一一報名求見。一干人等被帶進一個房間，看到一個穿黃馬褂、戴珊瑚頂、插孔雀翎的老人，正要向他行禮，那老人擺擺手，指著坐在一旁的少年說：「爺在此，可行禮。」巡撫一想，幸虧膝蓋沒跪下去，敢情主子另有其人。仔細一看，那少年相貌清秀、氣質高傲，周圍的人對他畢恭畢敬，極可能是京城裡的哪位王爺貝勒。巡撫急忙向少年行大禮參拜。少年點點頭，示意老人躬身過來，低聲向他說了些什麼。老人應了聲，仰身對巡撫等人說：「我們明天就回京了，不給地方添麻煩了。都回吧！」

　　懷著忐忑的心情，巡撫回去後，深信自己的前途就寄託在那個少年欽差身上了。看樣子，欽差找到了不利於自己的證據要回京覆命了，自己頭上的頂戴不保。越想越害怕，巡撫連夜悄悄送了一萬兩銀子進寺院。第二天欽差就要走了，巡撫抓緊一切機會巴結人家，一大早就帶著開封大小官員在城門口擺下酒宴，準備為欽差大人餞行。等了一上午，欽差沒有來，派人去寺院「問安」，發現早已不見了欽差的人影。原來，根本就沒有欽差，這一切是著名騙子「插天飛」表演的。他們專門蒐集各地的官場消息，對官員的升遷和心理揣摩得很仔細，然後有目的地展

開行騙。河南巡撫擔心頂戴落地，騙子一夥就有了行騙的基礎，讓他掉進陷阱了。

這是一樁典型利用衍生權力訛詐的案例。欽差查案的法定權力就是查辦不法之人；衍生權力則是敲詐被查對象，按照查辦案件可能造成的傷害敲詐具體金額。在河南巡撫看來，給欽差大人一萬兩銀子還算是小意思，可見欽差此行的衍生權力收益起碼在一萬兩白銀之上。只可惜衍生權力是「非法」的，行使也好收益也好，都不能拿到臺面上來。這就為「插天飛」等騙子提供了行騙的可能性——因為「那種事情」雙方心知肚明就可以了，沒法驗證，更不能交了錢索要發票。

就因為衍生權力非法，所以一切與之相關的運作都不能曝光。歷史上有許多騙子，就利用這點假冒官員行騙。假冒官員比冒充農民、工人或者商號老闆的收益要高得多。儘管不能獲得真官那樣的待遇，但也能享受到若干官員收益的甘露。古代官員和士人階層享有許多特權，比如不用納稅。於是就有商旅假冒是運送某官員或者舉人的貨物，沿途逃避商稅。北宋蘇軾在杭州做官時，下屬抓到一名逃稅商人。這商人不知道蘇軾已經調任杭州，還以汴梁蘇府的名義採購貨物，貼上假冒的蘇東坡題籤逃稅。蘇軾知情後，很豪爽地為這個商人寫了真的題籤，讓他往返行商。這些免稅收益對蘇東坡來說可能是九牛一毛，可是對小商販來講卻是一家老少衣食所出之處。歷史上官和民之間的收入差距實在是很大。這就衍生出一個嚴肅的話題：權力所有者的實際收益如何計算？

權力可以轉化為收益。實際權力分法定權力和衍生權力，權力的實際收益對應地也分法定收益和衍生收益。

權力所有者獲得法定收入是因為他在行使法定權力的同時或履行了社會管理職責，或為王朝統治的穩固出了力，為君王效了忠，所以有一

份「皇糧」，支一筆「勞動所得」。

官員的法定收入由以下幾部分組成：1. 薪資收入，包括正俸、職錢、服裝等實實在在的錢物。以清朝一個中級官員為例：縣令的年薪資為 45 兩白銀，儒學教授的年薪資約 50 兩白銀。清朝之初，50 兩白銀購買力約值現在的 4 萬元人民幣；清朝末期，白銀大貶值，50 兩白銀的購買力也將近 1 萬元人民幣。2. 免費開銷，包括發的菸茶酒糧薪炭等實物、免費使用驛站和辦公場所等。如果擔任實職，官員還能免費使用官衙，入住富麗堂皇的府邸。元朝之前，朝廷還「授田」給官員，按照級別高低授予數以頃計的良田，解決官員的「吃飯」問題。各級官府都有醫官和官辦醫院，官員可以免費獲得醫療和藥物。這些日常開銷都不是具體的錢財可以衡量的，單單醫療一項就是無底洞，而官員可以免費享用。3. 免費勞力。官員能夠任意指使下屬和差役。官員許多非工作事情，比如搬家、過生日、老婆買胭脂兒子選學校等等，不用他明說，總會有人熱情、主動、提前替他做好。如果僱人來做，這些私人事務會耗費官員不菲的錢財。4. 退休薪資。官員退休，一般能從朝廷得到一筆退休費，並且領取從退休前薪資百分之五十到幾倍不等的退休金。5. 不定期的賞賜。皇帝身為大老闆，經常會發獎金給做得好的員工 —— 比如過年、過生日、天下大豐收或者出現祥瑞等等。張三把皇帝伺候高興了，皇帝隨手把書桌上的一幅書法賞給了張三。張三回家仔細一看，竟然是東晉王羲之的真跡，張家一下子就發達了。6. 養廉銀收入。清朝雍正朝以後，朝廷考慮到官員「收入偏低」，為了防止官員因為窮困而貪汙腐敗，向官員頒發「養廉銀」，高薪養廉。這筆養廉銀遠高於正式薪資，比如總督每年養廉銀超過一萬兩，而正式薪資不過一百八十兩。有了以上這六項法定收入，一個人從進入官場到死，都不用擔心生活品質問題了。難怪白

居易會寫出「月俸百千官二品，朝廷僱我作閒人」的詩句來了。

如果說法定收入還算合理，看得見摸得著，那麼官員的衍生收入就難以精確描述了。《官場現形記》這麼描述地方官吏的灰色收入：「向來州、縣衙門，凡遇過年、過節以及督、撫、藩、臬、道、府六重上司或有喜慶等事，做屬員的孝敬都有一定數目，什麼缺應該多少，一任任相沿下來，都不敢增減毫分。此外還有上司衙門裡的幕賓，以及什麼監印、文案、文武巡捕，或是年節，或是到任，應得應酬的地方，亦都有一定尺寸。至於門敬、跟敬，更是各種衙門所不能免。另外府考、院考辦差，總督大閱辦差，欽差過境辦差，還有查驛站的委員，查地丁的委員，查錢糧的委員，查監獄的委員，重重疊疊，一時也說他不盡。」官場內外的人都很難說清楚官場的灰色收入到底有哪些、有多少，「重重疊疊，一時也說他不盡」。具體情況要各別分析。

比如京官有各式各樣的地方孝敬。一個道臺離京赴任，京城裡各方面都要打點到，比如要向各位軍機大臣送百兩告別金，向軍機處的各個辦事人員送幾到幾十兩，如此類推，送遍各部委署衙門，沒有一萬兩銀子他這個道臺還真離不了京。又比如舉子和新官進京，需要同鄉京官出具身世清白的證明。各省京官就自發組織起來，向同鄉出售證明文書。他們根本就不認識那些小老鄉，也不需要認識他們，只要留印章在年長者處預備蓋章就可以。同鄉京官定期劃分這筆收入，定期更換掌印的年長者。清朝後期，捐納之門大開。每個人來京買官，都需要同鄉京官出具該人身世清白的證明。這又為京官增加了一大筆收入。對於地方官來說，能帶來額外收入的陳規陋習就更多了，單單他們在火耗上做的手腳就夠他們吃好幾輩子的了。火耗完全由地方官說了算，徵多少、用多少、怎麼用都是缺乏監督的。貪婪之徒，往往到任即提高耗羨標準，甚

至有加徵比例超過正稅本身的。

　　各項收入合計，一個官員一年能賺多少呢？一個清朝知府，不貪不占，一年收入穩穩超過一萬兩，而且還能獲得百姓讚譽。所謂「三年清知府，十萬雪花銀」，並非虛言。在西部小縣城，典史的年收入超過一千兩白銀，一般差役年收入也在一千兩左右。這是什麼概念呢？清朝中期，北京城的一套平常四合院，售價在二百兩銀子左右，這還算是高房價（京城地段好，買的人非富即貴）；南方一畝農田的售價在四五兩銀子之間，這還得是良田。一個典史如果不吃不喝不應酬，一年下來可以在北京買五套宅院，或在南方置辦百畝良田。

　　我們再拿官員的收入和其他行業收入做橫向比較。一個教書先生，一年的館金在十到二十兩銀子之間；一個成功的小商人，順利的話一年能賺到一二百兩銀子。這兩個行業還算是收入中上的行業，客棧小二、飯店夥計、通州碼頭搬運漕糧的苦力、茶馬古道上的馬幫嚮導可賺不了這麼多錢。光緒年間，美國駐華公使何天爵從天津來北京，僱傭的搬執行李的苦力，走完全程只討要酬金幾個銅板，而且還自帶乾糧。中國勞動力之廉價，讓何天爵瞠目結舌。中國是一個人口眾多而資源相對匱乏的國家，就業的壓力極大，多數中國人需要為生計而奔波勞累。人人都有趨利本性，本能地湧向高收入的行業。官員的收入無疑處於行業金字塔的頂端。如此一比較，中國人完全有理由擠破頭皮、各顯神通去爭奪有限的官場職位了。

　　實實在在的物質收入還只是權力所有者實際收入的一部分，還有一些收益不是可以客觀衡量的。套用一句流行語：能夠看得到的收益都不是收益，真正的大收益是看不到的。比如社會地位，比如特權。官員的地位高、特權多，是有目共睹的，「肅靜」、「迴避」的儀仗在那裡擺著

呢！它也可以從假冒官員的騙術中得到反證。騙子行騙往往是藉口能夠打通環節、包攬訴訟，有的時候甚至是幫忙向高官傳話。受害者上當受騙背後隱含的邏輯就是：他們相信官員個人能夠決定攸關自身利益的大事，而不是表面上的官府或者公文。所以他們要巴結相關官員，而官員的特權也展現在這個地方。更神奇的是，騙子迷惑受害者的把戲有的是手裡拿著衙門的公文或者令牌，有的是能夠在官府自由出入，有的是能夠見到相關的辦事官員，有的則僅僅是穿戴舉止像官員。受害者就憑這些對騙子深信不疑，而官員的地位和特權從中可見一斑。

官員的特權，粗粗可以列舉三項。第一，古代官員有通暢的升遷機制。比如宋朝對文官三年一「磨勘」，武職官員四年一「磨勘」，也就是考核你這個人的德能勤智勞，沒有大錯都給考核通過，一通過就可以升官，升官後各種待遇跟著水漲船高。到明清時期，定期考核就走走過場而已，人人皆大歡喜，有人被考評為不盡忠職守反而成了咄咄怪事。熬了三五年，古代官員就能升一級，沒有實職授予也有更高的待遇等著他；其他行業哪能保證一個從業者短時間內一路升遷呢？

第二，古代官員能夠解決子孫就業問題。朝廷允許官宦子孫接班做官，負責為官員家人安排工作，也就是「蔭補」制度。一定級別官員的近親可以在一定條件下，不用考核，不用競爭進入官場。皇帝過生日，或者聽到某個官員退休、死亡，往往會大發龍恩，授予官員子弟官爵。各朝還有世襲的官職，用來報答官員的功績或者交換他們手中的權力。比如大名鼎鼎的戚繼光就出生在世襲官宦家庭，一到年紀就能當官。

第三，官場中人的工作超級穩定，進入官場等於捧得了一個鐵飯碗。任命官員容易，裁撤官員困難。正式編制的官員，比如縣令、知府、巡撫和替皇上端盤子的太監，一個都裁撤不了。就是編制之外的、

吃衙門飯的大大小小的胥吏、差役等人也裁撤不了，「一個都不能少」。

　　農民出身的皇帝朱元璋即位不久，驚奇地發現自己竟然要發薪資給許多並不在編制裡的「閒人」，大發雷霆。比如他發現衙門裡的役吏皂隸，依附官威，不務正業，一意害民，僅松江府就有 1,350 名「編外官吏」，蘇州府有 1,521 名。朱元璋痛心地看到自己精挑細選僱傭的官員們上任後，一心享受政府的特權，另外僱傭了大批幕僚衙役胥吏來辦事，把繁雜的政務都推給他們。而這些編外的臨時工坐穩位置之後，接著僱傭「二等臨時工」（清朝俗稱「三爺」），把髒活累活又推給他們做，坐享其成。這樣，政府機構越來越龐雜，吃衙門飯的人越來越多。「若必欲搜尋其盡，每府不下二千人。」（編制外人員和編制內官員的比例是多少呢？道光年間四川巴縣吃衙役飯的約有七千人，而朝廷額定給該縣的官吏編制是七十個，也就是說幫閒之人和法定官吏的比例是 100 ： 1。）後來，朱元璋雷厲風行，專門治理官僚人數膨脹問題，緊盯編制與透明度，規定各省、府、州、縣衙門都要把皂隸差役的名額張榜公告，「除榜上有名外，餘有假以衙門名色，稱皂隸、稱簿書者，諸人擒拿赴京」。在他統治時期，明朝的官員編制控制得比較嚴格，也發生過百姓將狐假虎威的「官場臨時工」扭送朝廷的事件，但他一死，制度就廢弛了。明朝成為了官場最龐雜最腐敗的朝代之一。嘉靖皇帝即位時，內閣首輔楊廷和借新皇帝登基之際，用登基詔書的形式裁撤編制外人員 14.87 萬人，僅口糧一項每年就可為朝廷節省漕糧 153.2 萬石。應該說這是一件利國利民的好事，但對楊廷和個人極其不利。此後楊廷和上下朝都要由嘉靖皇帝特旨派遣的上百名禁軍團團護衛，否則有生命危險。因為遭到裁撤的人都是花了各種成本混入官僚隊伍的，將生計都寄託在上面了，楊廷和砸了他們的飯碗，他們哪能善罷甘休，還不把楊廷和視作頭號仇敵，

必欲除之而後快。找七大姑八大姨向楊廷和施加壓力、扛出老爸老媽到楊家上吊抹脖子、破壞楊廷和的轎子對他的馬下毒，這都算是輕的。被裁撤掉的人將楊廷和的黑歷史送到嘉靖皇帝的案頭，甚至朝楊家射箭、埋伏在楊廷和上朝的必經之路旁行刺。考慮到這些危險因素，嘉靖皇帝調動禁軍為楊廷和保駕護航就可以理解了。明朝的例子可以說明官場的很多特點：收入高、淘汰率低、超級穩定、特別吸引人。

衍生權力是決定權力所有者實際權力的關鍵，衍生收益也是決定古人實際收益多少的關鍵。

第四節
食利者

「食利者」概念是從權力會獲得額外的衍生收益上推演出來的。權力的法定收入能讓人衣食無憂，若干衍生收入又能錦上添花；而官場的淘汰率極低，官場中人不用擔心失業問題，這就容易讓官場中人喪失進取心和創新精神，從依附在權力上獲益到寄生在權力上生活，變為「食利者」。他們不創造財富，一心消費權力收益，人數越來越多擴大為「食利階層」。那將是一個龐大的既得利益集團，傾向保守。更有甚者，食利者脫離了法定職責，或者轉嫁工作任務，或者私自僱用他人代勞，成了不折不扣的寄生蟲。

當一個權力所有者和權力的關係，從「依附」蛻變為「寄生」，他就成了一名「食利者」。

在古代中國，一個人的收入情況往往是看他和權力的親疏遠近決定的。你是什麼身分（皇族、官員、士紳還是普通百姓），和權力保持什麼關係（掌握核心權力還是一般關係、認不認識掌權者、能不能夠影響權力的施行），基本上就決定了你的財富情況。我們就會看到手握實權的官員比坐冷板凳的官員收入高、官員比老百姓收入高，而在老百姓中，官員的親屬、隨從或者那些「官商」又比其他沒有權力關係的老百姓富裕。這類似於「屁股決定收益」，你的屁股坐在哪個部門的凳子上，坐在什麼職位

上，你的收入就是什麼等級。既然如此，古代中國人自然都往權力身上靠攏，而權力也異化為了養家餬口的職業、增加收入的手段。就連晚清時期在中國做外交官的美國人何天爵也發現：「這個事實在中國是眾所周知，被社會所認可的。從中還衍生出一個被普遍接受的觀點，那就是每個官員都有權從他經手的公務中收取一定數量的報酬好處。如果老百姓來打官司，當官的有權向雙方索要小費；如果他負責徵稅，他從中擷取一筆好處，留下一份皇糧是天經地義的事情。」（《中國人本色》）

權力決定財富的事實，強化了「泛權力」，也消磨了個人的能力和鬥志，更破壞了古代社會的公平和公正。

我們舉清朝內務府的例子來增加對食利者概念的理解。《清代野記》說琉璃廠有個名琴師被召入紫禁城為慈禧彈琴，結果彈得實力大減。一查，原來是皇室的用琴品質太差，「設琴七八具，金徽玉軫，極其富麗，張取彈皆不合節，蓋飾雖美而材則劣也」，金玉其外敗絮其中。皇家用的東西應該是品質的保證，是精品中的精品，為什麼會劣質品充斥紫禁城呢？因為負責宮廷事務的內務府食利者在剝扣貪贓，中飽私囊。

內務府是管理皇帝私人事務的衙門，為清代特有。皇帝從在娘胎中開始到死後的喪禮，都由內務府全權操辦。清帝選擇八旗包衣奴才進入內務府當差，到後來發展為主要機構有「七司三院」，兼管皇室陵寢、天下行宮、南方織造和太監宮女的龐大機構。「吃內務府飯」的人數以萬計，人浮於事，自成一個系統。比如御膳房專門負責為皇帝一人做湯的編制超過十人，掌勺的肯定只有一人，難不成其他十幾個人都是配菜的下手？

這些人只對皇帝一人負責，只要欺騙了皇帝就能貪贓枉法了。皇帝雖然為內務府規定了各項規定，但畢竟身居深宮，對正常的市場行情並不了解。內務府就從宮外平價買入（有的時候乾脆就是搶）物資，然後

高價報給皇帝（反正皇帝也不知道，大臣們一般也不敢說）。表面上，整個過程沒有任何違法甚至違規的地方。中間的差價就成為經手人員的「灰色收入」。每年，內務府的法定收入就有四五百萬兩白銀；此外常有重大工程、典禮或者處理貢品、皇產收入等事情，內務府的衍生收入就不可計算了。

　　道光皇帝是個吝嗇到要把一個銅板扳成兩半的皇帝，看到龍袍上有個窟窿都要補上。一天，道光皇帝發現綢褲的膝蓋上破了個小洞，就讓內務府去縫補一下。補完了，道光皇帝問花了多少錢，內務府回答：三千兩白銀。道光聽了差點暈過去。一個補丁竟然比一件龍袍的價格還要貴！內務府解釋說：皇上的褲子是有花的湖綢，剪了幾百匹綢才找到對應相配的圖案，所以貴了，一般的補丁大概五兩銀子就夠了。

　　話說朝臣們看到龍椅上坐著一位縫補丁的皇帝，上行下效，紛紛扎破官服縫上補丁。一次，道光皇帝看到軍機大臣曹文正朝服的膝蓋上縫著塊醒目的補丁，突然問起：外面替破衣服縫個補丁需要多少銀子啊？曹文正一愣，看看周圍的太監，發現太監們都不懷好意地瞪著他。曹文正頭皮發麻，只好往貴了說：外面縫一個補丁需要三錢銀子。三錢銀子當時都可以買一整套普通衣服了，曹文正心想：這下大概和內務府的太監們報給道光皇帝的「工價」差不多了吧！誰知道，道光皇帝聞言驚嘆道：外面就是比皇宮裡便宜，我縫個補丁需要五兩銀子呢！曹文正頭皮一下子就發麻了。沒想到，道光皇帝繼續問：外面的雞蛋多少錢一個啊？曹文正趕緊回答：臣從小有病，不能吃雞蛋，所以不知道雞蛋的價錢。

　　內務府給道光皇帝吃的雞蛋一個多少錢呢？我們可以從光緒年間的「雞蛋價格」佐證一下。光緒皇帝很喜歡吃雞蛋。當時一個雞蛋大概三四個銅板，但內務府的採購價格是三十兩銀子一個。一次，光緒皇帝和老

師翁同龢閒談，突然說：這雞蛋雖然好吃可太貴，翁師傅你能吃得起嗎？翁同龢吸取了曹文正的教訓，趕緊推脫說：臣家中只有遇到祭祀大典才吃一兩個，平時不敢買。光緒終生都以為雞蛋很貴，連朝廷大官都吃不起。為此，他每年單單吃雞蛋就要「吃」掉上萬兩白銀。

　　內務府的貪墨引起了系統之外的公憤，朝野一直存在「整頓內務府」的聲音，因為整個食利者階層的強大阻力全都不了了之。晚清軍機大臣閻敬銘曾發現內務府為宮廷採購的皮箱，每個要價六十兩銀子。他就向慈禧太后指出，京城裡皮箱單價最高不會超過六兩銀子，內務府採購皮箱時有剋扣貪汙的重大嫌疑。慈禧太后很有意思，就要閻敬銘買個六兩銀子的皮箱來給她看看。閻敬銘去市場上一看，驚奇地發現所有皮箱店都關門不做生意了。一問，店主們訴苦說，內務府來公公發話要求北京城所有的皮箱店關門謝客，誰擅自開張就砸爛誰的鋪子。閻敬銘也死纏上了，寫密信給天津道臺，讓他從天津買個皮箱子送過來。結果半個多月過去了，天津的箱子也沒運過來。因為沒有真憑實據，閻敬銘對內務府的指控也就不能成立了。後來一查，原來是閻敬銘派去天津送信的親隨收了內務府一千兩銀子，帶著密信，不知所終了。

　　最後，內務府包衣奴才們就吃定這碗飯了，職位子孫弟子世代相傳。民國有人披露：「內務府人多不知書，且甚至以教子弟讀書為播種災禍者。察其出言則一意磨楞，觀其接待則每多繁縟；視中飽如經逾格之恩，作舞弊如被特許之命。昌言無忌，自得洋洋。」更有人說內務府的人常常厚顏無恥地叫囂：「皇上家叫我們賺錢，就為的養活我們！」這就是食利者的面孔：以寄生為理所當然。在後面的案子中，我們會多次重溫他們的面孔。食利者霸占社會資源和隨意作為、不作為，往往是案件拖沓難決和結局荒唐的重要原因。

第五節
古代城池裡的衙門

　　古代城池的布局，衙門總是居城池中央。整座城市是以衙門為中心，安排功能，進行布局的。這表明了權力因素在社會發揮了多麼巨大的作用。

　　我們一起來看看古代城池是什麼樣子的？中心區域是衙門官署，八字衙門朝南開，門前總有個小廣場，連接著該城的主幹道。緊鄰著衙門官署的主幹道兩旁分布著「吃衙門飯」的一系列行業，主要是旅店、茶館、酒家、藥鋪四大「支柱產業」。

　　城裡最熱鬧的旅店通常是離衙門最近的那家。「四鄉人眾捲進訴訟，到了城裡多在衙前投宿，做原告的方便及時遞呈訴狀，做證人的方便隨時供傳喚，在押被告或已經判決在監的犯人家屬，也要圖個就近『活動』人情或消息探詢的便利。」除了訴訟的人，還有找衙門辦事的人、走訪官吏的人員等等，都就近在旅店投宿，方便「活動」。投宿完，接下來就要找人辦事、拉關係、打探消息了。還是以告狀的為例，「無論是官府發給『戳子』（執業證書）的專以代人撰寫稟帖訴狀為業的『代書』，還是經驗豐富勾掛三方的訟師，照例都一個個窩在衙前茶館裡等候主顧上門或伺機兜攬生意。衙門中胥吏差役、長隨師爺各色人等，與外界的通消息、講斤頭、勾結舞弊、討價還價，亦多藉此地方進行。許多刑、民案

件的審理結果，會引發出罰款納贖、取保假釋、籍沒入官、發賣抵償等種種行為⋯⋯也多以茶館為交易場所。」其他辦事人員也同樣需要茶館，第二個支柱產業──茶館就這麼興起了。在茶館「商務會談」談得感情深入了，或者到了吃飯的時間了，就需要去酒家觥籌交錯了。「無須引錄地方誌乘，僅明清話本小說中，有關衙前酒家的描寫就極多。其基本客源，一是茶館功能的延伸，二是衙門裡的公款吃喝。以宋代為例，地方政府除迎新送故、招待過往，以及『聖節』（皇帝生日）、元旦、冬至等節假慶賀，照例要公費宴飲；還有『旬設』之制，就是每十天（一旬）一次用公費『宴犒』本地駐軍將校。宋人尹洙寫過一篇〈分析公使錢狀〉，以宋仁宗慶曆三年（西元 1043 年）渭州衙署為例，道是除支應過往外，僅本署官員動用公費吃喝，就是每月五次宴會，一次『張樂』。所謂『張樂』，就是美酒佳餚外，還有小姐作陪。」衙門前的酒家從不缺客源。藥鋪的顧客群相對狹窄，生意則主要靠衙門審案打人。「衙門大堂上老爺審案，打板子，拶手指，吃夾棒，傷筋拆骨，皮肉腫爛，概屬尋常，所以衙門前又斷斷不可缺少賣跌打損傷藥的。」此外，藥鋪掌櫃總和衙門的醫官經營好關係，承接「公立醫院」藥品供應。「醫官只管診脈處方，病家不妨就近贖藥。」綜上所述，說四大支柱產業都「吃衙門飯」，一點沒錯。

　　「不少衙門前尚有錢莊、米行、典當、果鋪等其他買賣，大多與衙署催徵糧賦、科罰敲剝等業務發生牽絲攀藤的連繫。此外，專以『做公人』及進衙辦事或訴訟者為服務對象的各色飲食攤檔，也是衙前的特色行業。」（以上引文據《天下衙門》）城市建築是社會生活的反映。古代城市以衙門官署為中心進行布局，起因是城市裡的各個行業是以政府權力為關聯產生和運轉了，反映出了政府權力在社會生活中的中心地位。

　　「以衙門為中心」的理念不僅展現在建築和生活上，更展現在古人對官場的熱衷、對官位的追逐上。權力的實際收益實在太誘人了，人人都想成為權力所有者。花費少許成本，成為終生無憂的食利者，是很划算的「投資」。清朝後期捐納大門洞開，賣官鬻爵盛行，南方許多人家的子弟如果不會讀書又沒有其他好的謀生管道，家族就會湊錢為他買官，既解決子弟的生存問題，又是一項投資。光緒年間，縣丞（相當於第一副縣長）的售價加上給經辦人員的「衍生收益」總價不超過 2,000 兩白銀。買到後，再花幾百兩銀子溝通環節，買個到省即任（不用候補，直接上任）的資格，就可以光明正大地戴上頂戴了。財力不足，有人就「合夥買官」，湊錢買一個不用候補的地方實職，事先說好誰當老爺、誰當師爺、誰當門政，怎麼分成等等。這一下，也算是解決了所有「買官股東」的生活問題。

　　還有一些「官痴」鬧了笑話。《寄園寄所寄》載明朝山西人喬廷棟從御史中丞的位置上退休「官家居時，每晨必具衣冠，升堂高坐，命僕役呵唱開門，以次伏謁，或作控訴狀，喬一一為之剖判訖，然後如儀掩門。每日如此，聞者無不匿笑」。想必這位喬老爺當官太久了，每天不升堂辦公就不舒服，算是職業病，可以理解。《清代野記》也記載光緒年間，安徽人張傳聲，花錢買了一個候補道臺，再花錢買了一個加花翎二品銜（道臺是四品官，需要花錢才能提升到二品）。張傳聲被分到河南候補，因為沒有實缺在開封等著。這位張大人「每日晨起盥漱早食畢，即冠珊瑚冠、孔雀翎，數珠補服，由內室而出，中門置一雲板，出則擊之，僕則高呼：『大人下籤押房矣』。既就坐，一僕進茗碗，一闇者持手版十餘如摺扇式，口稱某某等稟見，其實並無一人也。」想來，這位張大人想過過當老爺的癮，沒輪到只有在家裡擺場面。表演了那麼多，他

要的就是手舉茶碗，打官腔說「本老爺今日累了，今日就散了吧」的感覺。旁邊馬上有僕人出來高呼「傳伺候，大人下來矣」。「張乃雅步登肩輿，出門拜客矣。亦每日如是，如演劇然。」

種種可嘆可憐之現象，表明權力因素縈繞在古代社會生活的各個領域，受到古人的追捧，這是更大範圍上的「權力泛化」。

權力泛化的後果很多，如權力插手社會生活過深，干預社會財富分配；權力成為評判社會生活某些事例的主要標準等等。其中最常見、說得清楚的便是官場膨脹。唐太宗李世民曾用一個詞形容官場的膨脹：十羊九牧。十隻羊竟然需要九個牧人，對羊來說是多麼沉重的負擔啊！整個牧場又怎麼能興旺發達？

明末清初的名士侯方域曾在《壯悔堂文集》中從賦役角度分析官員膨脹的惡果：百姓要承擔賦稅，當官吏可以免除。於是百姓爭當官吏。免除的結果是什麼呢？十個人中逃避掉一人，就要把那個人逃避的份額加於剩下的九人。百人中逃避掉十人，就要將那十人的份額加於剩下的九十人。如此惡性循環，老百姓的壓力越來越大。百姓進入官場的競爭越來越激烈，難以禁止。於是，天下的生員和胥吏漸漸增多，百姓漸漸減少。開始還是以學校和胥吏加在百姓頭上，後來就是百姓和百姓惡性競爭了。歷史學家將之稱為「淘汰良民定律」。在人人熱衷官場的時代，良民只有三種出路：或者擠入官吏隊伍，或者死於溝壑，或者淪為盜賊。

無獨有偶，民國著名實業家、民生公司總經理盧作孚在 1948 年批評中國的教育說：「我們國家之所以弄到今天全無辦法，情勢非常可怕，就是因為這種讀書人太多了！在農村，本來可在田裡做莊稼的小孩，讀了書就不能做莊稼了，往哪裡去？到都市，到政府機關去。此外便無事可做了。在都市，商店裡的小孩，本可做生意的，讀了書也不能守商店

了，往哪裡去？往更大的都市，還是往政府機關去。在工廠，工人的小孩，讀了書，還是不得當工人了，往哪裡去？如無更多的銀行、公司，還是到政府機關去。目前中國每年中學畢業的學生以十萬計，大學畢業的也以萬計，讀書人年年加多，政府機關的人也年年加多。如果一國人口，全讀了書，豈不全是公務員，會沒有一個老百姓了？」人人都去當官，而不是直接投入創造財富的活動，社會的財富累積和活力便令人擔憂了。

第六節
為什麼權力會泛化

　　古代中國為什麼會有權力泛化的現象呢？泛權力又是怎麼產生的呢？

　　首先，泛權力和官僚制是一對孿生兄弟。泛權力、衍生權力、衍生收入、食利者等概念的背後都有官僚制的身影。歷史上，世界各國都有政府，有的也結構嚴密、持續時間長。但中國歷史上的官府可能是所有國家歷史中最嚴密最牢固最長久的政府。

　　制度是有生命的，時間長了它會產生自己的運轉邏輯，而不遵照設立者的初衷運轉了。制度固有的邏輯強大得很，強大到其中的人不得不按照它的邏輯去工作。這就是制度的異化。在異化了的制度前面，個人是渺小的，弄不好你也被異化為制度的一部分。試圖改革它的力量面臨著巨大的阻力。中國古代的「權力泛化」和官僚制度的「異化」之間存在密切的關係。權力泛化是官僚制異化的一大表現，前者又反過來推動後者按照獨立的邏輯運轉下去，結果兩者相互強化，運轉了千百年。

　　前文所說國庫庫丁偷銀子出來的事情，已成了當時公開的祕密。偷銀子是庫丁的衍生權力，形成了上自戶部管理下到保鏢的「產業鏈」。從國庫中偷出銀子後，庫丁們用水桶帶出來。「蓋京師甚囂塵上，每逢庫期，必備清水灑塵，庫兵乃置夾底水桶，藏銀於中，俟堂官散後，從

容挑桶而出。」祁世長署理戶部尚書時，一次有一名庫丁提著一個水桶出來，桶底突然脫落，從裡面掉出國庫官銀來。事情發生在光天化日之下，眾目睽睽，祁世長不能不查，隨即鎖拿庫丁數人，準備第二天嚴厲審訊。當天晚上就有人對祁世長說：「爾將興大獄乎？爾不顧身家性命乎？無論大獄不可興，即若輩皆亡命徒，拚出一人認死罪，而半夜刺公，公何處呼冤者！」庫丁偷銀子已經成了戶部官僚制度的組成部分，祁世長貴為尚書要想查辦已經暴露出來的問題也會遭到部下群起反對。如果祁世長要嚴查，涉及人員大不了推出一個人殺害祁世長頂罪。這是多麼血淋淋的前景啊！祁世長不得不含糊處理，大事化小小事化無。

在這個案例裡，祁世長身為尚書，有管理國庫的責任，也有查辦盜竊官銀的部下的法定權力。但是他自動放棄了這個權力，對盜竊現象睜一隻眼閉一隻眼，可謂是「法定權力的退化」。結果導致朝廷設定的官銀監督制度並沒有落實，長此以往要想查辦庫丁偷官銀就更難了。

如果說祁世長在制度面前的無奈還有私人利益的考慮，那麼對於光緒皇帝來說，查辦貪贓枉法的官僚對他來說百利而無一害。畢竟貪官汙吏貪的是光緒皇帝的錢，肅清吏治整頓官府的最大受益者也是光緒皇帝。所以，光緒皇帝肅貪辦案沒有私人利益的糾結，更因為他是皇帝，與衍生權力和食利者鬥爭起來應該雷厲風行、手到擒來。理論上是這樣的，可是在實際上光緒皇帝也懲辦不了貪官汙吏。

光緒皇帝要懲辦的這個人是內務府的中級官員、郎中慶寬。慶寬得罪光緒是因為他把撈錢的手赤裸裸地伸到了光緒的私房錢包裡。光緒曾想打四個鐲子給慈禧太后作生日禮物。慶寬做了四個樣品給慈禧太后看，慈禧太后都很喜歡，然後又拿給光緒皇帝看。光緒問需要多少錢，慶寬說需要四萬兩銀子。光緒大吃一驚，脫口而出：「豈不是要抄我家

了？」原來，光緒辛辛苦苦攢了四萬兩私房銀子，不放心內務府，就存在宮外的錢鋪裡吃利息。慶寬一開口就要走他全部的私房錢，光緒又不得不給，自然恨上了慶寬。

慶寬這個人十分貪腐，而且高調地貪汙，大報花帳，氣焰逼人，尤其是在慈禧六十大壽期間主持慶典處，一個人包攬一切器物的採辦，大發其財。因此，慶寬斷了他人的財路，得罪了包括同僚在內的許多人。有個御史密奏慶寬家藏御座，舉動不軌，還說他假冒太監。兩條罪都是殺頭的大罪。請注意，御史彈劾慶寬用的又是「聲東擊西」策略。彈劾的罪名不是明白無誤地貪汙，另外找了尚未證實的逾制罪名。因為這位御史如果彈劾慶寬貪汙，就侵犯了內務府一干人等的衍生權力，會得罪一批內務府的人，倒不如找只和慶寬一個人有關的逾制罪名保險。這種「聲東擊西」的策略，在本書歷史案件中還會屢屢出現。

再說光緒接到奏摺後，不管是真是假，隨即批覆嚴查，組織了專案組，一心要殺慶寬。可是查了許多天，專案組沒有查到可以定死罪的證據（猜想慶寬貪汙是真，其他罪名是假）。光緒反覆詢問專案組，貪汙之外實在找不到大罪，最後抓住慶寬在家門口立了塊「下馬石」的事實（慶寬這個級別的官員不能立這樣的石頭），對慶寬辦了一個「違制」的罪名。慶寬被「革職抄家」。過了一段日子，江西鹽法道出缺，由吏部推舉接替官員。大家一致推選的新任道臺竟然就是被革職的慶寬。慶寬被光緒從內務府趕出來，竟然搖身一變，升了官掌了實權。其中的權力運作和人事關係，光緒皇帝搞不清楚，也阻止不了，只能「恩准」慶寬上任去了。

在這裡，光緒皇帝的兩項法定權力被強大的官僚制限制住了。第一是光緒知道慶寬貪墨，卻不能以貪汙懲辦他。因為貪汙已經成了內務府

的衍生權力。第二是光緒不得不任命厭惡的慶寬為道臺。因為慶寬得到了人事組織機構的支持。皇帝尚且如此，大臣和空有一腔熱血的勇士們又怎麼能與強大的官僚制作戰呢？

中國特色的人情世故錯綜複雜，也對權力泛化現象推波助瀾，後來兩者也相互依賴難以分開了。

張集馨在《道咸宦海見聞錄》自述日常工作是：「終日送往迎來，聽戲宴會」；「大宴會則無月無之，小應酬則無日無之」；「每次宴會，連戲價、備賞、酒席雜支，總在二百餘金」。就在歌舞歡宴和觥籌交錯之間，宏大的政治口號和大政方針曲折地轉化為官員們的人情世故和利益考量，再透過他們融入老百姓的日常生活。幾千年來的中國政治並沒有停留在冷冰冰的、簡簡單單的政治理論和口號上。白紙黑字的條文不好使，僅靠法定權力是解決不了所有問題的，必須讓自己的權力像人心一樣曲折、複雜、有溫度。對各種權力所有者來說，重要的是處理好人際關係，而不是精通儒家經典學習皇上的聖諭。他們必須動用人情世故的十八般手段，在權力上站穩腳跟，否則其他都是胡扯。對普通百姓來說，重要的也是精通人情世故的彎彎曲曲，然後再獲取權力利益或者減少權力對自己的傷害。社會上人情世故泛濫，各種潛規則盛行，權力也就泛化了。

還是用例子來說明問題。清朝京城步軍統領負責緝捕賭博，但京城賭場遍布，統領衙門熟視無睹。因為賭場每年向步軍統領衙門上交「例規」，求得保護。但是步軍統領衙門的衙役卻瞞著長官，多次去抓賭。「所捉者，偵得一二貴介子弟，或京外官之富有者，聚博於宅中，則彼宅自有通訊之人，於是提督衙門番役出焉，至半夜，圍其前後門，一擁而入，無一人能逃者。」可見，步軍統領衙門要抓的賭徒必須符合以下

三個條件：第一是富貴子弟或者外省來京的富裕官僚；第二是在家裡聚賭，沒有牽涉他人；第三是賭徒內部要有矛盾，「彼宅自有通訊之人」。這些條件都符合了，衙役們才在深更半夜去甕中捉鱉。把一幫人鎖到官署班房中，衙役們聲言等天一亮衙門的堂官上班就要「大刑伺候」了。被捕的人都會百般討饒，或者當場行賄衙役，或者寫下「盈千累百」的欠條承諾第二天拿錢來，衙役們也就「私了」，把大家都放掉。臨別時，衙役們還會「饗以盛筵」，大家吃完了趕在天亮前告別。可見步軍統領衙門存在「法定權力的退化」，抓賭的職責基本自我放棄了；而衙門的衙役們則以這個法定權力為基礎，衍生出了一種陋規權力：借抓賭來敲詐賭徒。人情世故存在其中，步軍統領衙門不敢抓賭，是因為京城裡大賭徒非富即貴，動不動就是一二品大官，不敢抓；小賭徒則透過賭場定期交保護費的形式，和衙門構成了利益關係。衙役們敢抓是因為他們所抓的人都是富家子弟和外地來京的官員，自身沒有強硬的權力。他們不怕被敲詐的人把事情抖出去，因為賭徒聚賭違法在先，不好公開；而被敲詐的錢對他們來說是小錢，不值得為了小錢動用衍生權力或者人際關係要回來。所以，衙役們抓賭百試不爽，也不相信被敲詐者不要「私了」要「公辦」。

　　偏偏有一次衙役們抓賭的時候就遇到了一個吵著要「曝光」要「公辦」的賭徒。這個賭徒叫姚四寶，恃賭為生，一天和富貴子弟聚賭的時候被衙役們抓了。衙役們敲詐的目標是富貴子弟，不是姚四寶。富貴子弟們紛紛交錢私了，衙役們擺酒席招待，姚四寶也跟著吃喝，假裝醉倒。後來，富貴子弟們都走了，只有姚四寶一個人還在衙門班房裡大打呼嚕。一個衙役拍拍他的肩說：「醒醒，回去吧！」姚四寶問：「回去？」衙役說：「他們都回去了，你也可以走了。」姚四寶說：「逮捕時不是說

明天堂官上班後就要審訊賭局了嗎，怎麼釋放了呢？我是賭棍，罪有應得，明天一定要受審。我還要將功贖罪，把你們今天晚上索賄的事情，誰誰敲詐了多少錢，都告訴貴衙門的長官們。」衙役驚呼：「你把事情做反了吧！」姚四寶一本正經地回答：「我沒有把事情做反了，我是公事公辦。本來就應該如此。」衙役們恐嚇他，姚四寶大聲說：「你們不要嚇我，我一等你們長官到就大聲呼冤。」衙役們害怕了，求他不要曝光。姚四寶說：「那我要分肥。」不得已，衙役們分給姚四寶一千兩銀子。姚四寶這才出來，對賭友們炫耀：「你們為公差們訛詐了，我又訛詐了公差們一筆。」

在這裡，姚四寶看似是京城抓賭遊戲的破壞者，絲毫不講人情世故，其實他最精通人情世故。對賭徒們來說，交錢走人是一種人際關係；但姚四寶拿曝光相要挾，要破壞步軍統領衙門內部官員和衙役之間的人際關係——衙役們抓賭拿錢，官員們被蒙在鼓裡。為了保持自身的衍生權力和權益，衙役們不得不在這一回合同意姚四寶參與分肥。

深究人情世故或者各種潛規則長盛不衰的原因，主要原因是絕大多數權力所有者多考慮自身利益，少有無私精神；多明哲保身之人，少有衝鋒陷陣者；多保守退縮之人，少有銳意改革之人。這樣的人是古代社會的主體，難怪各種權力泛化糾合人情世故難以撼動。

除了強大的官僚制和人情世故，還有其他一些說法可以用於解釋權力泛化的原因。

比如官僚制依託強大的集權政府而存在。在解釋為什麼強大的中央政權是中國古代歷史的常態，「治水政治」是其中一種說法。有人認為中國地廣人多，事務繁重，需要一個強而有力的政府。比如堯舜禹時代，九州大水。在生產力不發達的古代，治理洪水需要集中人力物力，統一指揮，

這就能夠解釋為什麼統一的中國政府一出現就是一個強大的集權政府。

　　還有人相信中國古代的人口壓力和中國人對官場的追逐有直接關係。人口多，競爭強，生存壓力就大。古代中國人面臨的生存壓力大於其他國家。甲午前後曾經代理美國駐華公使的何天爵驚訝地發現：「中國人口的絕大多數生活在我們難以想像的貧困之中。」

　　「我經常僱用固定的信使。他需要跑三十英哩路程來賺取 8 分錢。中國內地的船隻經常僱用縴夫，從天津出發逆流而上到達北京通州。全程長達一百二十五英哩，報酬是 50 分錢和單程的飲食。然後縴夫再步行返回天津。也就是說，這些人往返遠遠超過從波士頓到紐約的距離，就是為了 50 分白銀和幾頓飯。許多中國人甚至以在路邊撿糞便為生。在中國，如果你看到十幾個大人和小孩子為了一堆牛糞而爭得不可開交，一點都不要覺得稀奇。這可能有助於我們了解貧窮在中國到底意味著什麼。對於無數的中國人來說，如果一天失業，整天都找不到活幹，就意味著要餓整整一天的肚子，得不到任何食物。」「根據上面談到的勞動報酬水準，人們不難想像四億中國人的日常消費是極其有限的，他們的物資獲取極為匱乏，生活極端困苦。探討他們是如何生活下去的，對我們來說簡直就是一個難題。」（《中國人本色》）政府權力可以換取穩定的高收益，對古代中國人無疑極具誘惑力，所以古人對權力趨之若鶩了，哪怕分沾部分收益也好 —— 總比辛辛苦苦勞心勞力要好。這就為權力泛化提供了適宜的背景。明代王士性在《廣志繹》中說紹興地區的山陰、會稽、餘姚等縣，人口繁多，本地的耕地連一半的人口也供養不起，於是聰明有頭腦的人就謀取官差，結果從重要部門到閒曹細局到處都是紹興人。

　　綜上所述，權力泛化是一大歷史現象。觀察古代歷史，在權力表象之下還有一個泛權力在發揮作用。

第七節
如何判斷一個人的權力大小

　　如何判斷一個人的權力大小，是觀察官場的首要課程，也可能是最難的課程。出門在外，求人辦事，難免要遇到這個難題。

　　清朝中期，甘肅蘭州出了樁大案，蘭州知府行文天下州縣通緝某某嫌疑人。蘭州知府的公文發到了盛京將軍轄區（今遼寧）奉天府（今瀋陽）。奉天府尹接到蘭州知府的公文，大發雷霆，揚言要參劾蘭州知府。蘭州知府聞訊大驚失色，趕緊送去大禮給奉天府尹，並且託人傳話要拜奉天府尹為師。奉天府尹這才作罷。同為知府，蘭州知府為什麼對奉天府尹這麼害怕呢？同為知府，級別卻是不同的。比如順天府（今北京）因為是京城所在，所以知府稱府尹，為三品官（一般的知府為五品官）。奉天府因為是清朝的「龍興之地」，知府也稱府尹，等同順天府尹待遇。官府公文往來的時候，順天府、奉天府不列入一般州府，而尊崇靠前。蘭州知府在行文的時候，忘記了這個規矩，開罪了奉天府尹，所以要低三下四地賠罪，請求原諒。不然，後果會很嚴重。在這裡，奉天府尹的權力明顯大於同為知府的蘭州知府。

　　晚清的時候，御史彈劾官員，查辦大臣必先探詢宮廷意思，看看宮廷對被彈劾官員的態度，看看彈劾一事有無幕後交易，再去查案。那幾個軍機大臣、內閣大學士和「聖眷正隆」的大臣，即使御史臺所有的御

史反覆彈劾，也動不了他們的位置。但是光緒三十二年御史謝遠涵彈劾郵傳部尚書兼參與政務大臣陳璧，三十三年御史陳田、趙炳麟彈劾軍機大臣袁世凱，都取得了成功。表面看起來兩位朝廷重臣都因為御史的彈劾而罷官，那麼御史的權力要比他們兩位的權力要大。實際情況要複雜得多。陳璧罷官是因為他得罪了貝子溥倫。溥倫授意謝遠涵彈劾，他在後宮使勁，這才扳倒了陳璧。袁世凱罷官是因為光緒皇帝留下遺詔，要殺袁世凱。隆裕太后、攝政王載灃和張之洞正爭論著呢！剛好陳田、趙炳麟兩人彈劾袁世凱的奏章來了，順坡而下，罷了袁世凱的官。這麼看來，御史的權力很虛弱，必須藉助幕後力量，才能達到彈劾的目的。

既然官員權力大小這麼複雜難測，那麼歷史上有沒有留下什麼判斷的標準或者線索呢？

首先，官僚制度本身提供了衡量官員權力大小的法定標準：品級。

漢朝的時候，官員的品級用領到的糧食多少來計算。年俸一千石的官員就是「一千石」官。於是我們就會發現太守的品級是「二千石」，大縣首長稱令，縣令品級是「八百石」，小縣首長稱長，縣長品級是「六百石」。隋唐之後，官員的品級逐漸固定為「九品制」，到明朝時期發展為九個品正從十八個等級。比如總督是「正一品」，知府是「正五品」，縣令是「正七品」。按照法律規定，官員的品級和權力呈密切的正相關關係，品級越高，權力就越大。但如果我們把品級作為判斷一個人權力大小的主要依據，那麼就把中國古代政治看得太簡單了。品級標準有點用處，但不大管用。

即使同級別的官職有肥瘦、有冷熱、有優劣。比如六部之間就有高低之分。清朝侍郎在六部熬資歷，一般是從工部起步，調任兵部或者刑部，然後轉禮部，轉戶部，最後升遷至吏部。工部侍郎轉任兵部侍郎，

級別和待遇都沒有變，從表面來看是「調任」，但官僚圈子卻視之為「升任」。因為工部管理的是工程建築，逢山開路遇水搭橋，屬於被人鄙視的「奇技淫巧」的範圍，對官場中人缺乏制約和吸引力。而兵部管天下兵馬，亂時多事平安的時候無事可做。刑部掌管司法刑獄，比工部要有權力資源。禮部掌管意識形態，負責文教，重要的是負責科舉，所有讀書人要進入官場必須和禮部打交道。戶部管財政和開支，已經涉及核心權力了，官場要運轉離不開戶部的金錢。吏部考核天下官吏，操進退升降大權，是官場中人最在意、最敏感的權力。由清朝六部官員的升遷途徑，我們可以從大到小排出六部的實際權力：吏部、戶部、禮部、刑部、兵部、工部。清朝吏部、戶部尚書和侍郎進入軍機處的可能性極大，禮部次之，而工部侍郎幾乎沒有可能進入軍機處。可見，同級不同權，更不同命。

發展到後來，品級和官職剝離開來，變為可以獨立買賣的商品了。晚清的時候，頂戴可以買賣，但不和官職相對應，俗稱「某某級候任官」。《官場現形記》裡的蘄州吏目隨鳳占雖然是個從九品的小官，但卻戴著五品的頂戴。因為有個人向他借錢還不了，就把五品頂戴抵押給他了。而那個人的頂戴本身就是買來的。晚清買官最高能買到四品的道員，蘇南一帶富人多，紛紛買個四品頂戴帶在頭上，導致南京城裡道員滿街走。隨著品級和官職剝離，用品級來衡量權力大小，更加不可行了。

第二，官僚制本身還提供了衡量官員權力大小的另一個表面標準：職權。

不在其位不謀其政，而在什麼位置上就有什麼樣的職責和權力。按說，你是什麼官職，你的權力是固定的，職位相同的或者類似的官員之

間的權力大小一目了然。然而，職權有交叉或者不清楚的地方，同時所有有關權力劃分的制度規定都是死的，抵不住活人的「運作」，職權依然不能成為衡量官員權力大小的標準。

清代，布政使是協助巡撫行政的一省二把手，有人事權。游百川擔任廣東布政使時，遇到潮州知府出缺。巡撫遞了一張條子給他，舉薦某某人，游百川就上報擬任命某某人為潮州知府。可是，廣州還駐紮著兩廣總督。時任兩廣總督的張之洞也遞了一張條子給游百川，舉薦另一個人擔任潮州知府。因為已經許諾了巡撫，所以游百川就把張之洞的條子壓了下來，不辦。張之洞知道後大怒，即日傳見游百川，厲聲責備：「你竟敢藐視我而獻媚巡撫，難道是有恃無恐？」游百川回答：「卑職何恃之有？只因為舊制規定總督負責軍事、巡撫負責行政，卑職這是按制辦理。」張之洞更生氣了：「巡撫也歸總督管，你難道不知道嗎？你說的舊制，哪來的？趕緊找來告訴我，我從此也好不問行政，安心軍事。」游百川害怕了，趕回衙門就翻閱《會典》等制度檔案。遺憾的是，總督和巡撫的職權劃分原本就不明晰，也沒有留下白紙黑字。雖然游百川說的的確是通行的慣例，但他找不出明確根據來。強悍的張之洞步步緊逼，不依不饒，天天派人催問游百川的舊制。游百川最後憂鬱吐血，只好因病辭官。從此，廣東的政務張之洞事事都過問，廣東巡撫形同虛設。這就是一個典型的因為職權不清和個人強過制度的例子，可見職權也不是判斷權力大小的主要依據。有的時候，人的作用更重要。張之洞平時恃才傲物，又有慈禧太后的寵信，在地方為官事事把持，欺凌同僚，是個典型的強人。

第三，有人提出，官員的收入多少可以反映他的權力大小。以收入為衡量權力大小的標準的潛在邏輯是，權力能帶來收入。一個人收入越

多，表明他的權力越大。這個邏輯乍看似乎有道理，能解釋現實生活中的許多現象。但是，考慮到地區存在貧富差距、經手的政務的潛在利潤存在差距，甚至官員個人的貪廉程度也不同，收入並不能全面反映權力大小。

從法定收入看，清朝七品知縣的年俸是 45 兩，五品知府的年俸是 80 兩，一品總督的年俸是 180 兩。這基本能反映他們權力大小的情況（反映不出權力大小的比例來，總督和知縣的權力大小比例肯定超過了 180：45）。可這僅僅是他們的「死薪資」，清朝的官員如果單靠薪資，連基本的生活都難以保障的。所以，雍正朝之後執行「養廉銀」，將各地歸公的火耗在當地官員中分配。一般情況下，地方督撫每年約有養廉銀 20,000 兩，知府約有 5,000 兩。而京官的養廉銀極其有限，由朝廷從各地解送的銀兩中挪出部分來在所有京官中平分，最多的也不超過 5,000 兩。也就是說，正一品的領侍衛內大臣、總管內務府大臣、戶部尚書兼軍機大臣的和珅，每年拿到手的養廉銀，和五品銜的浙江臺州知府的養廉銀差不多，遠遠低於同樣是正一品的閩浙總督。但是，和珅和臺州知府的實際權力肯定是一個在天上，一個在地下。再舉個極端的例子。海瑞品行剛正，一個銅板都沒有多拿多占，純粹靠薪資生活，平常還要拿妻子紡織的布匹去街市上變賣補貼家用。他擔任過應天巡撫，收入肯定不如一個平常的知縣多。我們能夠說海瑞的權力就小於一個平常的知縣嗎？所以，收入也不能成為評價權力大小的標準。

衡量權力大小，實在是找不到一個確切、可以操作的標準。

一個人的實際權力不由法定權力決定，而取決於衍生權力。衍生權力只可意會，不可言傳，這就為衡量權力大小增加了難度。好在權力要展現在具體的事務上，權力所有者要透過辦事來顯示權力，所以，我

們可以從「辦事」這個角度來間接觀察一個人的權力大小。如果同一件事情（比如安排子弟入國子監讀書、提拔某人的官職、報銷某項工程款），甲官辦不下來，而乙官辦了下來，那麼我們不管甲乙二人的品級、職權，就可以認定乙在這件事上的實際權力要大於甲。套用一句時髦的話，那就是：辦事是檢驗權力的「主要標準」。

其實在實踐中，人們早就按照這個標準來執行了。比如人們去衙門辦事的時候，都會去找「關鍵人物」，因為大家都知道找這幾個人能夠把事情辦成。相反，人們不會按照表面的品級或者職權去找相關的人，因為大家都知道這些表面的東西並不代表真實的權力大小。在一個衙門中，一把手的權力最大。為了和一把手拉上關係，人們紛紛去找「門政」或者「簽稿」。門政表面看是個看大門的傭人，但公文的往來、人員的接待送行，都先經過他手裡。一個好的門政需要清楚來往公文的輕重緩急，迅速判斷進出客人的身分地位和權力大小，同時還要觀察衙門口的情形，收集百姓對衙門口布告的回饋。他得記憶力超群，記住幾個月甚至幾年間訪客和公文的資訊，記住老爺的日程和性情，記住與衙門有關的權力網絡。在實際運作中，門政扼守著他背後這座衙門的權力要道，衙門裡面的權力進進出出、發揮作用，都必需他的配合。對一把手來說，門政就是自己的「手機」、自己的祕書。所以，門政的實際權力可能比這座衙門的二把手都要大。來辦事的人，避免不了與門政打交道，有時候擺平了門政就不需要再去衙門裡活動了。門政往往上下其手自肥，聚斂了巨大的財富。光緒年間進士陳恆慶就在《諫書稀庵筆記》中寫道：「旗人作官，必聽門政指揮，其發財亦賴門政。即罷官歸來，所有家私，統歸門政掌握。門政吞剝，富於主人。」而「簽稿」顧名思義就是簽稿子寫文書的人。古代官員業務範圍過廣，事務過重，不得不將文書工作假

手下人，於是就有了簽稿。簽稿之人，必須熟知朝廷政治話語、公文往來和例行事務的處理（千萬不能出現把奉天府視同一般州府的錯誤），類似於現代長官的辦公室主任。他一般是官員的親信，能和官員說上話，同時又掌控著衙門的公文往來，實際權力不能小覷。一個簽稿，一個門政，都被外人尊稱為衙門「大爺」，實際權力和收益遠大於其他下人，更高於一般的官吏衙役。到衙門辦事的人，如果能一起搞定簽稿和門政，基本上就把事情辦下來了。

所以，你要判斷誰的權力大，就看誰找他辦事的人最多。舉個例子，慈禧太后末期，奕劻為總理大臣，掌握朝廷大權。京城內外辦事的人，卻不去找奕劻，而是去找他的兒子載振。載振雖然只是一個商部尚書，但因為老父親奕劻年邁無力，依仗載振協助處理政務。載振在很多事情上架空了老父親，獨攬大權，所以找他辦事的人一批批地等著他接見。後來載振的商部尚書被罷免了，可是商部大小官員遇到什麼事還是找載振請示匯報，就連繼任尚書遇到人事任免也不敢自專。可見在慈禧末期，載振的權力大於朝廷的其他諸公。

還有個例子，說的是鎮壓太平軍時期，湖廣總督官文和湖北巡撫胡林翼都駐紮在武昌。總督的官比巡撫大，但湖北的政務，官文對胡林翼總是言聽計從。一次，官文向朝廷推薦某人出任道員。胡林翼知道後，去了一信給官文：「訪聞某人有劣跡，斷斷不可補授道員，如果真當上了，我就參黜他。」官文得信，連忙快馬加鞭把奏摺追回來，再列出湖北數十個候補道的名字寄給胡林翼，請他挑選一人。胡林翼不挑，直接回信：「除了某人外，其他人都沒問題。」官文見胡林翼如此強硬，也有些不高興，發牢騷說：「我這個總督，都快成為累贅了。」他去信給胡林翼說：「按大清例，總督領導巡撫，真的可以領導嗎？請回信。」胡林翼

回信說：「當然可以。但大清例載：總督貪黷，巡撫知而不參者，與之同罪。聽聞中堂曾受某金千，某金百，果有其事否？亦請回一籤。」官文見信，一笑置之。原來官文庸碌無能，胡林翼精明能幹，聽任官文貪贓腐化，將湖北政務操於己手。官文樂得悠閒又有錢賺，也就放手讓胡林翼攬事。湖北的實際權力最大者，就變為了胡林翼而非官文。

最後舉一個找對「關鍵角色」辦好事情的例子，結束本節。

奕劻專權時貪贓了無數金錢，單單存在匯豐銀行的銀子就超過百萬。道員吳懋鼎曾經擔任過匯豐銀行的會計，將消息透露給了御史蔣式瑆。蔣式瑆就彈劾奕劻貪贓，舉匯豐銀行的存款為證。朝廷命尚書鹿傳霖、左都御史溥良查辦。奕劻很害怕，找誰才能抹平這件事情呢？蔣式瑆？不行，即便他能撤銷彈劾，可是查辦的事情已經進行了。兩位查辦大臣？不行，證據擺在那裡，他們有心幫你遮蓋也遮蓋不了。對了，關鍵角色就是吳懋鼎。奕劻趕緊把他約出來，許諾將匯豐銀行一半的存款送給他，請他銷毀證據。吳懋鼎答應了，把奕劻在匯豐銀行的存款分散到其他人的名下去。鹿傳霖等人來查，看不出來，又不敢得罪奕劻，就以「查無實據」結案。結果蔣式瑆反而受累被免去御史，發往翰林院回爐學習去了。

第八節
上級一句話

清末的一天，美國駐北京公使館發生了一起盜竊案。有小偷進入了公使館中國打字員的房間，偷走了銀器裝飾品，大約價值 15 到 20 美元。美國外交官何天爵就向衙門報告了。衙門的捕快慷慨地保證一定盡快抓住盜賊，但是一點結果也沒有，事情不了了之。何天爵也漸漸把這事給淡忘了。

三個月後，美國公使館又發生了盜竊案。這回，盜賊闖進了何天爵的房間，偷走了比上次值錢得多的財物。何天爵再次向衙門報告，接待他的還是上次的捕快。何天爵威脅要將這事情報告給九門提督，一級一級向上面反映。那名捕快看樣子是慌了，趕緊保證一定在 20 小時內將所有盜走的物品和盜賊都擒拿歸案。沒幾個小時，他就把何天爵失竊的財物送到了公使館。何天爵以為這件事情就這麼過去了。

幾星期後，這位捕快突然來找何天爵。他拿來了第一次公使館打字員房間失竊的銀器，一樣不少地擺放在桌子上。何天爵很驚訝，禮貌地向捕快表示感謝。誰料，捕快卻抱怨道：

「它們給我惹了許多麻煩，讓我賠了一大筆錢。如果您在向九門提督抱怨前警告我的話，我就會把這些東西給您追回來，避免自己的損失了。」

何天爵趕緊否認：「我並沒有把失竊的事情告訴九門提督！」

「您肯定告訴他了，因為他對整件事情非常了解。」

「沒有。我從來沒有就這件事情或者其他事情在提督面前抱怨過你。我只是警告你，如果你不把闖入使館的盜賊給抓獲的話，我會上告；但是你的任務完成得讓我們非常滿意。加上失竊的東西價值也不高，我並不打算宣揚這件事情。實際上，我都把整件事情忘記得差不多了。」

「難道您就沒有向九門提督提及盜竊案的點滴事情？」

何天爵想想，說：「只是間接提到過。我經常與提督大人會面。關於要怎麼處理上次你抓到的那名盜賊的問題，我也和他商量。在談話過程中，我稱讚了你既敏捷又令人滿意的辦案。坦率地說，我告訴他我對此感到既驚訝又滿意，因為之前我曾經委託你一件並不太重要的事情，但是你滿口答應了，卻沒辦好。」

「這不就清楚了嘛！提督大人命令我去見他，告訴我您是怎麼表揚我的，接著就逼我告訴他之前那件事情的全部情況。他罰了我 1,000 兩白銀，還警告說如果我不能在一個月內將案件偵破，將物品交還給您，他就要再罰我 1,000 兩白銀，並將我撤職查辦。」捕快為 1,000 兩罰金心疼不已，請求何天爵以後遇到盜竊，千萬不要再向上司「抱怨」了。他保證「今後再也不會有盜賊來打擾公使館了」。

果然，美國公使館之後再也沒有發生盜竊案了。何天爵對那名捕快的能力更加驚奇了（與其說是抓捕盜賊的能力，不如說是捕快和盜賊的「溝通」能力）。不過最讓他驚奇的是，九門提督的「過問」，不僅讓已經忘記的、微不足道的失竊物品完璧歸趙，而且還促使捕快登門擔保美國公使館日後不會再發生盜竊案。這讓何天爵意識到在中國「上級一句話」的重要作用，他印象深刻，離任回國後將此事詳細記錄在《中國人

本色》一書中，向西方人說明。在中國，這種事情司空見慣，人們都已經習以為常了，反倒會覺得何天爵的「不理解」難以理解。

「上級一句話」重要在哪裡？在古代，上級決定著下級的進退榮辱，掌握著下級切身利益，甚至可能對下級具有生殺予奪的大權。不要說發展，就是要保住合法利益和地位，下級都得聽上級的話，按照長官的意圖辦事。《紅樓夢》中的賈政，當官還算清廉，外放江西糧道的肥缺。他「一心做好官」，「州縣饋送一概不受，俸銀又不足以養廉，只得向賈府拿來血本貼補」。不久遇到上司節度使過生日，賈政也沒有特別的表示。看門人李十兒就過來提醒主人，是不是從賈府拿銀兩、寶物為節度使送禮祝壽，巴結上司。賈政不解，李十兒說道：「別的府道老爺都上千上萬地送了，我們到底送多少呢？……我們新來乍到，節度使衙門上上下下可有好多人覬覦著老爺的美缺呢！」賈政道：「胡說，我這官是皇上放的，不與節度做生日便叫我不做不成！」李十兒笑著回道：「京裡離這裡很遠，凡百的事都是節度奏聞。他說好便好，說不好便吃不住。到得明白，已經遲了。」一句「他說好便好，說不好便吃不住」，點出了中國歷史上上下級關係的核心內容。上級提拔你，你就能維持和擴大利益；沒有上級的賞識，你就一輩子默默無聞過尋常日子；要是遇到上級打壓你，那你就慘兮兮了。賈政權衡了利弊，最終不做「好官」了，放任糧道衙門舞弊貪贓，同時將貪贓所得來賄賂巴結上司，這才保住了江西糧道的肥缺。

中國古代政府的權力是自上而下建立的，官員都是由更高的官員任命的。在轄區或者平級之間，官員的權力不受監督。絕對的法定權力也往往導致了絕對的衍生權力，使得官員在轄區內處於實際權力的核心——與皇帝處於朝廷的中心一樣，就產生了一言堂、溜鬚拍馬、人亡

政息、「官大一級壓死人」等不正常的現象。多數人尋求的是取悅上級；真正有心做事的人，至少要在不得罪上級的前提下，低調地先把事情做起來，然後尋求上司的追認。下面的多個案例，將從不同的角度反覆說明這個道理。

首先是一個「上司說你不行，你行也不行」的例子。嘉慶時期的順天府尹汪如淵是個幹臣，任內京城大治。道光即位後，提拔汪如淵為廣東布政使。汪如淵上任後，兢兢業業、廉潔自律，卻在兩個月後以「健康原因」辭職了。為什麼？因為汪如淵和兩廣總督不合，總督凡事都和他唱對臺戲。汪如淵沒法展開手腳，只能鬱悶地辭職。

汪如淵遇到的上級還算是不錯的，逼他下臺的手段比較「文明」，沒有使用暴力或者其他惡毒手段。康熙進士陳鵬年遇到的上司就差勁多了。

陳鵬年擔任江寧知府，以清廉著名，有「陳青天」的美譽。康熙南巡，兩江總督阿山企圖以供應皇帝南巡所需的名義加稅。在辦公會上，江蘇的其他官員都不吱聲，唯獨陳鵬年堅決反對向老百姓加稅。因此，陳鵬年在顏面和政策兩方面都得罪了總督阿山。阿山就找了一個造行宮的事情，對陳鵬年冠上「大不敬」的帽子，將他撤職下獄。阿山一心要在監獄裡整死陳鵬年，不給他吃的東西。有名獄卒可憐陳鵬年，偷偷給他一個餅。監獄長知道後，杖獄卒四十棍，威脅道：「與一勺水者如之。」陳鵬年自問命絕矣。可見，阿山的手段多麼野蠻和殘暴。

危急時刻，陳鵬年的人際關係網絡發揮了作用。浙江巡撫趙申喬借迎駕的名義，來到江寧監獄，叱責獄官，保全了陳鵬年的性命。最後，康熙皇帝都知道了陳鵬年的事情，經過一番交易，陳鵬年被免去江寧知府，被安排在武英殿修書。阿山去職後，陳鵬年復出江蘇，擔任蘇州知

府。在蘇州，陳鵬年又做得非常好，百姓呼之為「陳阿爹」。陳鵬年因此代理了江蘇布政使，總算是前進了一級。

此時的江蘇省高層分為兩派，兩江總督噶禮和江蘇巡撫張伯行形同水火。兩位首長甚至不顧形象，在公堂上拳腳相向。江蘇巡撫張伯行非常欣賞陳鵬年，事無巨細都找陳鵬年商量裁決。敵人器重的人就是我的敵人。總督噶禮又記得之前陳鵬年在當江寧知府時，因為公事來拜訪自己，沒有屈膝。新仇舊恨交會在一起，噶禮對陳鵬年必欲除之而後快，多次彈劾陳鵬年。因為陳鵬年也有些根基，沒有撼動。後來，噶禮藉口陳鵬年所寫的〈重遊虎邱〉詩中語含譏刺，為陳鵬年扣上了「誹謗朝廷」的大帽子，撤職下獄。噶禮旁徵博引牽強附會，上奏康熙，就想用文字獄害死陳鵬年。不料康熙下詔說：「詩人諷詠，各有寄託，豈可有意羅織以入人命？」命令恢復陳鵬年的官職。經過這麼一鬧，陳鵬年的代理布政使沒辦法轉正了，降一級從道臺再開始奮鬥。

乾隆皇帝表現欲強、自視甚高，尤其是在文學才華方面有點剛愎自用。《清稗類鈔》中有許多乾隆朝文字獄的案子，與其說是文字獄，不如說是下面的辦事官員給乾隆發揮的機會，讓乾隆高興。比如有地方官員上奏說舉人王爾揚所作的〈李範墓誌〉中，在「考」字前面擅用「皇」字，以「悖逆」之罪請示乾隆。乾隆批覆：「此係迂儒用古，並非叛逆。皇考之字見於《禮經》，屈原〈離騷〉、歐陽修〈瀧岡阡表〉俱曾用之。在臣子尊君敬上之義，固應迴避，但迂腐無知，泥於用古，不得謂之叛逆。若本科會試中式，亦不過於榜上扣除，今既未中，下科仍可會試。」批覆下達後，辦事人員高呼皇上博學強識，此事就算了結了。類似的「迂儒」用錯字詞或者地方官覺得意思有疑問而上奏的文字獄不少。乾隆皇帝很喜歡這些雞毛蒜皮的小事，像老師改作業一樣認真批覆，樂此不疲。

　　古代人在服從上級、讓上級高興方面，頗有心得。需要指出的是，歷史上的權力結構遠比書本上寫著的要複雜得多。權力有虛實強弱、有垂直蔓延。找對上級，難度可能並不亞於如何讓上司開心。清朝治河的例子，可以說明權力實際情況的複雜。嘉慶時期的河道總督徐端，是從治河基層一步步晉升上來的，經驗豐富，對治河弊端，尤其是成本糜費一清二楚。他上任後，多次要上奏請求清理弊端、節約成本，結果卻被同事和黃河沿岸官員連連阻止。大家都擔心他揭露積弊，株連眾人。徐端按說是治河的第一把手，可以在治河事務上說一不二，卻不能隨心所欲施展改革，最終憂鬱而死。嘉慶時期的另一個河道總督康基田，寫了本《河防籌略》，洞悉歷代水利如指掌。新總督到任前，河道衙門的官吏怕他揭露河道積弊，暗中縱火焚燒衙門檔案數據，康基田因此被罷官。可見，上級的權力（或者說是在某一方面、某項事務上的權力）有強弱，要認真剖析權力結構和關係網絡才能辨明。這就對下面的人選擇實權上司，增加了莫大的難度。

　　最後，以一件趣聞來結束本章。

　　清朝，浙江有個知縣很受巡撫器重。杭州將軍卻很討厭他，不斷誣陷中傷他，多次在巡撫耳邊說這個知縣的壞話。巡撫每回都維護知縣，杭州將軍沒有辦法。某年元旦，浙江官員行朝賀禮。禮畢，杭州將軍直接向朝廷彈劾該名知縣朝賀失儀，有「大不敬」之罪。朝廷下旨讓浙江巡撫嚴查。這樣一來，這件事情就變成大事了，而且下屬知縣在全省官員朝賀的時候禮儀失當，浙江巡撫也負有失察之咎，就不好維護知縣了。浙江巡撫接到聖旨後，滿心憤懣又無可奈何。一個訟師知道了，笑道：「這有什麼難的，八字足矣。」巡撫趕緊求教，訟師訛了他三千兩銀子後，讓巡撫這麼回奏朝廷：「參列前班，不遑後顧。」巡撫大喜，依計

而行。原來，朝賀時，官員以官職大小排列前後，同時行禮。巡撫、將軍朝賀皆前列，自然是看不到身後的道、府、縣官員的行禮情況了。巡撫一下子就把自己洗刷乾淨了，而且將了杭州將軍一軍：既然你看到知縣朝賀時失儀，就說明你回頭看了，那你也失儀了；不然，你就是誣告。果然，朝廷接報後轉詰將軍。杭州將軍百口莫辯，本來想排擠掉自己討厭的知縣，同時絆倒巡撫的，不想最終自己因此失職。

第九節
選官制度的變異

　　這一章講講古代的選官制度，看看古代人是如何當上官的。

　　中國歷史上最早的官員是世襲的，一直到春秋時期各國的掌權者都是在家族內代代相傳的。世襲制度顯然會遭到絕大多數人的反對，況且制度本身不能保證官員階層的能力。從戰國開始，能力挑戰血統，各國選官開始從單純看血統日益轉向重實際能力。秦漢之後，徵辟制度出現了。朝廷或者地方官發現有才能的、品德出眾的人才，就招他來看看，試用後任命為官。徵辟制度比世襲制度公平進步了許多，但主動權依然掌握在現有官員集團手中。而且地方上的豪強、掌握話語權的集團逐漸把持了評判標準，到最後異化為少數人品評人物、決定人才優劣的制度。魏晉南北朝時期的九品中正制其實倒退回了世襲制度的邊緣。在這個時候普通老百姓要想進入官場非常困難，只能期待社會大亂烽煙四起，透過南征北戰的軍功來進入官員集團 —— 如果在王朝更替的時候跟對了人，你說不準就能從社會最底層躍升為開國元勛。

　　隋唐開創的科舉制度，一直到清末都是中國人入仕的正途，是中國歷史上時間最長的選官制度。科舉制度可能是已知歷史上最公正公開的選官制度了，普通人只要有才華都可以參加科舉考試。它為各個階層進入官員集團，提供了統一競爭的機會。朝為田舍翁暮登天子堂的戲劇性

變化，激勵著一代代年輕人寒窗苦讀。在科舉制度執行的早期，還算公
正透明，效果也比較明顯。發展到明清時期，科舉制度開始僵化腐敗，
日益被權力因素所侵蝕。公平公正性大打折扣。

　　表面上，科舉制度制定了嚴格的考試制度，比如迴避制度、考題
保密、多名考官相互掣肘、考生用墨筆書寫糊住姓名籍貫後用紅筆抄
錄「硃卷」、考官對「硃卷」進行多重批閱、事後審查等等。法定制度森
嚴，但經不過權力因素的多方侵蝕，漏洞百出。明清以來，科舉弊案層
出不窮。《清稗類鈔》向我們展示了清朝科舉的實際情況：

　　每科五六月間，是確定正副考官、同考官的時候。北京城和各省省
城就炸開了鍋，有能力者開始預作準備，或晉謁、或賄賂已經或可能成
為考官的官員。入場之時，各分房考官暗中答應錄取的考生加上正副考
官屬意的考生，再包括達官貴人們塞條子打招呼要求錄取的考生，如麻
如粟，有千百人之多。考官們與其是在閱卷，不如說是在權衡關係。關
係戶很多，錄取名額有限，考官們必須反覆推敲，比真正批閱考卷按真
才實學來評定高下更加辛苦。先按照打招呼的人的官爵高低來錄取囑託
的關係戶，如果官爵一樣高，那就先錄取升官潛力大、黨羽多的人囑託
的關係戶；其次是按照賄賂的多少來錄取關係戶，如果考生給的錢一樣
多，那就兼顧一下名聲的高低、答卷的優劣。最後的錄取名單，寫上那
些必須錄取的考生之後就沒有幾個名額了，再挑選幾個有真才實學的孤
寒考生，列名其上，以塞人口。順天府的科舉，因為地處京師，弊端最
深。順天府科舉的正副考官和同考官們，一般是京城裡的高官顯貴，不
用皇帝公布名單人們也能猜個八九不離十。有能力者早早地就有針對性
地巴結這些人，「輦金載寶，輻輳都下」，「按圖而索」，「萬不失一」。而
外省考官的猜測難度就要大得多了，權力的暗中操作的成本自然也高。

考官們為什麼會屈服於請託和條子？我們不能簡單地用貪錢來解釋——事實上，許多關係戶並沒有向考官行賄。三品（六部侍郎、地方布政使等）以上高官子弟，往往不需要向考官行賄，就能在考試中受到照顧。而一些暴發戶的子弟，即便是送了錢，也不一定能金榜題名。為什麼？因為考官也是官，處於權力網絡之中，受到種種關係的制約，也需要維繫和擴大權力網絡，「雖未必盡納財賄，而欲結權貴樹黨援之心則同」。相比金錢，他們更看重請託和條子背後那位官員手中的權力。

選官制度執行得如何，關係到國家權力將掌握在誰的手中、關係到百姓的父母官是誰，更關係到誰來直接維護王朝的統治。所以清朝將科舉制度視為天下政務的「根本」，非常重視，對科場舞弊嚴懲不貸。《清稗類鈔》的獄訟類開頭就是大量的科場舞弊案子，犯案者奪名、殺頭、抄家、全家罰作奴僕。可是犯案者依舊前赴後繼。因為只有獲取了法定權力，才能衍生出其他的權力來，進而轉化為實實在在的收益。而要獲取最初的法定權力，只有科舉才是正途。科舉的成功，是個人權力和收益的「根本」，值得以身試法、以命相搏。

最後，《清稗類鈔》作者徐珂承認：「銓政（指選官制度）縱極清平，能免賄賂，不能免人情，科舉亦然。」這裡的「銓政」就是法定的制度，而「人情」代表著種種衍生權力。人情不能免，也就是衍生權力始終深刻影響著科舉選官，扼住了官場准入的咽喉。

以上從世襲制到科舉制的選官制度，都是官員入仕途的「正途」，此外的「異途」始終存在。就好像法定權力遠不能處理所有政務一樣，並不是所有官員都是透過「正途」進來的，許多人是八仙過海各顯神通獲取的權力。在科舉是「正途」的年代裡，就有軍功、報效、舉薦、蔭補等等做官的旁門左道。士兵立下軍功被授予官職，還說得過去；其他

三項，則完全被種種權力關係所遮蔽。報效是指人在某事上有突出貢獻，由官員奏請朝廷給他官做；舉薦是官員可以推薦特別優秀的人才，奏請朝廷特事特辦，給他官做；蔭補是高官顯貴子弟可以憑藉父輩的官爵，獲得較低階別的官職，是朝廷對高官的獎勵。這三種途徑在實踐中很自然被權力因素把持，誰有突出貢獻、傑出才能，誰家的子弟需要蔭補，能有公開透明、整齊劃一的標準嗎？普通老百姓能從中獲益嗎？崇禎年間的刑科給事中李清在《三垣筆記》中僅是買一個舉薦的奏摺而已，要真正被特事特辦獲得職位，買官者肯定還要行賄送禮給李清之外的其他官員。一般人家，哪能承受得了如此高昂的成本。

在所有「異途」中，持續時間最長、最受人詬病的是清朝的「捐納」。它其實就是賣官鬻爵，任何人捐一筆錢就可以得到指定的官職（或者品級、身分，或者免去處罰）。下面主要講講光怪陸離的「捐納」景象和泛權力在其中的作用。

賣官鬻爵在歷朝歷代都有，但只有清朝將它制度化、明碼標價長期售賣。早在康雍乾時期，朝廷遇到財政短缺，開始允許官民捐納錢糧換取官爵，但是規模不大。直到道光皇帝在位時因為財政困難，開始年年賣官，但每年的收入也只維持在 100 多萬兩。到了同治、光緒年間，內憂外患，財政缺口越來越大，「捐納」開始大行其道。賣官的規模越大、賣出的官帽越多，售價就直線下降。捐納可得的最高官銜是道臺，嘉慶年間道臺的價格是 18,040 兩，到光緒十年已降至 9,446 兩，到光緒二十六年更降至 4,723 兩。朝廷每年捐納所得在 200 萬兩白銀左右，這還不包括各省和各專項資金截留的更大數目。

到光緒後期，朝廷賠款金額巨大，對百姓已經涸澤而漁焚林而獵，越發重視捐納收入。為了薄利多銷，中央和各地「忍痛大拋售」官帽，

出現了「打八折知縣」、「四折州同」等匪夷所思的名目。八國聯軍侵華期間，朝廷極端困難，官帽售價更是大大打折：「光緒辛丑，為賠洋款，捐納實官大減成數，以二三千金而得道府者有之，以千金而得州縣者有之，以四五百金而得同、通、大使、州判者有之，以二三百金而得府經、縣丞者有之，以一二百金而得巡檢、典史、主簿、吏目者有之，以百八十金而得教官者有之。」（《退想齋日記》）捐納造成的後果很嚴重。我們且不說買官者得到職位後如何貪贓枉法欺壓百姓收回成本 —— 這是基於「投入—產出」的合理算計，單說如何安置越來越多的買官者，看看其中有哪些更加離奇的權力景象。

猖獗的捐納現象嚴重衝擊了科舉正途，從根本上破壞了選官制度的公平公正，惡化了社會風氣。

一個讀書人寒窗苦讀十年，要花費巨大的精力和財力；即使十年後考中進士，也要按部就班，熬資歷一級級提拔。現在可好，花費數千甚至上萬元，就能越過學問、考試和資歷的限制，直接得到官職，誰還去好好讀書考試呢？小康之家往往把兒子的教育費用，直接拿去買官得了，這樣更保險（花在兒子教育上，兒子不一定能考中）、更迅速（不用苦讀十年，不用在衙門裡熬資歷）。就是已經當上官的讀書人，也想著如何撈錢然後去買更大的官，免去兢兢業業工作之苦。

我們知道，古代社會原本就痴迷權力。捐納之門在清末大開後，此種風氣更甚。《清稗類鈔》載：「捐納，到同治光緒年間，流品益雜。早晨交錢，晚上就換上了頂戴花翎，根本不管買官者是販夫走卒還是富家小廝。小康人家的子弟，不讀詩書，只想著累積資金捐職，作為將來吃飯謀食的工具，美其名曰『討飯碗』。至於富商巨室家財萬貫的人家，即便是襁褓中的乳臭小兒，都有紅頂翠翎，家長給捐了候補道臺，又給加

捐了二品頂戴花翎（省長、部長級別）。」徐珂認為清末社會已經「以官為市」，即使鄉野小兒都動了當官的念頭，沒有官爵的人家也任意佩戴各色頂戴，家境稍微過得去的人家，都不自認為白丁（官員太多了，這家人要硬撐場面，免得被人看扁）。有一戶小康人家，自稱是候補縣丞（副縣長），鄉里鄰居也不懷疑。後來，他家遭遇了訴訟，縣官知道他是「候補縣丞」，就追究他的捐納執照，這才發現這戶人家分文未付假冒官職。

其次，捐納廣開，社會上「官多如鯽」，出現了驚人的冗官冗員現象。僧多粥少，如何安置正途官員和買來的官員，成了中央和各省頭疼的問題。

唯一的辦法就是不管是正途的還是旁門左道的官員，都要「候補」，有了實缺後，再按照資歷先後上任。清末官員編制在 4 萬人左右，候補官員人數竟是正式編制的 6 倍多，候補隊伍越來越龐大。光緒初年，全國僅捐納一途，「統計候補人員自道府以至佐貳，大省輒二三千員，即雲、貴邊省亦有千餘員」。其中蘇南一帶經濟發達，買官的人多，而且購買的級別很高，《官場現形記》中說：「江南本來有個口號，是『婊子多、驢子多、候補道多』。」南京城裡擁擠著成百上千的候補道臺，都能填補全國的道臺空缺了。

候補的方法，治標不治本。法定編制有限，各省督撫忙於應付，想方設法衍生出職位了。清末的方法主要有兩種，一種是縮短官員任期，原來是四年的任期現在縮短為兩年甚至一年，原來是實缺實授的，現在改為輪流代理；一種是委派各種臨時差使，增設厘金局、巡防局、禁煙局等臨時機構。沿海創辦的許多洋務企業中，各省總會委任十數員總辦、督辦、會辦等管理人員，這些人不是候補知縣、候補知府，就是候補道臺，甚至還有候補布政使、候補九卿等。（將企業當做機關衙門來對

待，這被認為是近代中國民族企業沒有發展起來的原因之一。）

即便如此，各省都不能保證每個人都在有生之年當上官。許多候補官十幾年得不到一次差委，幾十年不能署一缺仍是極多。後來，候補的順序也被開發為商品，可以買賣。獲得當官資格後，買官者還要花錢將自己候補的順序往前挪，不然就得長年累月苦等著。為官地點後來也被開發為商品，可以買賣。光緒二十七年戶部奏准的捐項中就有「捐分發指省」一項。據硃批奏摺記載，候補知州羅榮袞再捐銀一萬餘兩，得到道臺資格的同時獲得了「四川補用」的資格。這可苦了那些家境並不殷實的買官者和那些憑真才實學科舉得官的讀書人，造成了龐大的候補官員群體的悲劇。

一般的小康人家或者中等偏下人家，為了子弟生計常常傾家蕩產捐納，可是他們那點錢只能換來低品級的小官或者佐貳雜職。蕩盡家產後，全家人都寄希望靠當官的收益生活，不想分配到各省後就被塞進漫長的候補隊伍，開始無望的等待。時間一久，許多低階候補官員衣食無著，處境悲慘。《官場現形記》曾記載了盤踞在湖北武昌的一大群候補官員的醜態和困境：「大眾一聽首府（武昌知府）有什麼差使，於是一齊攢聚過來，足足有二三十個，竟把隨鳳占圍在核心。好在一班都是佐雜太爺，人到窮了志氣就沒有了，什麼怪象都做得出。其時正在隆冬天氣，有的穿件單外褂，有的竟其還是紗的，一個個都釘著黃線織的補子，有些黃線都宕了下來，腳下的靴子多是尖頭上長了一對眼睛，有兩個穿著『抓地虎』，還算是好的咧。至於頭上戴的帽子，呢的也有，絨的也有，都是破舊不堪，間或有一兩頂皮的，也是光板子，沒有毛的了。大堂底下，敞豁豁的一堆人站在那裡，都一個個凍的紅眼睛，紅鼻子，還有些一把鬍子的人，眼淚鼻涕從鬍子上直掛下來，拿著灰色布的手巾在那裡揩抹。」

　　能天天穿戴整齊到衙門等待差使降臨的候補官員們還算是好的，更有一些候補者典當衣物，無處舉借，帶著妻子兒女啼飢號寒，坐以待斃。歐陽昱在《見聞瑣錄》中記載，某候補知縣分配到省二十年，沒有任何差委，最終凍餓而死。臨終時，身上衣衫襤褸，床上破席一張，地上稻草中躺著奄奄一息的老僕人。該省布政使知道後，動了惻隱之心，給了 30 串錢殯殮，又以十串錢救濟其僕人。四川總督駱秉章奏報朝廷，一個旗人候補知縣到四川十年得不到差委，飢寒交迫，吞食鴉片自盡。

　　有人敏銳地發現了候補官員身上的價值，從中看到了參與分肥的可能。於是，針對候補官員的貸款應運而生。放貸者被稱為「賭子」。為什麼叫「賭」呢？因為他們放貸給生活無著的候補官員，對方沒有資產可以抵押，而且放貸者的收益也是不明確的，類似於賭博。誰都不能保證候補官員什麼時候能得到實缺，得到的是肥缺還是瘦缺。一般「賭子」的做法是，先對候補官員進行考察，探聽候補的順序，順序靠前的就給予銀子；如果順序不靠前，但候補者有其他關係的（比如有親緣權力、地緣權力），也貸給銀兩。有的時候，「賭子」乾脆花鉅款給候補者加捐候補順序，讓候補者早日獲得實缺。放貸的時候，「賭子」和候補官員簽訂合約，註明利息和償還方式。候補官員簽字畫押交賭子收存，或者乾脆就將當官憑證交給賭子留存。貸款金額巨大的，賭子就要求候補官員「聘請」自己擔任師爺、幕僚或者隨從，不要工錢，但要求候補官員到任後放任自己胡作非為、參與分肥。這樣，候補官員就和「賭子」捆綁在了一起，成了後者的傀儡。

　　一些候補官員借貸甚多，上任後身邊沒有真正的幕僚或隨從，都是「賭子」，完全施展不了拳腳，又不敢得罪周邊的人，苦不堪言。當初傾家蕩產捐官時設想的種種收益，都眼睜睜看著落入他人腰包，不知道買官者作何感想？

　　「賭子」在一些數據上也被寫作「肚子」。某某官員上任的時候，別人會說這人「帶肚子師爺」、「帶肚子門政」等等，如果候補時沒有借貸就是「空肚子上任」，就等著虎狼百姓魚肉鄉里來彌補高昂的花費和漫長的等待了。

　　一些精明的人，為了規避捐納的高昂成本、漫長的等待和「賭子」們的盤剝，就「合夥捐納」。幾家人合捐一個官職，約好誰當老爺、誰當師爺、誰管刑名、誰管錢糧、誰又是門政；分配到省後，再花錢買一個「遇缺即任」的順序，直接上任；到任後各自為戰，獲取收益。他們往往就幹一票，毫不在意名聲和考核，一旦查出無能或貪贓，該罷官的罷官，該散夥的就散夥，完全是將仕途當做商場。

　　古代選官制度發展到清末，變異得完全偏離了公平公正的原則，黑成了一汪墨池。

第十節
聖旨是如何變為廢紙的

　　北宋的監獄裡有一條規矩：新到的犯人，須打一百殺威棒。據說這是為了鎮住那些暴徒凶犯，打掉他們的囂張氣焰；又據說當年北宋太祖皇帝趙匡胤沒有發達的時候就「享受」過殺威棒，當了皇帝以後專門定為制度，讓更多的囚犯嘗嘗其中滋味。不管怎麼說，殺威棒是北宋司法系統的一項法定制度。

　　那麼這項制度執行得怎麼樣呢？北宋末年徽宗年間，打虎英雄武松殺了西門慶，被發配到孟州牢城營，就面臨著殺威棒的威脅。武松一到牢裡，早有十數個一般的囚徒來看武松，說道：「好漢，你新到這裡，包裹裡如果有關照的書信或者使用的銀兩，趕緊拿在手上，一會兒差役就要來提你，你送給他。如果書信關係夠好或者銀兩多，可以免去殺威棒，即便免不去，打的時候差役們也會輕些。如果沒有人情書信、銀子給他們，你就等著皮開肉綻吧。」可見，監牢中已經衍生出了一套逃避殺威棒的制度，可以用監牢外面的關係、用銀子來免去一頓打。

　　可偏偏武松剛硬得很，最恨暗地裡蠅營狗茍的事情，不屑於使用什麼人情書信或者銀子，偏偏要去見識一下殺威棒的厲害。他都已經運足氣、做好準備挨一百棒的殺威棒了。不想，監牢管營問道：「新到囚徒武松，你來的路上可曾得了什麼病？」武松回答：「我一路上什麼病也沒

有，酒也吃得！肉也吃得！飯也吃得！路也走得！」管營自顧自說道：「這廝肯定是途中得病了，我看他面相不好，就不打他這頓殺威棒了。」武松一時沒明白過來，兩邊拿著木棍的差役低聲提醒他：「你快說有病。這是大人關照你，你還不快承認。」武松恨的就是這些私底下的黑暗，聞言嚷了起來：「我沒病，我沒病！快打我殺威棒，我不要什麼照顧！」這一鬧，滿堂的差役都笑了起來，管營也笑道：「我說你得了病，你果然是病了，而且病得還不輕，胡言亂語地發起瘋來了。來啊，把他帶下去，關在單身牢房裡。」在這裡，武松是法定制度的堅定擁護者，堅決要求「依法辦事」，強烈要求打自己一百棍子。可執法者（管營、差役們）卻堅決不依法辦事。執法者不依法辦事，法定制度就成了一紙空文。

可見，法定制度並不牢靠。它看似是死的，冷冰冰硬邦邦的，但執行它的人是活的。執行者執行法定制度，這是他的法定權力。可是法定權力早已經被各種衍生權力纏繞，並不決定現實；真正決定制度執行與否、執行好壞的是私底下的衍生權力。既然人是活的、衍生權力也是活的，制度也就「活」了起來。

「丁憂」是古代的一項人事制度。官員遇到直系長輩逝世，必須辭職回鄉守孝，一般是三年。三年時間，對仕途來說很重要。某個官員可能正處於仕途上升期，突然什麼職位都沒了，要等三年才能復出當官；而三年後安排給復出官員的職位，一般都不如之前的職位重要，甚至有人還降半級復出或者乾脆委任個差使。所以，丁憂是橫亙在所有在任官員頭上的一把利器。然而，清朝時期，滿族京官丁憂，只需回家百日，限滿後即可回署當官。為什麼呢？因為清朝官制分滿漢，滿族編制多，可用之人少，為了避免缺員過多，朝廷允許滿族京官象徵性丁憂一百天就復出。當然，朝廷的「理由」是滿族京官的田宅、家族都在北京城

裡面，做官地就是故鄉，可以「化悲痛為力量」在家鄉繼續工作。這個「例外」，開啟了丁憂制度的缺口。清朝後期，漢族官員紛紛援引滿族京官的例子，要求恩准「化悲痛為力量」，免於丁憂。比如袁世凱就沒有丁憂，母親死後一直在當官，還不斷得到升遷。有了前車之鑑後，拒絕丁憂之風盛行。許多漢族官員接到家裡的噩耗，只是請假一個月回家料理完喪事就回官署繼續辦公。「丁憂」制度的出發點是「孝道」，關係到「以孝治天下」的王朝主流意識形態。如此重要的人事制度都能夠形同虛設，更不用說其他制度了。

官員的調動也是有嚴格規定的，地方州縣首長的任免和調動權力在朝廷。沒有朝廷的命令，總督、巡撫不得變動知府、縣令，更不用說跨省調動官員了。清朝末年，這項人事制度也形同虛設了。《國聞備乘》中〈疆吏調員〉一條記載：「近年來，總督、巡撫調動之際，常常牽動自己的派系，比如幕僚、部下、親信等都跟隨總督、巡撫來去。錫良調任四川總督的時候，調蔡乃煌等十多人進入四川，安排在各個州縣；柯逢時赴任廣西巡撫，也帶王芝祥等十多人到廣西任職；周馥去廣東，調了沈桐等二十多人。從此，封疆大吏調動，紛紛奏請攜帶私人，朝廷都給予設可。奉天將軍趙爾巽、兩江總督端方調動的人員尤其猥雜，有被革職的廢員、有在校學生，有選人、有部曹、有中書、有編修、有庶吉士，根據交誼厚薄安排位置。同僚都側目而視，又都無可奈何。」這是典型的泛權力網絡，蓋過了人事制度的例子。各省的人事制度，在新任總督、巡撫的實際權力面前，不堪一擊。地方官員的調動，不取決於人事制度，而決定於和督撫的私人關係。

從前一章，我們知道捐官是清朝重要的財政收入，盛行一時，弊端多多。辛丑條約簽訂後，國家多難，朝廷下令施行新政。兩江總督劉坤

一和湖廣總督張之洞趁機奏請廢除「捐納實官」，指責它「最有妨於新政，斁亂吏治，阻閡人才」。光緒二十七年（1901 年）七月，光緒上諭：「嗣後無論何項事例，均著不准報捐實官，自降旨之日起，即行永遠停止。統限一個月內，截數報部，毋得奏請展限。其虛銜、封典、翎枝、貢監及現行常例准捐各項，究竟有無妨礙，著該部核議，奏明辦理。」聖旨同意了劉張的奏請，措施異常嚴厲，包括「無論何項事例，均著不准」、「即行永遠停止」等。並且要求一個月內各地、各系統將賣官的數據匯報到戶部，不能延期。

我們就以「永停捐納」為例子，看這個以聖旨形式確立的制度是如何被一點點擊破，最後變為一張廢紙的。

捐官的利益相關群體，抓住了聖旨的漏洞，進行了攻擊。首先是聖旨規定一個月內報數截止，那也就是說在光緒二十七年八月之前的買官賣官行為依然是有效的。於是，各地的捐納機關開足了馬力，展開最後的、瘋狂的捐納行為。一個月之內，各省臺面上的捐納收入就超過百萬兩。地方督撫紛紛親自出馬，為最後期限內的買官者奏請官職。比如在截止日期之前，山西巡撫岑春煊稱雲南人解秉和捐銀 15,000 兩給山西省，奏請任命解秉和為道臺，分配到山西省，而且是「儘先補用」。為了表示自己沒有違抗一個月前的聖旨，岑春煊解釋說解秉和捐款日期是上諭頒發之前。浙江巡撫任道鎔也奏請任命捐銀 13,000 兩的兩浙鹽商為實官。他也解釋說這些鹽商是在上諭頒發前就捐了錢的，只是因為路途遙遠，現在才解到杭州。對於這兩封以時間差為由的賣官請求，朝廷都批准了。

上諭要求一個月內上交賣官數據，以此為依據承認官銜情況。凡在上報數據內的捐納情況，朝廷都承認，不在其內的自然就不算數了。可

是，各省、各系統以各種理由遲遲不上交數據。八月底，閩浙總督許應騤上奏，福建新海防捐「已遵旨停止」，但具體數據請求延遲上報，理由是福建距京遙遠、運輸名冊需要時間。湖廣總督張之洞請以清理數據為由，請求將上交時間拖延到第二年的二月。在此期間，各省其實還在暗中大肆賣官。

朝廷的戶部是捐納行為最大的受益者之一，各省捐納所得的一定比例要解送戶部。所以，戶部也不願停止捐納。戶部奏請延長審核數據的時間，因為各地上報捐冊「因遵限趕造，致多遺漏舛錯」，而且數據很多，核對也需要時間。這就變相地延長了捐納的生命。同時，戶部還在捐納票據上做手腳。曾任吏部考功司主事的胡思敬透露：「七月，皇上下詔停捐實官。各地辦事官吏倒填月日，收捐如故。」除倒填日期外，還有預支空白憑證、濫發憑證等等。朝廷和地方通同通融作弊。

《官場現形記》形象地描述了這「最後的瘋狂」：

藩臺大人一共是一位正太太，三位姨太太。不是前兩天有過上諭，如要捐官的，盡兩月裡頭上兌；兩月之後，就不能捐了？因此我們大人就給太太養的大少爺捐了一個道臺。大姨太太養的是二少爺，今年雖然才七歲，有他娘吵在頭裡，定要同太太一樣也捐一個道臺。二姨太太看著眼熱，自己沒有兒子，幸虧已有五個月的身孕，便要大人替他沒有養出來的兒子，亦捐一個官放在那裡。我們大人說：「將來養了下來，得知是男是女？倘若是個女怎麼樣？」二姨太太不依，說道：「固然保不定是個男孩子，然而亦拿不穩一定是個女孩子。姑且捐好一個預備著，就是頭胎養了女兒，還有二胎哩。」大人說她不過，也替她捐了，不過比道臺差了一級，只捐得一個知府。二姨太太才鬧完，三姨太太又不答應了。三姨太太更不比二姨太太，並且連著身孕也沒有，也要替兒子捐官。大

人說：「妳連著喜都沒有，急的哪一門？」三姨太太說：「我現在雖沒有喜，焉知道我下月不受胎呢。」因此也鬧著一定要捐一個知府。聽說昨兒亦說好了。大人被這幾位姨太太鬧了幾天幾夜，沒有好生睡，實在有點撐不住了，所以請的假。

　　偷偷摸摸在日期和數據上做手腳，畢竟成不了規模。於是，相關利益者就思考著在制度上對七月的上諭進行「修正」。八月，戶部專門奏請了一個「停止捐納具體執行意見」。分析這份意見，可以讓我們受益良多，了解到一項制度是如何被一點點戳破的。戶部的意見先重複了上諭的意思，表示要一律停止捐納實官。接著，它就提出了幾項「例外」：第一是不屬於實官的銜封、貢監、翎枝等項捐納，請求繼續進行；第二，提出「初捐實官」和「加捐實官者」，認為要加以區別，今後不允許百姓捐納實官，但已經有官銜在身的人可以繼續加捐；第三，朝廷曾經發行「股票」（其實就是賣官的債券），繼續進行；第四，地方官紳如果「報效」鉅款，可以由地方官員奏明朝廷，經皇上特旨恩准的可以「較尋常捐納之員班次更為優異」。（所謂「報效」本意是百姓熱愛朝廷，向朝廷無償捐助鉅款。）戶部的意見開啟了巨大的賣官口子：非實官可以繼續買賣，已經有官銜的人可以繼續捐官，而第三、四兩條意見則完全保留了兩種捐官形勢。這個意見甚至連折中都算不上，只能說是限制了一般老百姓直接捐納實官的道路，增加了捐納的形式難度而已，本質依然。這個意見竟然獲得了批准。

　　至此，禁止捐納實官的聖旨被衝擊得四分五裂了。一年後，戶部又奏請對「報效」鉅款數萬的人特旨獎勵，如果是正途出身獎給正印實官，如果本身就是正印實官立即升官。這就強化了第二和第四條具體執行意見。同年，各地督撫紛紛哭訴財政危機，要求恢復捐納實官。朝廷

考慮到聖旨墨跡未乾，不好開禁，做了折中，把第二條意見中的「有官銜在身的人」擴大到「有功名在身的人」，極大地擴大了允許捐官的對象範圍。於是，山東藉口河工、廣西藉口剿匪、奉天藉口籌邊，紛紛奏准重開捐官。口子一開，捐官不可遏制。

五年後（光緒三十二年），「停止捐官」的呼聲再次響起，戶部再次奏請「停止實官捐輸」，得到光緒批准。這只能是對愈演愈烈的捐納大潮的暫時限制而已，口子依然留著。如戶部奏稱：「至各捐條款，如有與實官無礙，應行酌留之處，再由臣部隨時參酌，奏明辦理。」捐納實官主要表現為專摺奏獎、皇帝特批。各省財政依然困難，科舉正途又在 1905 年停止了，大量的人只能湧入捐納異途，捐納盛行。富貴人家穿著開襠褲的幼兒，就隸名官員名冊，甚至還在肚子裡的嬰兒也成了朝廷命官，開始了宦海沉浮。

到了宣統二年（1910 年），朝廷乾脆奏請專摺奏獎、皇帝特批的捐納實官形式從「或准或駁」改為「一律特沛恩施」，完全將捐納實官變為例行公事了。九年前光緒皇帝「永遠停止」的話完全煙消雲散了。

第二章

案中操作：泛權力作用案例選

第一節
桃花源只是個傳說

　　義熙末年的一個清晨，柴桑鄉間的一位老農叩響了陶淵明家的柴門。他帶酒來與陶淵明同飲，陶淵明欣然接受。透過從房頂和四壁漏處照進來的晨曦，老農看到陶淵明家徒四壁，無以為繼，就勸他出仕：「襤褸茅簷下，未足為高棲。一世皆尚同，願君汩其泥。」（矮房破屋、衣衫襤褸，這樣的生活不適合你陶淵明。世間之人都渾渾噩噩，你為什麼不和他們同流合汙呢？）陶淵明回答：「深感父老言，稟氣寡所諧。紆轡誠可學，違己詎非迷？且共歡此飲，吾駕不可回。」他謝絕了老農的勸告。

　　幾年後的宋文帝元嘉元年（西元 424 年），江州刺史檀道濟親自到陶淵明的草舍探訪。此時的陶淵明已經又病又餓，臥床不起多日了。檀道濟見狀勸他：「夫賢者處世，天下無道則隱，有道則至。今子生文明之世，奈何自苦如此？」（現在是太平盛世，你為什麼不出來做官，何必自我折磨呢？）陶淵明說：「潛也何敢望賢，志不及也。」（我的志向不在當官上。）檀道濟無奈，送給陶淵明許多糧食和肉，結果還被陶淵明「揮而去之」。

　　在東晉南朝，陶淵明是個孤獨寂寞的隱者，不被同時代的人所理解。

　　魏晉南北朝時期，被樹立為主流意識形態的依然是儒家思想，但掌權者真正奉行的始終是法家思想，尤其是在九州動亂朝廷衰微的背景

下，法家思想更是大行其道。晉元帝司馬睿推薦太子司馬紹讀的書就不是《詩經》、《論語》或者《尚書》，而是《韓非子》。政治鬥爭異常殘酷。出於對現實政治的反叛，玄學盛行，社會上以清談為樂。玄學為許多人提供了躲避殘酷現實、保持獨立人格的可能。而陶淵明拋棄了這一切，不信奉任何思想學派，奉行簡單、平淡、真實的隱居生活。他沉默少言，想說話就說不想說話就不說；喜歡讀書和寫作，卻不以精通某家學問或者追求什麼為目的；喜歡喝酒，就盡情喝酒。陶淵明在〈五柳先生傳〉中寫道：「宅邊有五柳樹，因以為號焉。閒靜少言，不慕榮利。好讀書，不求甚解；每有會意，便欣然忘食。性嗜酒，家貧，不能常得，親舊知其如此，或置酒而招之。造飲輒盡，期在必醉。既醉而退，曾不吝情去留。環堵蕭然，不蔽風日；短褐穿結，簞瓢屢空，晏如也！常著文章自娛，頗示己志。忘懷得失，以此自終。」《晉書》在〈陶潛傳〉開篇不久就引用了這篇文章，認為這是陶淵明的自傳。如果說陶淵明的人生有什麼「目的」的話，那就是堅守率真、獨立的人性。所以他不為務實的東晉政治所吸納，也不為當時或宗法家或宗玄學的士人所理解。

　　率真、獨立的人性在複雜的現實中難以保持，所以陶淵明的後半生遠離了塵囂，躬耕自資。他寫了一篇〈桃花源記〉，來描繪他理想中那平淡、簡單的生活圖景：

　　晉太元中，武陵人捕魚為業，緣溪行，忘路之遠近，忽逢桃花林。夾岸數百步，中無雜樹，芳草鮮美，落英繽紛。漁人甚異之。復前行，欲窮其林。林盡水源，便得一山。山有小口，彷彿若有光。便舍船，從口入。

　　初極狹，才通人；復行數十步，豁然開朗。土地平曠，屋舍儼然。有良田美池桑竹之屬，阡陌交通，雞犬相聞。其中往來種作，男女衣

著，悉如外人；黃髮垂髫，並怡然自樂。見漁人，乃大驚，問所從來，具答之。便要還家，設酒殺雞作食。村中聞有此人，咸來問訊。自云先世避秦時亂，率妻子邑人來此絕境，不復出焉；遂與外人間隔。問今是何世，乃不知有漢，無論魏晉。此人一一為具言所聞，皆嘆惋。餘人各復延至其家，皆出酒食。停數日，辭去。此中人語云：「不足為外人道也。」

既出，得其船，便扶向路，處處志之。及郡下，詣太守，說如此。太守即遣人隨其往，尋向所志，遂迷不復得路。南陽劉子驥，高尚士也，聞之，欣然規往。未果，尋病終。後遂無問津者。

從此，桃花源，一個若有若無的仙境，成了中國文人心目中理想世界的代名詞。千百年來，一代代後來者或苦苦追尋或刻意營造想像中的「世外桃源」。更有一代代崇拜者，力圖證明桃花源是真實存在的，而不是陶淵明的虛構。

陶淵明（劉宋建立後改名「陶潛」），字元亮，是東晉名臣陶侃的曾孫。在他出生時，陶家已經敗落，陶淵明九歲喪父，與母妹三人寄宿在外祖父孟嘉家裡，艱難度日。

孟嘉是名士，「行不苟合，言無誇矜，未嘗有喜慍之容。好酣飲，逾多不亂；至於任懷得意，融然遠寄，傍若無人。」陶淵明一定程度上繼承了外祖父不求虛名的率真個性，無拘無束地成長。在其他人熱衷「三玄」（老子、莊子、周易）、士人從小鑽營進取的兩晉時代，陶淵明自由選擇學習了儒家的六經，遍覽了文、史、哲以及神話等閒書、異書。結果，兩種思想在陶淵明身上紮下了根。一是多數學問都倡導的入世思想，陶淵明也有兼濟天下、撫慰蒼生的志向抱負，渴望施展才華做出一番功業來；二是清正獨立的人格根深蒂固，陶淵明正邪分明，去偽存真，

不阿諛不諂媚不說假話不做壞事。他要按照「正確的思路」闖出一片屬於自己的天地來。

這樣，陶淵明就遇到了中國歷史上所有獨立正直又有抱負的讀書人會遭遇的難題。現實不會讓你順利地施展才華實現抱負，而是為你設定種種障礙。讀書人要想成事，必須做出妥協付出讓步，要麼委曲求全曲膝踐志，要麼喪失獨立性在現實中隨波逐流，不會讓你既保持清正獨立的人格又實現理想抱負。如果你不願意如此，輕者在現實中被摔打得頭破血流，重者被掃地出門無處容身。

陶淵明就屬於不願意向現實妥協的那類人。

太元十八年（393 年），陶淵明懷著「大濟蒼生」的願望，出任江州祭酒。當時他已經 29 歲了。東晉門閥制度森嚴，世族能夠二十為官，寒門卻只能三十試吏。曾祖父的成功並沒有讓陶淵明擺脫寒門身分，他入仕即遭人輕視。同時，陶淵明對官場冗繁無聊的生活很不適應，對官吏脫離百姓民生的工作不以為然，很快就辭職回鄉了。之後，江州又召他出任主簿，他也辭謝了。隆安四年（400 年），陶淵明覺得荊州刺史桓玄有所作為，跟隨他可能實現自己的抱負，於是主動投入桓玄門下做屬吏。不想，桓玄的有所作為是篡奪東晉的天下，陶淵明不願意同流合汙做亂臣賊子，便在第二年借母親去世之機，掛冠而去。元興元年（402 年），桓玄叛亂，攻入建康，第二年篡位稱帝。陶淵明對桓玄稱帝深恨在心，思考如何報國，得知劉裕聯合劉毅、何無忌等人起兵討桓，便馬上離家，喬裝冒險到達建康，把桓玄挾持安帝到江陵的始末報告劉裕。陶淵明對此舉很是得意，認為做了一件對國家百姓有利的事情。他看到劉裕主政後革新政治，作風不俗，便留在劉裕幕下任鎮軍參軍。劉裕以身作則整頓朝政，「內外百官，皆肅然奉職，風俗頓改」。陶淵明一度以

為自己找到了事業歸宿，和劉裕走得很近。馬上，陶淵明便失望地發現劉裕的這些作為其實是在為篡位稱帝做準備，於是在義熙元年（405年）去職。

同年秋，叔父陶逵介紹陶淵明出任彭澤縣令。此前的陶淵明斷斷續續出任了多個低階官職，都做不長，沒有積蓄又酗酒，家庭生活開始出現困難。東晉的官吏有「職分田」，到任耕種卸任歸還。陶淵明到任後想在職分田上全種上釀酒用的秫穀，說：「讓吾常醉於酒，足矣。」妻子不同意，要種上可以吃飯換錢的粳米。夫妻爭吵的結果是一頃五十畝田種秫穀，五十畝種粳米。隨著現實和理想差距日益擴大，陶淵明酗酒也越來越厲害。不過沒有等到種下去的秫穀成熟，陶淵明又掛冠而去。原來追求簡單真實的陶淵明上任後，有事辦事，沒事休息，從不和上級、同僚「聯繫感情」。一日，潯陽郡遣督郵來到縣裡，屬吏告訴陶淵明應該束帶正裝去見。陶淵明嘆道：「吾不能為五斗米折腰，拳拳事鄉里小人邪！」於是授印去職。陶淵明的彭澤縣令在任僅81天，卻為他贏得了「陶彭澤」的雅號。

卸任後，陶淵明十三年的仕宦生活結束，此後再未出仕。在這十三年中，陶淵明一心報國利民，輾轉為官又輾轉失望辭職，最後絕望地發現殘酷的現實並沒有為他那清正獨立的人格留下空間。他只能選擇隱居。陶淵明寫道：「誤落塵網中，一去三十年。羈鳥戀舊林，池魚思故淵……久在樊籠裡，復得返自然。」西元405年的這一天，中國歷史上少了一個縣令，卻多了一位開創文派重新整理思想的大師。

陶淵明辭官回到鄉里，過起「開荒南野際，守拙歸園田」的生活。夫人翟氏安貧樂賤，「夫耕於前，妻鋤於後」，共同勞動，維持生活。

陶淵明很享受純樸、簡單的鄉村生活，鄉間沒有複雜的權力糾紛、鄉

民不會爾虞我詐,黨同伐異。「曖曖遠人村,依依墟里煙。狗吠深巷中,雞鳴桑樹顛」,這些平凡的鄉間景象,在陶淵明筆下特別親切溫暖。陶淵明一家成了普通百姓,生活壓力自然比當官的時候要重許多。四十多歲的陶淵明拿起鋤頭,「種豆南山下,草盛豆苗稀。晨興理荒穢,帶月荷鋤歸。道狹草木長,夕露沾我衣。衣沾不足惜,但使願無違。」他也日出而作日落而息,辛勤勞動希望能有好的收成,真正體會到了普通百姓的辛苦。他和一起勞動的鄉親們「相見無雜言,但道桑麻長」,日常瑣事和收成好壞成了大家的共同話題。東晉南朝對百姓的剝削是很重的,尤其是大量戶口庇蔭在世族豪門名下,像陶淵明這樣的自耕農承擔了越來越重的稅賦。社會貧富差距懸殊,富裕人家的田地跨州連郡,窮人家無立錐之地;富裕人家山珍海味,窮人家連米飯、稀粥都不能保證,菜餚只是粗鹽醃菜而已。

歸隱之初,陶淵明的生活尚可,有「方宅十餘畝,草屋八九間,榆柳蔭後園,桃李羅堂前」。他喜愛菊花,宅邊院前遍植菊花;繼續嗜酒,朋友來訪,無論貴賤,只要家中有酒,必與同飲,飲必醉。他先醉,便對客人說:「我醉欲眠,卿可去。」在最初的幾年裡,陶淵明勞動雖然辛苦,但還能自由地爬山、寫詩、喝酒,並灑脫地處理來自官場的打擾。江州刺史王弘崇拜陶淵明,主動上門拜訪,陶淵明稱病不見。王弘派人偵查,得知陶淵明將遊覽廬山,就叫陶淵明的故人龐通之等人齎酒在半道上攔住他。陶淵明既遇酒,引酌野亭,欣然忘記了登山。王弘適時出來相見,歡宴了一整天。陶淵明沒有鞋,王弘馬上讓左右為他編一雙鞋。左右要量陶淵明的腳,他就坐在那裡伸出腳來讓別人量。王弘邀請陶淵明去江州,問他怎麼去,陶淵明說:「我素有腳疾,以前是坐籃輿的,現在也能走回去。」王弘就讓一個門生和兩個兒子把陶淵明抬到江州。面對王弘這樣的權貴,陶淵明談笑自若,絲毫沒有羨慕、趨附權貴

的意思，得到了時人的讚揚。

　　陶淵明的〈飲酒〉詩可以對他歸隱的早期生活做一個總結：「結廬在人境，而無車馬喧。問君何能爾？心遠地自偏。採菊東籬下，悠然見南山。山氣日夕佳，飛鳥相與還。此中有真意，欲辯已忘言。」義熙四年（408 年）夏天，陶淵明那閃耀著奪目文化光輝的「方宅十餘畝，草屋八九間」被一場無情的大火焚毀一空。陶家不得不遷至其他村子重新安家，此後家境每況愈下。為了養家餬口，陶淵明的勞動強度驟然加大，可即便他終年辛勞還是生活窘迫。如逢收成好，陶家尚可以「歡然酌春酒，摘我園中蔬」，一旦遇上災年則陷入「夏日長抱饑，寒夜無被眠」的困境。最後，陶淵明可能是把宅地給賣了，全家寄居在船上。現實是如此殘酷，世外桃源般的歸隱生活即便能夠存在一時，也不能存在一世。

　　到了晚年，陶淵明的生活難以為繼了。據說他的兒子都是痴呆，一家人的生活始終依靠年邁的陶淵明。晚年陶淵明的生活來源主要靠乞討和借貸。有的朋友會主動賙濟他，有的就需要陶淵明親自上門乞借了。政治的打擊接踵而來，西元 420 年劉裕篡奪了東晉的天下，建立了劉宋王朝。那個陶淵明曾經寄託忠誠和夢想，希望在其中有所作為的王朝不復存在了。永初三年（422 年），年近花甲的陶淵明生活已近絕境，他在〈有會而作〉一詩中寫道：「弱年逢家乏，老至更長饑。菽麥實所羨，孰敢慕甘肥！」他長期餓著肚子，求一把菽麥都不可得。

　　令人吃驚的是，在最困難的時候，陶淵明依然一次又一次地拒絕朝廷的徵召，拒絕再次踏入官場，哪怕是領取一份清閒的俸祿來改善自己和家人的生活。他對困窘的生活際遇淡然置之，仍然堅持寫詩，繼續歌唱自然，品味田園，鍾情理想中的桃花源。老朋友顏延之當了太守，經過潯陽找他喝酒。臨別，顏延之留下兩萬錢接濟老友生活，陶淵明全部

送到酒家換取久違的美酒。越是貧病交加、現實打擊越重，陶淵明就越離不開酒精。

元嘉四年（427 年），陶淵明身體不行了。九月中旬，陶淵明在清醒時為自己寫了〈輓歌〉組詩。在第二首詩中，他設想了死後「在昔無酒飲，今但湛空觴。春醪生浮蟻，何時更能嘗。餚案盈我前，親舊哭我傍」的情景。在第三首詩中，陶淵明說「死去何所道，託體同山阿」，平淡地迎接死亡的到來。冬天，陶淵明去世，享年 63 歲。

陶淵明的經歷說明，任何讀書人都不能逃脫社會現實的約束，都不能不受權力的影響而過上自由幸福的生活。

陶淵明及其作品在南北朝不為人重視。唐宋之後，讀書人開始發現幾百年前的陶淵明是那麼有代表性，那麼前瞻地預示了文人的困境。他用生命營造出來的「桃花源」意境是那麼能給人暫時的逃避和休憩，能給人無限美好的想像。於是，不管是入仕沒有入仕，不管是得意還是失意，士人們紛紛附庸陶淵明，解讀他的田園詩。因為沒有文人能夠逃脫現實和理想的巨大鴻溝，沒有文人能從中找到兩全其美之道，陶淵明的探索已然是最佳選擇了，所以陶淵明始終擁有穩固的擁護者。詩仙李白的「安能摧眉折腰事權貴」，和陶淵明「不為五斗米折腰」遙相呼應。當年李白意氣風發出川來，滿心揚名天下，結果接連受到打擊，不得不醉情山水、詩文和美酒，最終在古江州附近赴水撈月而去；王維 20 歲高中狀元，名揚四海，本想成就偉業，結果在中下級官僚序列中徘徊，最後歸隱終南山，「行到水窮處，坐看雲起時」；辛棄疾壯懷激烈，少年戎馬南北中年久經前線，卻報國無門壯志難酬，終將陶淵明引為知己，盛讚「須信採菊東籬，高情千載，只有陶彭澤」。最終陶淵明成了一類文人的典範，成了中國歷史的特殊符號。至於桃花源，也成了一個大傳說。

第二節
定罪是門大學問

　　嘉靖四十三年（1564 年），南京御史林潤彈劾臭名昭彰、罷官回家的嚴世蕃在家鄉胡作非為。林潤對嚴世蕃罩上了一個很大的「謀反」罪名，說羅龍文有「不臣之心。而世蕃日夜與龍文誹謗時政，搖惑人心」。嘉靖皇帝接到彈劾後，下旨將嚴世蕃逮捕入獄，命令三法司（刑部、都察院和大理寺）會審此案。

　　林潤的彈劾引起了一片喝采叫好聲。因為嚴世蕃貪贓枉法罪行累累，弄得天怒人怨，人人都想殺他。現在林潤出頭來和嚴世蕃爭鬥，朝野都希望這次能整肅嚴世蕃，剷除嚴嵩、嚴世蕃父子及其黨羽的勢力。

　　可是三法司的各位官員拿到林潤的奏摺，集體傻眼了。

　　林潤提供不了任何證據。他在奏摺裡說：「道路皆言兩人通倭，變且不測。」也就是說，林潤是「聽人說」嚴世蕃謀反就「風聞奏事」，壓根就沒有證據。既然沒有證據就不能為嚴世蕃定罪。可是，三法司的官員和其他朝野官員都想置嚴世蕃於死地。沒有謀反的證據就不定嚴世蕃謀反罪，反正嚴世蕃的罪行累累，不愁沒有其他罪可以置他於死地。

　　嚴世蕃，原內閣首輔嚴嵩之子，憑藉乃父的熏天權勢累遷至尚寶司少卿和工部左侍郎。在任期間，嚴嵩和嚴世蕃父子壞事做絕。嚴世蕃比嚴嵩還壞。嚴嵩晚年年紀大了，政務都丟給嚴世蕃做決策。常常遇到什

麼事情，嚴嵩就說：「等我與東樓小兒計議後再定」。隨著年紀越來越大，嚴嵩甚至讓嚴世蕃去內閣值班，代自己在奏摺上票擬意見。嚴世蕃的票擬多次迎合嘉靖皇帝的心意，得到嘉獎。後來嚴嵩乾脆將內閣的政務都交給嚴世蕃處理，嚴世蕃一時權傾天下。

嚴世蕃很高調，胡作非為從來不避諱，所以罪行昭然若揭。舉個例子：嘉靖的第三子裕王朱載垕按例應被立為太子，但嘉靖不喜歡這個兒子。嚴氏父子順帶著對朱載垕很冷淡，連每年應該給裕王府的歲賜都連續三年沒發放。朱載垕後來湊了一千五百兩銀子送給嚴世蕃，嚴世蕃才讓戶部補發了歲賜。嚴世蕃經常拿這事向人誇耀：「天子的兒子尚且要送給我銀子，誰敢不給我送銀子？」嚴世蕃聚斂了許多財產，把家裡的地窖堆滿了金銀。他把嚴嵩請來觀賞。嚴嵩都沒見過這麼多的財產，看得目瞪口呆，連說：「多積者必厚亡，奇禍奇禍！」可是嚴世蕃一點都不知道收斂，過著奢侈無度、荒淫無恥的生活。嚴世蕃妻妾二十七人，侍女、丫鬟無數。他讓美妻嬌妾列屋群居，她們所用服飾，繡著龍鳳花紋，點綴著珍珠寶石，極盡奢華之能事。嚴世蕃用象牙床，圍著金絲帳，朝歌夜舞，很為自己的奢靡生活感到得意。嘉靖一朝，南倭北虜，民不聊生，嚴世蕃的大肆奢華鋪張異常招人忌恨。

嚴世蕃最令人髮指的罪行是陷害忠良。「張經、李天寵、王忬之死，嵩皆有力焉。前後劾嵩、世蕃者，謝瑜、葉經、童漢臣、趙錦、王宗茂、何維柏、王曄、陳塏、厲汝進、沈煉、徐學詩、楊繼盛、周鐵、吳時來、張翀、董傳策皆被譴。經、煉用他過置之死，繼盛附張經疏尾殺之。」其中沈煉、楊繼盛等人都是著名的忠臣，死劾嚴嵩父子罪奸，被嚴嵩父子誣陷入獄，嚴刑摧殘後殺害。忠臣死時，百姓哭聲震天。

在回顧了嚴世蕃的累累罪行後，三法司的官員們為他重新定了罪，

包括把持朝政、巨額財產來源不明、設定冤獄陷害忠良等等，最主要的罪名是「陷害忠良」。審案官員們重新搬出沈煉、楊繼盛等人的案子，說明他倆是如何忠君愛國，嚴世蕃如何陷害他們。然後，他們就拿著重新審定的結果，向內閣首輔徐階匯報。

徐階翻了一下案子，問三法司的官員：你們為嚴世蕃定的是謀逆的罪，還是陷害忠良的罪啊？

官員們回答：陷害忠良，事實都擺在那，清清楚楚。

徐階就問：諸位是想置嚴世蕃於死地呢，還是要為他開脫啊？

官員們不解：當然是要殺嚴世蕃啊！

徐階說：可諸位如此定罪，分明是在為嚴世蕃開脫啊！

嚴世蕃聽說三法司把沈煉和楊繼盛的舊案翻了出來，竟然在獄中高興得手舞足蹈。

我們來分析一下嚴世蕃新的三宗罪。第一條是把持朝政。明朝立朝之初，就確立了皇帝高度集權的制度，建立錦衣衛和東廠西廠監督百官，又廢除丞相制度建立內閣制度作為皇帝的顧問機構。內閣大學士本質上是低階顧問官員，為皇帝出謀劃策。在實踐過程中，皇帝往往要內閣先寫出奏摺和政務的處理意見，稱為「票擬」，自己根據內閣的意見寫聖旨。皇帝不可能事事都清楚，加上精力有限，逐漸地就變成基本按照內閣的票擬來處理了。遇到一兩個偷懶或者平庸的皇帝，就乾脆照抄內閣的意見。如此一來，內閣掌握了實權，內閣大學士就變成了事實上的丞相。這就是「體制權力」。嚴嵩嚴世蕃父子就是透過內閣，把持朝政的。按照「法定權力」的設計，當時的嘉靖皇帝掌握了所有權力，嚴世蕃等人是不可能處理政務的。可惜嘉靖皇帝是個甩手掌櫃，醉心道學，整天忙著寫青詞和煉丹，沒有精力也沒有心思處理政務。

　　說嚴世蕃把持朝政，就暴露了嘉靖皇帝不理朝政、荒廢政務的事實，等於直接批評皇帝。

　　第二條罪是巨額財產來源不明。嚴世蕃的錢是怎麼來的？各地各部門的官員，包括宗室王爺們，為了求他辦事，行賄的。可是嚴世蕃最高只是一個工部左侍郎，沒有那麼大的「法定權力」。再推理下去，就又牽涉到嘉靖皇帝沒有當好皇帝導致大權旁落的問題了。再說了，向嚴世蕃行賄的官員，有的已經被處理了，多數人還在位。追究嚴世蕃受賄，勢必牽涉到這些行賄的人。有些人送的賄賂，不是祖傳寶貝就是地方珍寶等，指向性很強，想脫罪都難。

　　說嚴世蕃巨額財產來源不明，不僅涉及嘉靖皇帝不作為，還容易得罪那麼多行賄的人。

　　第三條罪是陷害忠良。嚴世蕃陷害忠良，民憤很大，罪證昭昭。但是所有忠良從被捕入獄到押赴刑場砍頭，都走了「合法手續」。尤其是那些忠良官員的死，都是有嘉靖皇帝的聖旨作為依據的。嘉靖皇帝說來可是嚴世蕃的幫凶。那麼嘉靖皇帝不是瞎了眼，分不清忠奸善惡了嗎？那問題就大了。中國傳統王朝的支柱之一就是皇帝的道德光芒。很多政治設計要發揮作用，歸根結柢是要有一個品德高尚近乎完美的皇帝。皇帝不好，就是政治黑暗天下大亂的前兆。

　　說嘉靖皇帝幫著嚴世蕃陷害忠良，就是說嘉靖皇帝是昏君，也是抨擊整個大明天下。

　　罪行是明擺著的，但不能輕易定罪，因為罪行包括法定權力導致的和衍生權力導致的兩部分。前者可以放到臺面上說，後者放到臺面上來就會破壞整個遊戲規則。複雜的泛權力讓定罪成了一門大學問。要落實一個人的罪名，就必須用臺面上可以接受的語言，而不能臺上臺下的都一起端上來。

嚴世蕃的這三宗罪都牽涉到嘉靖皇帝，而且容易連繫到整個王朝的黑暗。嘉靖皇帝肯定接受不了這樣的審理結果。《明史》說嘉靖皇帝「英察自信，果刑戮，頗護己短」，就是剛愎自用，不喜歡別人揭短的人。三法司的定罪意見無疑撞到了槍口上，不會被嘉靖皇帝接受的。結果這三宗罪皇帝都不認可，那嚴世蕃不就是無罪之人了嗎？

徐階向三法司的官員們解釋：「如果各位將案子就這麼遞上去，恰恰是要放嚴世蕃出來。楊、沈冤獄，都是嚴嵩巧取聖旨辦理的，現在說它們是冤案就是指責皇上的過錯。只怕結果是嚴世蕃騎著馬高高興興回家去，你們幾位大人要遭不測了。」

嘉靖皇帝雖然懶惰而且迷信，是明朝有名的昏君，但權力欲很強。和所有皇帝一樣，嘉靖容不得有人威脅皇權，侵犯自己的權威。嚴嵩父子把持朝政數十年，就惹了嘉靖那條敏感的權力筋不高興了。嚴氏父子「握權久，遍引私人居要地，帝亦寢厭之」。嚴嵩年邁後，精力大不如以前。萬壽宮著火，嚴嵩就請嘉靖皇帝暫徙南城離宮居住。南城離宮是明英宗被明代宗推翻後的軟禁地點。嚴嵩請嘉靖皇帝搬家到那裡居住，迷信的嘉靖皇帝不高興了，而且認為嚴嵩居心不良。就是在這個微妙時刻，徐階花了很少的錢把萬壽宮修復了，請嘉靖皇帝搬回來居住，得到嘉靖皇帝的好感，最後取代嚴嵩擔任內閣首輔。之後，鄒應龍上書彈劾嚴嵩父子竊權專政。嘉靖皇帝順勢將二人罷官。

嘉靖皇帝已經討厭嚴嵩嚴世蕃父子。痛打落水狗應該不是難事。可是要找到合適的罪名。

正當三法司的官員聽了徐階的解釋，不知如何是好之時，徐階拿出他擬定的新罪名：謀逆。這個罪名延續了林潤彈劾的思路。徐階的過人之處是找到了 3 條證據：

　　第一，嚴世蕃在他老家江西南昌，蓋了一座「制擬王者」的府邸。第二，嚴世蕃在京城與宗室朱某某，「陰伺非常，多聚亡命」。第三，嚴世蕃門客羅龍文組織死黨五百人，準備護送嚴世蕃投奔日本。第四，嚴世蕃的黨羽牛信曾是在山海衛任職，最近棄職北逃。徐階認為他是企圖「誘致外兵」，響應嚴世蕃的謀逆行為。

　　仔細分析徐階的四條證據，除了第一條是有據可查的之外，其他三條都是模稜兩可的。第二條，嚴世蕃和一個宗室成員有聯繫，就說他要有「非常之舉」，只是主觀臆斷沒有根據。第三條，嚴世蕃和門客羅龍文要投奔日本，也是主觀臆斷沒有根據。嘉靖年間，倭寇亂起，朝野以日本為死敵。說嚴世蕃投奔日本，容易引起朝野憤怒和皇帝的憎惡。至於500名死黨，沒有名單也沒有供狀，虛指而已。第四條，有一個叫牛信的山海關軍官失蹤了，在他頭上安一個向北逃勾結外敵入侵響應的罪名，也是死無對證。（其實，嚴世蕃雖然高調犯罪，可說他勾結外敵謀逆，還真是冤枉他了。）徐階擬的四條罪證綜合起來，除了涉及嚴世蕃和幾個已經罪狀落實的人（朱某某、羅龍文、牛信）之外沒有罪及其他人，很容易被官場接受。嘉靖皇帝也很認可這個結果，沒有波及他，還可以藉機把攬權結黨侵犯皇權的嚴氏一黨徹底剷除，何樂而不為呢？

　　三法司按徐階的意見上奏，嘉靖皇帝很快就批准了。嘉靖四十四年（1565 年），嚴世蕃因謀逆罪被斬首。

第三節
亂判衚衕女屍案

明代嘉靖年間，鼓樓是北京城的鬧市區。從鼓樓西行有一條街市，名叫西斜街。街中部的一條小衚衕中住著賣小吃「四冰果」為生的小販張柱。張柱老實憨厚，與父母相依為命，因為家境貧寒年近三十尚未娶親。

「四冰果」的製作要求原料新鮮，張柱常常凌晨三四更就得起床，趁著大地沾染露水之時趕到後海採集鮮蓮蓬、鮮茨茹等水鮮。

一個夏日的凌晨，張柱背著筐，踩著四更天的露水就往後海趕去。天還暗著，張柱只顧趕路，突然被地上什麼東西絆了一跤，跌倒在地。張柱爬起來，仔細辨認，發現地上有個黑影，近前一看是個人。他以為是個醉漢，碰碰那人，感覺身體已經冰涼，心中暗叫不好。只見那人是個五十歲左右的女子，身穿粗布衣服，倒在血泊之中。張柱被她散發出來的血腥味逼得連連後退，剛想用手捂住鼻子，突然發現自己的手上沾滿了鮮血。他大叫一聲，跳了起來，丟下筐子和採集水鮮用的鐮刀，拚命往家跑去。跌跌撞撞進了家門，母親問他出什麼事情了，張柱嚇得渾身發抖，也不說話，脫下沾滿鮮血的靴子就上床躺著去了。

沒過多久，張家響起了噼噼啪啪的敲門聲，一聲緊似一聲。原來早晨出來巡邏的東廠差役在衚衕口發現了無名女屍，找人辨認是住在衚衕裡的張孫氏，死亡時間是凌晨時分。現場散落著寫有「四冰果」三字的

筐子、一把鋒利的鐮刀，還有一串血腳印指向張柱家中。於是，張柱有重大殺人嫌疑。東廠差役蜂擁而來，又在張家搜出了沾滿鮮血的靴子和驚魂未定的張柱，當場就拿出鐵鏈將張柱抓回東廠審問。

在東廠，張柱將事情來龍去脈都說了，一再申辯自己是女屍的發現者，不是凶手。差役們聽他說得合情合理，看他的模樣也不像是殺人越貨的歹徒，所以就把案子上報給了當值的理刑百戶李青。李青查問了案情，認定張柱就是凶手，吩咐上重刑嚴刑逼供。東廠可是一個魔窟，凡是人們想得到的刑具和逼供方法都有，人們想不到的變態刑罰也有。可張柱忠厚老實，一就是一二就是二，拷問許久還是那麼幾句話。老虎凳也坐了，辣椒水也灌了，十個手指也被夾爛了，張柱就是不承認殺人。李青都熬不住了，乾脆在沒有張柱招供畫押的情況下，把張柱殺了張孫氏的情況寫了一個案卷，連同人犯發給刑部，讓刑部依法處理。

這裡要介紹一下東廠和刑部的關係。東廠和刑部其實沒有業務關係，前者是直屬皇帝的監察機構，後者是司法審訊機構；也沒有上下級關係，前者屬於內廷，由太監負責，後者是傳統的六部之一。這個設計讓東廠具有巨大的「體制權力」，勢力如日中天，不僅包辦了偵查審訊行刑、監察百官、掌握部分武裝力量，還對六部百官頤指氣使。這不，東廠的百戶李青就把一個想當然的案子發給刑部，讓刑部加緊辦理了。刑部不敢怠慢，接下案子交給刑部郎中魏應召負責。

而在西斜街衚衕的張家，張柱的母親早哭得昏天黑地了。她不相信兒子會殺人，可是證據都對張柱不利，張柱也沒有告訴她什麼情況。眼看著兒子身陷牢籠，老人家無能為力。正在老人家痛苦的時候，一個身穿孝衣的女子衝進屋來，「撲通」就跪在張柱母親面前，也哭了起來，口口聲聲說自己害了張柱。

　　來者正是遇害者張孫氏的女兒張秀萍。張秀萍說自己有個哥哥叫張福，好吃懶做，還沾染了賭博的惡習，賭輸了就回家逼母親張孫氏給錢。母子倆不知道吵了多少回架了。昨天晚上，張秀萍熬夜織布，又聽到母親和哥哥發生了激烈的爭吵，後來聲音止住了，她也就沒放到心裡去。今天凌晨，張秀萍發現母親不見了，家中祖傳的碧玉珮也不見了。正焦急著，張福慌慌張張地回來了，脫下一身血衣就上床睡覺，也不搭理妹妹張秀萍的種種疑問。後來，張秀萍聽到了母親遇害的噩耗，連繫案情和哥哥的表現，覺得哥哥就是殺害母親的凶手。她開始還不願意指認哥哥，後來聽說衚衕裡老實的張柱蒙受了不白之冤，就先跑到張家來謝罪了。

　　張柱母親連忙扶起張秀萍，說服她一起到刑部救人。到了刑部，張秀萍大義滅親，指證哥哥張福是殺害母親張孫氏的重大嫌疑人。

　　卻說刑部郎中魏應召接手張柱案子後，憑著職業敏銳度立刻就發現東廠轉來的卷宗漏洞百出，疑點重重。先不說卷宗沒有被告張柱的供詞和認罪，單在情理上就說不過去：第一，作為殺人凶器的鐮刀光亮如新，沒有任何血跡。第二，死者張孫氏胸部身中三刀，血流如注，張柱穿的衣服卻沒有大片血漬，而且他的靴子上的血跡是略已凝固的血塊，而不是新鮮的血液。這符合張柱發現屍體後沾上血跡的說法。第三，最大的邏輯漏洞是，張柱殺了人以後為什麼還留下血腳印，一直連到家中，還把寫著「四冰果」的筐子留在現場，好像生怕別人不知道他是凶手似的？現在聽了張秀萍的陳述後，魏應召為了慎重起見，決定微服去西斜街查訪情況，再做決斷。

　　西斜街一帶的街坊無不說張柱忠厚老實，不相信他會殺人，而張福劣跡重重，當日表現十分可疑。魏應召從一個後海的採藕人那裡得知，

凶案發生當天凌晨曾看到張福慌慌張張地把一件東西投入後海之中。魏應召派人假扮成種藕人潛入後海中，果然在湖底摸出了一柄牛耳尖刀。刀上帶有血跡，極可能是殺人凶器。

　　盤查各個當鋪的刑部差役也有重大收穫。他們在德勝門內「亨盛當鋪」發現了碧玉珮的當單存根。當單的日期是張孫氏被殺後的第三天，當主是一個賭棍。這名賭棍一被抓進刑部衙門，就全盤招供，說碧玉珮是張福在張孫氏被殺的當天下午以五百兩銀子的價格賣給他的。

　　魏應召決定收網捉拿張福，又在張家搜出了血衣。審訊開始時，張福還裝作無辜的樣子，拒絕承認殺害母親。可是面對妹妹張秀萍、看到他拋凶器的採藕人、買他的碧玉珮的賭徒，又看到碧玉珮、牛耳尖刀和血衣，張福不得不供認殺害母親的事實：當天晚上，張福又輸了個精光，回家逼母親把祖傳的碧玉珮拿出來供自己翻本。母親張孫氏不肯，張福就搶了碧玉珮，奪門而逃。張孫氏跟著跑出門來，和張福糾纏在一起。張福急火攻心，竟然拿出牛耳尖刀來對著母親就捅了三刀。等發現母親已經氣絕身亡後，張福慌忙逃離現場，把牛耳尖刀扔入後海，回到家中喘息。兩天後，張福發現張柱當了替罪羊，就出來把碧玉珮換了錢，繼續沉迷於賭場。

　　在古代，「殺父弒母」是「大逆」之罪，張福自知罪孽深重天地不容，對犯罪事實供認不諱，追悔莫及，只求速死。衙衙女屍案至此真相大白，案情明白無誤。

　　就在魏應召為張福的禽獸行為感到痛恨的時候，一旁的老書吏悄悄遞過來一張紙條，上面寫著：「張福係東廠李青之『打樁』，切切慎重！」

　　本案真正的精彩內容才剛剛開始！

前面的案情介紹只是一個情節鋪墊或者說是可有可無的事實而已。

魏應召得到了法官夢寐以求的所有東西：人證、物證、罪犯的認罪畫押。但他就是不敢判決。

老書吏精於世故，提醒魏應召說張福是東廠的「打椿」。所謂「打椿」，類似於東廠的「線人」或「臥底」。東廠定期向他們支付薪水，透過他們來維持體制權力。明代的東廠組織膨脹，勢力猖獗，人員各自發展了若干耳目爪牙，刺探情報，必要的時候也充當打手。這些人半明半暗地在市面上行事，禍害百姓，被百姓稱為「二狗子」。張福就是其中的一個「二狗子」，而且恰好是跟著李青的「二狗子」。打狗也要看主人啊！魏應召很清楚，殺不殺張福不是他一個人能決定的事情了，還要看東廠的臉色辦。

這個案子更複雜的情況是，衚衕女屍案在東廠已經「審理」過了，主審的百戶李青已經有了結論：張柱殺死了張孫氏。東廠把案子轉給刑部的本意，其實就是讓刑部照抄他們的審理結果，盡快結案，為東廠、為李青增加一樁政績 —— 東廠經常要求刑部這麼做。魏應召的重審其實就是走走程序而已，誰想竟然審出一個與東廠截然相反的結果。如果魏應召要按照實情改正過來，就明白無誤地告訴世人：東廠審錯案子了！東廠刑訊逼供，草菅人命！到時候，東廠的顏面何存，李青的顏面何存？更何況真凶張福還是李青的「打椿」，李青能答應案子改判，處決自己的爪牙嗎？

怎麼判？魏應召思考再三，決定還是實事求是，根據案情把東廠的結果改正過來，申請判決張福斬立決。

畢竟法官不能睜著眼睛說瞎話，畢竟在偵查和審訊過程中案情已經傳播出去了，魏應召不得不顧及民間議論。

　　當然魏應召也不是初入官場的愣頭青了。他混跡官場多年，大小也是個五品的中級官員，知道改判一事要做許多「小動作」。魏應召謙恭地主動拜訪東廠，把鵺術女屍案的詳細偵查、審理過程向李青和相關人等通報了一遍。在通報的過程中，魏應召上至李青下至普通差役都塞了厚厚的紅包。最後，魏應召懇求東廠各位允許他改判鵺術女屍案。一般的差役們拿了魏應召的好處，都沒有吭聲反對。李青掂量了一下紅包，臉上慢慢浮起了笑容，說：「辛苦刑部各位大人了，那就按照魏大人的意思改正吧！」魏應召緊張的心這才安穩下來，再三表示感謝。這一次拜訪，賓主盡歡而散。

　　魏應召覺得改判的事情就這麼成了，把奏摺往宮裡一遞，就等著最終判決下來，將張福開刀問斬。

　　不想第二天，宮中傳來聖旨，專門就鵺術女屍案痛斥刑部妄出人罪，痛責刑部郎中魏應召草菅人命，罪不容誅。聖旨命令將魏應召逮捕入獄，等待發落。鵺術女屍案也不讓刑部再管了，移往都察院，令右都御史熊浹覆審。

　　這一悶棍不僅打得魏應召癱倒在地，也把刑部上上下下打得丈二金剛摸不到頭緒。難道案子審理出現了什麼錯誤，還是案卷沒有把證據和供狀陳述清楚？都不可能啊！就算魏應召處理此案失誤，也不至於受到如此重罰啊？

　　真正的原因還是魏應召將東廠的李青想得太簡單了。魏應召到東廠陳述要改判李青的判決的時候，李青就懷恨在心。李青覺得自己怎麼也是東廠高層，自己審定的案子竟然輕易就被刑部郎中大庭廣眾之下否決了，不僅沒面子，而且權威受到了挑戰。尤其是知道魏應召要判決自己的爪牙張福死刑的時候，李青更是恨得牙癢癢。他笑瞇瞇地把魏應召

打發走，趕緊寫了一封密奏，趕在刑部的案卷之前送入了宮中。在密奏中，李青誣陷張柱與張秀萍通姦，姦情被張孫氏發現後張柱殺害了張孫氏；刑部郎中魏應召收受張柱賄賂，要栽贓張孫氏之子張福。

在位的嘉靖皇帝痴迷於煉丹求仙，對朝廷政務不甚關心，但對東廠西廠和錦衣衛的密奏卻上心得很。他雖然昏庸懶惰，疏遠朝臣，卻也知道依靠特務系統鞏固統治的「王道之術」。李青的密奏如願被嘉靖皇帝先看到了。嘉靖皇帝見密奏寫得斬釘截鐵、正義凜然，頭腦中重東廠輕朝臣的固定思維讓他相信了李青的鬼話。等他專門調來刑部的案卷一看，反而認為真如李青所說，魏應召收受賄賂草菅人命了。於是，嘉靖皇帝決定讓都察院重審此案。

都察院負責此案的熊浹是官居二品的都御史，級別比魏應召高多了，看問題也比魏應召高得多、遠得很。他瀏覽了所有案卷就發現此案的癥結不在具體案情和證據，而在於東廠和朝臣們之間的許可權、顏面之爭。大凡到了需要正二品的都御史親自審問的案子，都不是具體的細節問題弄不清楚，而是牽涉政治問題或權力爭鬥了。

在衚衕女屍案上，熊浹站在了刑部的立場上。他隔天就給嘉靖皇帝回覆了，先是詳細陳述了此案的疑點，指出了東廠審理的漏洞，肯定了刑部的審判是真實可靠的。接著，熊浹特地提到了朝廷司法大權的歸屬問題，指出現在東廠等特務機構已經侵犯了司法大權，出現了許多違法行為。熊浹認為朝廷司法大權應該專屬三法司（刑部、都察院、大理寺），不讓其他機構染指。整個回覆有事實有分析有議論，高屋建瓴。

嘉靖皇帝看到熊浹的回覆，讀了前半部分後基本認同了熊浹的觀點，也認為刑部的審理是正確的，是東廠搞錯了。讀到後半部分時，嘉靖皇帝皺起了眉頭。東廠由太監控制，直接聽命於皇帝，是嘉靖的耳

目手腳。指責東廠干涉司法，有不法行徑，不就是指責嘉靖皇帝干涉司法，行為不當嗎？嘉靖皇帝本來就是依靠東廠來制約朝臣的，現在朝臣熊浹要求限制東廠，讓朝臣專掌司法，觸動了嘉靖皇帝敏感的神經。他絕不允許司法大權落入朝臣手中，脫離自己的控制。

於是，嘉靖皇帝不顧事實，下令將刑部郎中革職查問，解除熊浹都御史之職，回家聽參。衚衕女屍案進行第四次審訊，由工科給事中陸粲、劉希簡二人重新審理，命令盡快審清回報。如此反覆，嘉靖皇帝的意思很清楚了，就是要按照東廠的結論結案。唯有這樣，嘉靖皇帝覺得才能震懾朝臣，維護皇權。可是偏偏給事中陸粲、劉希簡二人毫不畏懼地再次站在了朝臣的一邊，很快給出了和熊浹一樣的回覆，將魏應召找到的證據一件件一樁樁詳細說明，案情來龍去脈一目了然。

嘉靖皇帝勃然大怒。小小的衚衕女屍案的結論已經和事實無關了，而與皇帝的權威有關。嘉靖皇帝第三次專門就此案下旨，將工科給事中陸粲、劉希簡二人革職，投入監獄，將衚衕女屍案發回進行第五次審訊。聖旨命令刑部督審，要由一名侍郎親自主持。

皇上為了北京胡同裡的一樁普通殺人案，十天之內連降三道專旨，撤換了一名二品、兩名四品和一名五品官員，不厭其煩地要求重審，真是咄咄怪事。嘉靖皇帝可是出奇懶惰的皇帝啊！可以連續幾十年不上朝，怎麼現在親自過問一樁小小的謀殺案呢？疑問在北京城不脛而走，人們很快都知道了並不複雜的案情。大家關心的是，這樁案子現在該如何收場了。

刑部侍郎許贊被推到了旋風風眼中。許贊是一名三朝元老了，早在明孝宗弘治九年就中了進士，擔任過河北大名推官、陝西道監察御史。他的仕途並不順利，其父遭到前朝大太監劉瑾的迫害，許贊受牽連降任

浙江臨淄知縣，現在年紀一大把了才當上刑部侍郎。許贊詩文寫得不錯，算個文人，別的文人遭受了現實的坎坷往往憤世嫉俗，不是和現實抗爭就是躲避現實，許贊則選擇了與現實妥協。他特別珍惜來之不易的刑部侍郎職位。魏應召倒下了，熊浹接著倒下了，陸粲、劉希簡二人也倒下了，許贊不想倒下。

許贊看了案卷，組成了二十多人的專案組，然後煞有介事地做了十多天的「調查研究」。拖到入秋時分，許贊正式宣布重審緱姊女屍案。開庭當天，張柱的母親來了，被革職官員的家眷來了，關心此案的朝廷官員、士人商賈和普通百姓都來了。

許贊與其說是在審案，倒不如說是直接審判。他命令將張柱等人先後提上庭來，當庭宣布張柱殺害張孫氏，判處斬立決；被害人張孫氏之子張福無辜入獄，賞銀五兩，當堂釋放；被害人之女張秀萍，與凶犯張柱通姦，又誣陷其兄，杖責一百棍，趕出京師；原刑部郎中魏應召受賄枉法，草菅人命，即刻發往雲南充軍。

整個案子不到半個時辰就「審理」結束了。輿論譁然。

緱姊女屍案就此結案。我們來看看相關人等的最後命運。

張柱當天就被拉到法場斬首了，鼓樓一帶沒有了「四冰果」賣了。據說嘉靖皇帝聽到「凶手張柱已經伏法」的回報後，說了一句：「可惜了，二十幾歲的年紀啊！」身為最高評判者，嘉靖皇帝最清楚案件真相和其中波折。張柱的母親悲憤不已，跳入護城河自盡了。西斜街的緱姊裡又少了一位「張大媽」。張秀萍受了杖責後，也悲憤不已，當天在家中懸梁自盡了。

真凶張福一心求死，卻得到了許贊給他的五兩「國家賠償金」，淹沒在了北京城的人流中，不知所終。

魏應召收拾行裝，和家眷一起去雲南充軍。出城當天，昔日同僚和許多不相識的朝廷官員都來相送，場面甚為壯觀。在這裡，魏應召在道德上獲得了勝利。但他的這種道德力量，不算是權力，發揮不了強制作用，說是「影響力」可能更合適。

李青、熊浹、陸粲、劉希簡等人的命運不詳。倒是許贊，在做出了正確的「政治判決」、站對了隊伍之後官運亨通。很快，嘉靖皇帝就提拔許贊擔任吏部尚書。嘉靖二十二年（1543年），許贊再上一層樓，進入內閣與嚴嵩等人一同參與機務。當了內閣大學士後，許贊「政事盡決於嵩」，沒有什麼作為，再三請求退休。退休後，許贊回到河南老家，在現在鄭州北郊的黃河岸邊修築了規模巨大的「許家花園」。後人據此將該段地區取名為「花園口」──民國時期的黃河大決口就發生在此處。

第四節
「蘇州哭廟案」的不同解釋

順治末年江蘇吳縣（今蘇州）知縣任維初橫徵暴斂、貪贓枉法，是個典型的貪官。朝廷對富庶的蘇南地區的賦稅很重，壓得老百姓喘不過氣來，一般小百姓生活很苦。而任維初上任後，毫不體恤民情，反而變本加厲逼稅催糧，誰不按時交糧就拉到衙門打板子，甚至打死了好幾個欠稅的百姓。如果任知縣的行為全都是「大公無私」的，那我們還可以解釋為他的工作方式粗暴，問題是任維初貪汙錢糧，還將用以賑災的常平倉的糧食拿到市場上去賣，將銷售款納入私囊。這一邊是拚命壓榨百姓，一邊是中飽私囊，任維初遭到了全縣上下的反對。就連通常站在官府一邊的士紳階層也對任維初直搖頭。有人說：「自明太祖立法至我朝定鼎以來，未有如維初之典守自盜者也。」

這就是「哭廟案」的基本背景，黑與白、貪與廉、公道和人心，都擺在那裡，一清二楚。

什麼叫做「哭廟」呢？蘇州有一個傳統，士人有不平之事又得不到申明時，可以到城郊的孔廟，撕裂儒冠，對著孔子像哭訴，俗稱「哭廟」。這個行為可謂是讀書人最後的抵抗手段，發洩情緒，同時擴大輿論影響。既然是最後的手段，士人們就很少用它，一來怕使了最後的手段還無效；二來要冒風險，既然要冒風險就要尋找風險最小、效果可能最

大的時機。順治十八年（1661 年）二月，蘇州讀書人們覺得時機到了。
他們要去哭廟，將任維初的罪行都告訴孔夫子和輿論。

為什麼說時機到了呢？因為一個月前的正月初七，順治皇帝福臨突
然駕崩。朝廷降諭，京師文武百官俱縞素入朝，朝夕哭靈；地方各省在
巡撫大堂哭靈三日，全省大小官員都要到場行禮跪拜。江蘇省的哭靈時
間從二月二日到四日。蘇州的讀書人就計劃著在二月四日全省官員哭靈
的最後一天，他們也跑到孔廟去哭，抬出哭順治皇帝的正大理由來，擴
大影響，也為自己加一層保險。

二月初四，蘇州百餘士人到孔廟宣讀討伐任維初的文章，然後慟哭
一番，又撕裂儒冠。隨後，他們從孔廟趕赴同城的巡撫大堂，沿途高呼
口號、散發揭帖，引起大批百姓圍觀。到達巡撫衙門後，士人們向江蘇
巡撫朱國治跪呈揭帖，哭訴吳縣知縣任維初的劣跡。他們中的一些人有
功名在身，是可以見官不跪的，如今為了鄭重其事也都跪下了。

巡撫朱國治的第一反應是先帝「靈堂之上不容喧鬧，容日後處
理」，拒絕接受揭帖，要求士人和圍觀百姓盡快散去。這群讀書人跪地
不起，堅持要將任維初捉拿查辦方才散去。朱國治為了防止情勢失控，
出動軍隊驅散人群，將領頭的 11 名讀書人捉拿，同時也將吳縣知縣任維
初、吳縣倉總吳之行一併緝拿，並委派道員王紀負責審訊此案。

這就是「蘇州哭廟案」的整個過程，可視作是一次有明確訴求、
組織明晰、過程和平、相對簡單的群體性事件。江蘇巡撫朱國治反應及
時，措施得力，態度沒有偏頗，沒有釀成更大的事件。

這件群體性事件的處理，在蘇州百姓和讀書人們看來，自然是懲
辦知縣任維初。畢竟他罪行昭昭。任維初在接受調查的時候，辯解說自
己上任不久，上級壓下來的徵糧徵稅的任務額很高，不得不用嚴刑峻法

催逼。他坦承經常打百姓板子，但本意是催逼錢糧，沒想到會鬧出人命來。至於貪贓，任維初供認不諱。不過任維初辯解說，剛上任就遇到上級索賄，因為囊中羞澀萬不得已才貪汙的。任維初「爆料」說，自己貪汙所得的一部分就送給了逮捕自己的江蘇巡撫朱國治。

參與事件處理的官員，聽著任維初的自我辯解，讚許得不停點頭，紛紛對他表示同情。大家對任維初的處境「與我心有戚戚焉」。在稅賦認知上、在打死百姓問題上、在處理哭廟事件上，江蘇官員和百姓的利益是不同的。對於這些官員來說，維持和擴大權力是永恆的主題，老百姓的幸福安康乃至死活都是其次的、是書面上的口號。任維初之貪暴，有本性惡劣的原因，更有權力場大環境使然。為了維持和擴大權力，一個本性不好的官員在上司逼迫下，來到一個百姓不滿積壓著的地方為官，不幸引爆了一次全民的抗議。任維初不是一個人，而是一張巨大的網絡中的一個點。起碼，在貪汙問題上，巡撫朱國治就是他的同夥。

審理官員將情況匯總給朱國治，他將怎麼處理呢？

朱國治何嘗不知道百姓在重稅之下的不滿，只是他也承受著來自朝廷的徵稅壓力。就在順治皇帝死後的半個多月，新登基的小皇帝康熙就頒發聖諭給全國官員，強調「錢糧系軍國急需，經管大小各官，須加意督催」。聖諭痛批地方官員辦事不力，導致「各省錢糧，拖欠甚多」，直指「或系前官積逋，貽累後官，或系官役侵挪，藉口民欠」。小皇帝認為之前沒有完成錢糧徵收任務的官員都正常升遷調動，導致官員辦事不力；如今要求不管官職大小，只要管轄範圍內有一文錢一石米拖欠（包括前任或者前任的前任遺留的拖欠數額），都停止升遷調動，限期徵收完成。如果完成不了，「或應革職，或應降級處分，確議具奏」。很快，〈各省巡撫以下州縣以上，徵催錢糧未完數份處分例〉由朝廷各部門議定後，

頒布全國州縣衙門。在如此重壓之下，各級官員要保住烏紗帽，除了對百姓催逼威脅，又能怎麼辦呢？

作為國家經濟中心的蘇南地區，唐宋以來就是朝廷的財賦重地。

清朝初期，國家初建，戰事不斷，朝廷更是將蘇南當做了自動提款機。「江南賦役，百倍他省，而蘇、松、常、鎮尤重。役外之徵，有兌役、里役、該年催辦捆頭等名，雜派有鑽夫、水夫、牛稅、馬荳、馬草、大樹、釘、麻、油、鐵、箭、竹、鉛彈、火藥、造倉等項，又有黃冊、人丁、三捆、軍田、壯丁、逃兵等冊，大約舊賦未清，新餉已近，積欠常數十萬。」順治末年，國庫告匱，朝廷在蘇南提前徵收後十年的賦稅，導致民力枯竭。（以上據《清稗類鈔》）這是哭廟事件爆發的根源。

但是，朱國治不能把實際情況上奏。說蘇南地區財賦過重，不就是批評朝廷的稅收政策嗎？說蘇南百姓不堪重負，不就是批判朝廷統治嚴酷嗎？說任維初貪贓害人，不就是說江蘇省吏治腐敗嗎？如果深究起來，蘇南還有許多個任維初，而且還會把朱國治自己都牽涉進來。所以，朱國治不能向朝廷上奏實情，只能站在百姓的對立面，向老百姓開火。他趕緊寫了一份奏疏呈報朝廷，對哭廟事件的陳述基本無誤，但做出了與事實完全不符的解釋。朱國治認為蘇州讀書人是在藉哭廟抗納稅糧，導致江蘇錢糧難以完成（百姓抗稅自然也是原因之一，但根本原因是徵收過重）。而且，朱國治為了達到打倒讀書人的目的，在哭廟事件發生的時間上大做文章，認為參與者藉國喪之際、臣子哀痛欲絕之時強行闖入孔廟，驚動先皇在天之靈，實屬「罪大惡極」，要求從嚴處置。在這份奏疏中，朱國治將自己、將任維初的責任推得一乾二淨，對朝廷稅賦制度的弊端隻字不提，相反將哭廟定性為謀反行為。

　　不等朝廷回覆，朱國治就將任維初等人釋放，而將哭廟的讀書人作為重犯關押。

　　朝廷接到朱國治的奏報後，基本認同了謀反的定性，但是覺得朱國治沒有說到重點上。以索尼為首的輔政大臣們，認為哭廟事件的核心問題不是「抗納稅糧」，而是大規模的「反叛」事件。這就將哭廟事件嚴重化了。

　　為什麼事實清楚的哭廟事件，到了朝堂上就成了造反行為了呢？

　　首先，最高層的索尼等人不知道地方實情。朱國治等人不敢報告，或者即使上報了，索尼等人也不願意承認；其次，索尼等人對滿族統治天下感到不自信。清朝入關還只有 16 年，江南地區落入清朝版圖的時間更短（之前在南明統治下）。蘇南是明朝賦稅和官員的主要來源地，之後又支持了南明的統治。至今，蘇南等地還有人想要反清復明，和鄭成功、張煌言等勢力暗通款曲。所以，一聽到社會菁英階層的讀書人帶頭「抗納稅糧」，朝堂上的達官顯貴們就和「造反」連繫了起來，認為哭廟只是大規模造反行為的預演或者說試探而已。因此，朝廷派刑部右侍郎為首的欽差大員即日南下，從嚴從快處理此事。至此，哭廟事件和實情偏離得越來越遠了。

　　朝廷為哭廟事件定了什麼樣的性質，經辦人員就必須找到證據來「證明」。

　　上面要什麼證據，下面就能找到什麼證據。欽差南下後，會合朱國治等人馬上對關押的哭廟讀書人們進行審訊。可是，實情就是實情，欽差和朱國治根本找不到蘇南地區有預謀的造反跡象，更沒有發現造反組織。眼看著案件沒有沿著朝廷預設的方向發展，朱國治心急如焚。他決定「假定」一個蘇南名人來當造反組織的首領，然後將哭廟的一干人等屈打成招，製造出一個造反組織來。

朱國治找到的第一個目標是蘇州名士、在籍吏部員外郎的顧予咸。顧予咸在江南讀書人中地位高、交遊廣闊，又是朝廷命官，很適合做陰謀集團的頭目。於是，他將顧予咸逮捕入獄，逼他承認所謂的造反集團的存在、承認策劃了哭廟事件。朱國治還陸續抓了與顧予咸交往密切的五名士子。可是在所有「罪犯」當堂對質的時候，哭廟的讀書人言辭一致，都否認顧予咸參與哭廟，沒有人和他談及此事，弄得朱國治啞口無言，只好另找替罪羊。（後來顧予咸在京城高官的干預下，被無罪釋放。）

朱國治找到的第二個目標是蘇州府學教授程邑。程邑是參與哭廟的許多人的老師，很難和這些學生們擺脫關係。更重要的是，程邑曾上奏彈劾過任維初。朱國治就抓來程邑，說，你既然在彈劾奏疏中說當時「號哭者數千人」，那就請你一一列出名字，否則就治你誣告罪。程邑萬般無奈，無從下手。一個好友就勸他說，巡撫如此相逼無非是要找個名人當替罪羊，你如果不想自己身首異處只能拉其他蘇州名士來頂替。程邑感到為難。朋友繼續勸道，你就當是犧牲個別人，拯救蘇州更多的讀書人吧！程邑最後將金聖歎、丁子偉兩個名字報給了朱國治，來拯救自己。

朱國治很滿意，尤其是對金聖歎「涉案」很滿意。

金聖歎是當時江南幾乎家喻戶曉的名人。他博聞強記，聰明過人，卻離經叛道。讀了四書五經，卻視科舉和名利為糞土，參加考試的時候直抒胸臆，罵考官罵試題；嗜好飲酒，有時接連喝上三四夜，醉得不省人事；不事生產，不修邊幅，和普通百姓打成一片，點評禁書的《水滸傳》、《西廂記》。金聖歎曾經「一不小心」金榜題名了，他就不去報到，接著再考，考上了再不去報到。

　　金聖歎對禮教的背叛和對個性的追求，讓他在民間和讀書人中具有很高的威望，卻是官府的眼中釘肉中刺。他的存在是對正統意識形態的攻擊和否定，他的號召力越強就意味著正統意識形態的節節敗退。朱國治早就想處置金聖歎了，苦於沒有機會，如今程邑供出了金聖歎，朱國治大喜過望，派人火速逮捕歸案。

　　事實上，金聖歎根本沒有參與哭廟事件。孔廟熱鬧著的時候，金聖歎正在家中讀書。聽夫人說起哭廟事件，金聖歎也沒有在意，繼續讀書。不想，朱國治竟然將他列為哭廟事件的主謀、造反集團的首領。

　　很快，金聖歎被冠以「搖動人心倡亂，殊於國法」之罪定了死罪，其他 120 名「造反集團」成員也被定了死罪。這 121 人中，凌遲 18 人、斬首 70 人、絞刑 33 人。據說，金聖歎在死亡面前，超然灑脫。臨行刑前，金聖歎託獄卒帶封信給家人。獄卒膽小，將書信交給了上司。他們拆開一看，信的內容是：「字付大兒看，鹽菜與黃豆同吃，大有胡桃滋味。此法一傳，我死無憾矣！」著實把一幫獄卒捉弄了一回。遺憾的是，面對強權機器和莫名其妙的死罪，金聖歎也只能耍耍文字遊戲而已。

　　哭廟事件在血雨腥風中收尾，史稱「哭廟案」。朝廷和朱國治等人皆大歡喜。

　　結案後，蘇南各地在朝廷的壓力下，加緊催逼錢糧。朝廷以拖欠錢糧為藉口，大肆打壓蘇南的讀書人和官員，防止潛在的反叛。兩江官吏士紳因稅糧問題被「交部察議」13,517 人，凡現任官員一律降兩級呼叫，在籍官員一律黜革，有秀才、舉人和進士功名的一律革去功名。「兩江士紳，得全者無幾。」另外有 240 名衙役因為催辦不力，「敕部察議」。崑山進士葉方靄考中了「探花」，被縣裡查出漏交一文稅錢竟然被革去功

名。民間戲稱「探花不值一文錢」。歷史上將與哭廟案相關的這一事件稱為「奏銷案」。朱國治秉承上意，以「抗糧」為名懲治蘇南讀書人，致使衣冠掃地。

十年後（1671年），朱國治調任雲南巡撫，加太子太保兼少保。又兩年後，吳三桂在雲南起兵反清。朱國治不願投降，被殺，身體為吳三桂將士分而食之，骸骨無一存。朝廷褒揚優恤朱國治，《清史稿》將他列入「忠義傳」中。但江蘇百姓稱他為「朱白地」，說的是他在江蘇任上搜刮無度，不顧百姓死活造成四野空白。這又是老百姓和朝廷對一個人的不同看法。

同一件事情，不同的人有不同的解釋。即使這件事情的來龍去脈一清二楚，也會在不同人的嘴中呈現出不同的樣子。尤其是在權力場上，掌權者和普通百姓對同一件事情的看法是不同的，上級和下級官員之間對同一件事情也會產生分歧。為什麼呢？不是人的智商有多大差別，而是人的利益不同，所站的立場就不同，看問題的角度自然也就不同了。具體到權力場而言，不同的人處於不同的位置和網絡中，利益不可能協同一致，自然對問題的看法千差萬別了。一切還是權力因素在作祟，從「權力和利益」的角度觀察中國古代歷史，我們會發現那些匪夷所思、荒誕不經的事情，其實另有一番邏輯。

清初的「蘇州哭廟案」就清晰地表明：權力因素是如何讓官員和老百姓對同一件事情的立場截然不同的，又是如何讓府縣、省和中央各級官員對同一件事情看法迥異的。

第五節
一個人的戰鬥：浙江倉庫虧空案

一個人挑戰整個權力網絡，會是什麼樣的情形？

人們遇到這樣的問題，首先想到的是這個人不是不知道天高地厚，就是偏執狂。的確，在乾隆後期，就有這麼一個超級偏執的老頭，以一己之力對浙江全省官員發起了反腐挑戰。這便是浙江州縣倉庫虧空案。

所謂的倉庫虧空，就是地方財政紅燈高照、債臺高舉，卻還在造假帳粉飾太平。地方財政虧空，並非某一人或某一屆官員的責任，而是長期舞弊遮蓋的結果，後來到某一人在任的時候窟窿太大了，捂不住了，就爆發了出來。細究原因，其中有歷任官員度支無當的原因，更有貪官汙吏貪贓腐敗的原因。浙江的倉庫虧空案，就是被一個貪官、閩浙總督兼浙江巡撫陳輝祖牽扯出來的。

乾隆四十七年（1782 年），陳輝祖特大貪汙案告破。乾隆皇帝很自然就聯想到，陳輝祖貪汙的這些錢都是浙江省的官銀，那麼浙江省的倉庫就會因此出現虧空。他想知道到底虧空了多少，陳輝祖一案對浙江的財政收支會造成多大的影響，因此下令浙江省清查各州縣錢糧虧缺之弊。

皇帝認定了浙江有虧空（邏輯上也是如此），而且下旨清查，浙江省官員不得不辦。可是又不能認真徹查。各個道府州縣都有虧空，由來已久，數額都不小，如果告訴乾隆皇帝實情，不知道龍顏大怒到何種程

度，不知道會有多少人頂戴落地甚至身首異處。於是，通省上下官吏，還有那些曾經在浙江為官的人，一致傾向於大事化小小事化無，將倉庫清查一事敷衍了事。

這一查就是三年多，查到乾隆五十一年（1786 年）二月，經乾隆皇帝多次催促，浙江巡撫福崧不得不丟擲一個清查結論：浙江各地倉庫錢糧虧缺 33 萬餘兩，地方官員正全力彌補。魚米之鄉、財賦重鎮的浙江在乾隆時期有 80 個縣，才虧空了 33 餘萬兩，平均每個縣才虧空 4,100 兩，誰信呢？乾隆皇帝覺得福崧嚴重侮辱了他的智商，震怒，下旨將浙江巡撫福崧和布政使撤職。浙江官員不是不願意清查倉庫嗎，乾隆乾脆派曹文埴、伊齡阿為欽差大臣前往浙江徹底盤查各府州縣倉庫，伊齡阿同時接任浙江巡撫，務求查出實情來。

曹文埴、伊齡阿等人不敢怠慢，很快就在四月初上奏：經過盤查浙江倉庫尚虧缺 30 餘萬兩。這個結論照抄福崧的調查結果，不能讓乾隆滿意。再者，曹文埴、伊齡阿是二月任命的，從北京走到杭州、辦理交接手續還需要個把月時間，四月初就把調查結果奏報朝廷了，清查的時間也就幾天，明顯是想敷衍了事。因此，乾隆不客氣地駁斥了曹文埴、伊齡阿，飭令其認真盤查。

此時，一封奏摺將已經開始冒煙的矛盾徹底激化了。浙江學政竇光鼐上奏說浙江全省倉庫虧空巨大，僅嘉興、海鹽、平陽三縣的虧缺每縣都超過了 10 萬兩。如此算來，浙江 80 個縣的虧空當數以百萬計。《清稗類鈔》說竇光鼐是接到了乾隆皇帝的密旨，要求他陳述虧空實情，竇光鼐回奏了實情。不管是主動的還是被動的，竇光鼐都揭開了浙江虧空黑幕的一角。

竇光鼐，山東諸城人，當時已經虛歲 67 了，在仕途艱苦奮鬥了整整45 年。學政一職，並不掌管核心政務，因此竇光鼐在浙江的權力結構中

進不了核心。加上他為人剛正強硬，年近古稀、退休在即，浙江官場基本上多他不多少他不少。不想竇光鼐平地一聲雷，一道奏摺硬是把全省上上下下的官員都給得罪了。浙江倉庫虧空的實情，如果是在乾隆皇帝的催逼下，浙江官員也會擠牙膏式地慢慢吐出實情來。這個過程畢竟是緩慢的，能拖就拖以拖待變，而且是可控的，為全省官員留下了許多可以操作的空間。可是竇光鼐突然拉開了遮羞布，讓全省官員猝不及防、赤裸裸地暴露在陽光之下，其中的羞愧、害怕、惱怒和仇恨可想而知。

竇光鼐的奏摺對乾隆皇帝造成了火上澆油的作用。四月十二日，乾隆御筆寫下了長達 1,200 字的諭旨，褒獎浙江學政竇光鼐據實陳奏的行為和精神，警告浙江官員，包括欽差大臣不要「回護瞻徇」、「將就了事」，責令務必徹查，「據實嚴參辦理」。這道諭旨對浙江官員也造成了火上澆油的作用。官員們原本就對清查虧空存在不滿和牴觸情緒，在重壓下都把怒火傾注到了竇光鼐的頭上。全省官員自動站到了竇光鼐的對立面，指責竇光鼐所奏為無稽之談。五月初，曹文埴回奏浙江倉庫虧缺 27 萬餘兩銀子，不僅堅持了之前的口徑，數額還略有下降。他還聲稱「無徇情袒護之弊」。竇光鼐這個老頭也倔強了起來，回奏僅仙居等 7 縣，每縣虧缺都數以萬計，這還是山區的貧困縣，其他縣的虧空數額只會大不會小。竇光鼐還指出永嘉、平陽等縣有勒索百姓挪移庫銀的情況；平陽知縣黃梅在母親死後還去看戲等等。他說這些情況百姓們口耳相傳，在社會上盛傳多時了。

曹竇兩封奏摺的意思完全相左。誰是對的，就意味著對方在撒謊、在欺君，是要掉腦袋的。至此，浙江倉庫虧空的調查變成了對兩封奏摺真偽的辨別，變成了浙江官員要保住頂戴花翎和榮華富貴，就要證明竇光鼐在撒謊。

乾隆看完奏摺，沒有辦法分辨真偽。他只好加派大學士阿桂為欽差

大臣，前往杭州會同曹文埴等人徹查倉庫。

阿桂不久上奏，支持了曹文埴。乾隆信任阿桂，於是在六月十三日正式對浙江虧空案下了結論，認定浙江倉庫虧空 27 萬兩白銀，實際上認可了曹文埴、伊齡阿等人之前的結論。

竇光鼐輸了，勢必要付出代價。果然，十幾天後阿桂、曹文埴等人專門上了一道批駁竇光鼐的奏摺。奏摺說「俱經嚴密訪察」，逐一批駁了竇光鼐抖落的浙江官場黑幕：永嘉、平陽等縣並沒有勒索百姓挪移庫銀等事；平陽知縣黃梅的母親是在演戲的時候一時痰壅而死的，黃梅並非是在母親死後看戲。至於竇光鼐說的各縣虧空巨大，貧縣數萬富縣十數萬的情況，完全是子虛烏有。乾隆又認可了這封奏摺，在七月初下諭痛責竇光鼐，認定他是誣告平陽知縣黃梅，「汙人名節，以無根之談冒昧陳奏，實屬荒唐」。對竇光鼐申飭之餘，乾隆還要求竇光鼐認真檢討，寫出深刻的反省來上交（「據實明白回奏」）。

至此，浙江倉庫虧空塵埃落定了——因為乾隆皇帝下了結論。一般人如果是竇光鼐，趕緊對照乾隆皇帝的最高指示，認真反省自己的思想，承認錯誤，請求原諒。畢竟竇光鼐還要在浙江當學政，還要爭取順順利利地退休呢！就算民間沸沸揚揚的傳聞是真的，竇光鼐也應該唯皇上馬首是瞻，啞巴吃黃連，認栽吧！

可是竇光鼐偏偏就不是一般人。他根據在浙江的多年為官經驗和民間的傳聞，認定浙江虧空的實情還沒有揭露出來。在保住官位待遇和實事求是方面，年邁的竇光鼐選擇了後者。他接到聖旨後，竟然沒有寫反省認錯文，還立即上奏，據理力爭，指責欽差大臣辦事不公。

竇光鼐在奏摺中用具體問題指出了兩任欽差和通省官員在撒謊：第一，仙居知縣徐延翰藉故監禁生員馬實致死；第二，平陽知縣黃梅「母

131

喪演戲」是全縣生童所言；第三，黃梅長期擔任平陽知縣，造成巨大虧空，反而還縱令其子派索，濫用民財，抗不填補虧空，此乃合省共知；第四，阿桂等欽差大臣派人前往平陽審查時為地方官吏矇蔽，在處分虧空官員時未將黃梅從重處理。最後，苦於沒有真憑實據的竇光鼐說自己馬上「親赴平陽，查核確實，再行回奏」。

這道奏摺非常大膽。乾隆皇帝都已經下聖旨做出結論了，聖諭哪能輕易收回；竇光鼐本無權盤查倉庫，如今私自去縣裡核查，定要證明己見。這是一定要讓乾隆皇帝認錯服輸啊！愛面子又剛愎自用的乾隆受不了竇光鼐的公然抗旨，大發雷霆，下諭痛罵竇光鼐「狂妄固執」、「袒護劣衿」、「汙人名節，禽獸不如」，將竇光鼐革職，交部議處。

竇光鼐被推到了懸崖邊上。危難時刻，數十年的官場磨礪發揮了作用。竇光鼐知道頂撞皇帝的後果很嚴重，在上奏的當天晚上就奔赴離杭州上千里的平陽縣實地調查。趁著自己浙江學政的職務還在，竇光鼐辦起事情來方便很多。平陽知縣黃梅和大大小小的官吏衙役對他設定了重重阻礙，竇光鼐宣稱為了反貪自己「不欲做官，不要性命」，發動全縣童生、監生和百姓蒐集證據。很快查明，平陽縣虧空嚴重，知縣黃梅以彌補虧空為名，計畝派捐，每畝勒索大錢 50 文，又每戶給官印田單一張，與徵收錢糧無異。這些錢都落入了黃梅的腰包。同時，平陽縣採買倉穀（政府儲備糧），都不給百姓購糧款，上級撥付的購糧款自然又落入了黃梅等人的腰包。黃梅在任八年，侵吞部定穀價銀與勒捐之錢「計贓不下二十餘萬」。

巡撫伊齡阿接任不久，卻早已融入了浙江權力結構之中，和上下官吏沆瀣一氣了。他深知竇光鼐實地查贓的厲害，惡人先告狀，再次上奏彈劾竇光鼐。伊齡阿說竇光鼐在平陽嚴刑逼供，羅織黃梅的罪行；說竇

光鼐在明倫堂召集讀書人，咆哮恐嚇，逼別人說出黃梅的罪狀；又說竇光鼐在平陽城隍廟多備刑具，傳集書役，威脅不從命的百姓；說竇光鼐回杭州時，催逼隨從晝夜兼行，導致水手墮河淹死。這道奏摺以誣陷為能事，一心要置竇光鼐於死地。乾隆閱後果然更加痛恨竇光鼐，大罵竇光鼐病瘋顛狂、煽惑人心、禍亂地方，覺得革職還不夠，下旨讓伊齡阿即刻捉拿竇光鼐，押赴京師治罪。浙江官員終於鬆了口氣：竇光鼐這回算是徹底完蛋了！

竇光鼐還有翻盤的機會，那就是他蒐集到 2,000 多張田單、印票、借票、收帖等證據，可以確鑿證明黃梅的貪贓。這些證據是怎麼得來的呢？《清稗類鈔》說竇光鼐一回到杭州，伊齡阿就遣人圍住了學政衙署。忽然，歸安書生王以銜、王以鋙拿著門生帖子來拜會竇光鼐，進入學政衙門。兩人留下棉襖一件，說是要報答竇光鼐的識拔之恩。竇光鼐拆開一看，棉襖裡藏著平陽百姓聚集的田單、印票、圖書、收帖 2,000 多張。竇光鼐不敢有絲毫遲疑，擬了一份奏摺，附上這些物證，以五百里加急的快件發往北京。

奏摺剛發出，伊齡阿就派人來押解竇光鼐入京治罪了。

第三天，竇光鼐的奏摺先囚車進入了北京。乾隆皇帝百感交集地閱讀了奏摺和一張張、一片片的物證。他說：「凡事可偽，而官印與私記不可偽，且斷不能造至二千餘張之多，況字帖俱有業戶花名排號，確鑿可據。」

既然平陽的虧空和知縣黃梅的貪腐是真的，那麼兩任欽差和巡撫伊齡阿的說法就是假的了。竇光鼐揭露的黑幕才是實情。推翻之前自己的聖旨事小，如何面對浙江全省巨大的財政虧空、如何處置闔省虧缺和謊報官吏事大。實情如此傷人，乾隆皇帝一時不知如何處理了。總不能把

浙江全省官員和離任官員全都治罪了吧？可是竇光鼐把黑暗都暴露在了強光下，不處理又不行。最後，乾隆決定就事論事，縮小處理範圍，盡量降低虧空和撒謊事件造成的損害。

乾隆連下兩道諭旨。第一道是肯定竇光鼐的說法，承認平陽縣存在虧空和貪腐。第二道是痛責平陽知縣黃梅劣跡斑斑，指示徹底查清，絕不姑息；批評兩任欽差大臣工作失誤，但是無心之錯，可以原諒；向朝臣表揚竇光鼐精神可嘉，要求大臣秉公重審對竇光鼐的處分。

分析乾隆的處理意見，貫徹的指導原則就是：避重就輕。平陽知縣黃梅被當做批判的靶子，成了整件案子不得不推出的替罪羊。聖旨用斥責平陽一地虧空和黃梅一人之過的方法，逃避了對浙江全省虧空的追查和對包括阿桂、曹文埴、伊齡阿等要員在內的浙江官員的責任。阿桂、曹文埴、伊齡阿等人深刻領會了乾隆皇帝的意思，態度迅速發生一百八十度的轉彎，上奏說平陽等地存在嚴重的虧空、黃梅等貪官劣跡斑斑、竇光鼐剛正勇敢要向他好好學習，最後盛讚「吾皇聖明」。不久，上諭下達，嚴懲黃梅；現任浙江巡撫伊齡阿、前任浙江巡撫福崧對本省虧空負責，撤職交部議處；召回阿桂、曹文埴，交部議處。

浙江倉庫虧空案就這麼雷聲大雨點小地結束了，虧空的具體金額、如何補救都無人問津了。

至於竇光鼐，坐在囚車裡哐啷框啷來到北京後，發現自己不再是「禽獸不如」、「喪心病狂」的罪臣了，而是皇帝高調誇獎的榜樣。浙江學政是做不了了，竇光鼐代理了一段時間的光祿寺卿，後來遷任左都御史。乾隆六十年（1795 年），竇光鼐擔任會試主考官，在複試貢生中牽扯對滿族弟子的爭議被免官。乾隆恩准他以四品銜退休，同年竇光鼐死在了家中，享年 76 歲。

第六節
總督難翻案

　　咸豐年間，四川合州七澗橋住著一戶鞠姓人家，父母和兒子兒媳四人同住。

　　一天夜裡，母親向氏醒來，發現丈夫不在床上，起來一看，房門和大門都開啟了。她趕緊招呼兒子出去看看。兒子奔出房門好久都沒有回來。向氏和兒媳大驚，戰戰兢兢地熬過一夜後，天明就出去看，發現鞠家父子被人殺死在門外數十步的道旁。

　　案子報到合州，知州榮雨田找不到頭緒，久不得凶手。向氏隔三差五地上衙門狀告催促破案，上級衙門又反覆催逼，限定了破案期限，榮雨田擔心緝限將滿招來處分，就和幕僚商量對策。幕僚們對這樁無頭案也束手無策。刑名師爺推薦了衙門裡的刑吏陳老倫，說這個人人頭廣手腕高，可以託他試試。榮雨田就叫來陳老倫，承諾如果能破了鞠家命案，賞五百金，還會提拔他。陳老倫一口應承下來，但提了一個要求，說鞠家命案複雜，請知州大人寬限一些時間偵破。榮雨田答應了，並預支了賞金給他。

　　在破案這件事情上，僅是吏員的陳老倫的實際權力比知州榮雨田要大 —— 不然榮雨田也不會求他了。偵破民間案件時，對民俗民風的掌握、人情世故的通曉，往往比法定權力要大得多。而從外地來赴任的

州縣長官以及他們帶來的幕僚們，顯然在這方面比不上本地的吏員差役們。這就為地頭蛇般的吏役們上下其手提供了機會。

陳老倫破案的方法果然很有一套。他派了一個媒婆到鞠家，和向氏套關係。得知鞠家命案後，媒婆假裝關切，對向氏說：「妳家遭此慘禍，真可憐。我看妳家裡挺貧困的，今後妳怎麼生活？我看衙門短時間也破不了案，事久則費多，妳拿什麼錢到衙門辦案？不如妳把妳的兒媳改嫁了，既可以省一份生活費，又可得聘金。」向氏聽信媒婆的話，託她物色人選。媒婆就推薦了陳老倫。向氏對陳老倫很滿意，一是以能夠攀附公門中人為榮（中國歷史上始終以官府中人為職業金字塔的頂端，是泛權力表現之一），二是聽說陳老倫很有手腕，因此實際權力很大，收入也很高，欣然答應了這門婚事，將兒媳嫁入了陳家。

陳老倫娶到夫人後（我們暫且稱之為陳夫人），將家裡的事情無論大小，包括理財都託付給她。陳夫人在鞠家哪有在陳家過得這麼安逸富足，很快就喜歡上了如今的生活，忘記了前夫。美中不足的是，陳老倫常常下班回來，面帶憂色。陳夫人問他怎麼了。陳老倫就說知州大人把偵破鞠家命案任務交給了自己，自己沒有頭緒，向氏又天天催問。陳老倫讓陳夫人遊說向氏，別再上衙門催問了。陳夫人表示為難，婆婆的丈夫、兒子都慘死，怎麼會善罷甘休。陳老倫默然。

又一日，陳老倫滿臉沮喪、慘兮兮地回家。陳夫人驚問緣故，陳老倫說：「知州限我一月內破案，不然就要斃我頂罪，我命在旦夕矣。」陳夫人已經完全適應了陳家安逸的生活，滿心希望長久相安，突然聽說丈夫要死安逸不再，焦急萬分，忙問有什麼辦法。陳老倫吞吞吐吐地說：「我知道應該怎麼辦，但礙於妳不能說。」陳夫人一定要他說，陳老倫就說：「我已經勘得妳公公是被妳婆婆和姦夫謀殺的，妳不知道嗎？」陳夫

人不相信，陳老倫繼續說：「妳婆婆和人通姦，怎麼會告訴妳呢？但是這種事情，只需妳上堂指證婆婆的姦情，我就能活。其他事情與妳無關，我來處理。」陳夫人貪圖長享安樂，答應了下來。陳老倫隨即以向氏通姦謀殺親夫報官。

第二天，向氏又到合州衙門催緝凶手，榮雨田拍案大怒：「此事已究得實，妳和姦夫聯手殺死了丈夫、兒子，竟然還敢控官！」向氏呼冤。榮雨田喝道：「姦夫都抓住了，你還敢狡賴！」果然，差役拉出一個壯男來，和向氏對質。那人將如何通姦，如何謀殺鞠家父子，說得清清楚楚。向氏還是堅決否認。榮雨田就傳詢陳夫人，詢問向氏平日有無與人通姦。陳夫人按照陳老倫的教唆，指證向氏有姦情。兒媳的指證，讓向氏大為錯愕。面對兩個證人和榮雨田用刑的威脅，向氏被迫「認罪」。

向氏聯合姦夫，殺害丈夫和兒子，除了兩個人證外沒有物證，這樣的說法可信嗎？榮雨田和官府中人是否相信，外人不知道。但是命案可以就此了結，他們都少了上司的催逼，又有了破案的成績，自然沒有異議。不過這個案子已經在合州民間傳得沸沸揚揚，百姓們普遍認為向氏是冤枉的。關鍵就看它怎麼翻案了，本案最精彩的部分就要開始了。

清代的司法制度提供了詳盡的申訴空間，但一件案子一定要推倒重來，申訴者不僅要證明案情本身，還要面對整個官僚體系的阻撓反對。各種衍生權力盤根錯節，會堵上申訴者可以找到的每一條申訴途徑，吞噬案情的真相。向氏的弟弟就屢次上訴，為姐姐鳴冤。向氏謀殺親夫和兒子的案子疑點很多，可是每申訴一次就確認一次初審的結論。州、府、道乃至四川按察使被泛權力網絡連結起來，一心要置向氏於死地，了結命案。

最終，這件案子驚動了四川總督黃宗漢，才現出一絲翻案的曙光來。

　　黃宗漢一日外出，向氏的外甥女攔輿喊冤。衙役兵丁們早就接受了地方州縣的好處，凡是遇到喊冤的，不等對方喊幾聲就用鞭子趕走。州縣官員透過賄賂買通總督身邊的人，堵死了老百姓攔輿喊冤的法定權利，地方官員獲得了衍生權力，衙役兵丁們則多了一份衍生收益。這是泛權力的一個典型表現。可是這一次，也許是兵丁們鞭打的聲響太大了，驚動了後面坐在轎子裡的黃宗漢總督。

　　黃宗漢宦海沉浮頗為不順，因為他身上始終保持著與官場格格不入的品質：剛正不阿，追求真相。他看到隨從在鞭打鳴冤的女子，喝斥制止，收了向氏外甥女的訴狀。黃總督的處理意見是：賞錢二緡，讓她去找按察使處理。就算有了總督的指示，按察使衙門還是維持原判，認定向氏殺人，於是黃宗漢第二次在外出的時候遇到向氏外甥女喊冤。黃宗漢還以為小女子貪圖賞錢，外甥女哭訴因為有奇冤才屢次冒死上訴（也許，黃宗漢以為有了自己的指示按察使衙門就能秉公辦事了。事實遠比書本上的道理複雜，總督的法定權力在實際權力網絡中也沒有效用）。黃宗漢還是讓向氏外甥女去找按察使衙門，並下令給按察使衙門重新審理向氏一案。

　　數日後，黃宗漢恰巧經過按察使衙門，想起合州向氏的案子還沒有消息，便直接入內。衙門口的看門人竟然阻擋總督大人。他們不顧身分地位和法定權力的巨大差距，公然阻攔總督黃宗漢進入下屬衙門視察，可見讓總督進去的後果比公然犯上的後果更嚴重。在這裡，權力的實際情況和法定情況的差距彰顯無餘。有意思的是，《清稗類鈔》記敘這一細節的時候用了「循例擋駕」一詞。難道一直以來，按察使衙門是外人不能窺探的禁地、四川的司法系統一直是關起門來辦案？黃宗漢執意要進入，看門人藉口說按察使大人正督率衙門官員查案，不方便打擾。黃宗

漢就問：「什麼案子？」回答說：「合州的案子。」黃宗漢說：「好，我正要過問這件案子呢！」

　　黃宗漢闖入衙門，讓審案官吏坐立不安。黃宗漢讓大家繼續審訊，自己坐在按察使邊上旁聽。向氏就跪在地上，推翻了之前的供述，不肯承認殺人。堂官令衙役掌打向氏的臉頰。之前，向氏每申訴一次就多一次皮肉之苦，臉頰的肉都差不多脫落了，如今又遭衙役痛打，嘴臉都變形了，露出了牙肉。黃宗漢不忍，發話說：「此女伶仃可憐，諸位大人為何專審她？」按察使一心要庇護黨羽維持原判，被總督這麼一問後不敢恣意妄為了，可是不對向氏用刑又不知道怎麼辦，審案就這麼拖延下來。黃宗漢問：「你們只審問此女一人，不召他人嗎？」按察使不得已，命令傳姦夫來。一會兒，一個臉色紅潤、皮膚飽滿，一點都不像是囚犯的壯漢走了上來。黃宗漢大怒：「如此凶嫌，何不杖之！」總督發話，衙役們不得不對壯漢棍棒伺候。當打了一兩下，那壯漢就大呼大叫：「不要打了！你們之前說好不讓我受刑的，今日為什麼打我？」黃宗漢更加吃驚，命令往死裡打，逼壯漢吐出實情來。很快，壯漢就供認自己與向氏並非姦情，都是合州刑吏陳老倫花錢讓自己冒充姦夫的。按察使等官員倉皇失色，黃宗漢諷刺他們說：「諸位大人看我的審案手段如何？」眾人支支吾吾，只有一個承審官反問：「大人鞫獄甚當，但是凶手究竟何在？」黃宗漢怒道：「這難道不是一個明顯的錯案嗎？」然而，的確如承審官反問的那樣，現在只能證明壯漢並非姦夫、之前的審理錯誤，真凶依然是個謎。找不到凶手，向氏的冤屈就不能昭雪。黃宗漢明顯感到了整個司法系統對向氏一案翻案的牴觸，他知道在按察使衙門久留無益，打道回府。

　　堂堂的四川總督竟然不能指揮正常的司法系統重審一個明顯的錯案，只能尋找其他的方法了。法定的權力在現實中受阻，正常的管道被

衍生網絡給堵死了，黃宗漢也只能尋找法外途徑解決了。在這裡，我們發現黃宗漢這個總督在轄區內司法領域的實際權力遠小於法定權力，因為他的較真、清正、剛硬讓他完全沒有融入四川的刑獄系統，反而被人所矇蔽，衍生權力為負數。

黃宗漢想到了一個辦法：派人暗訪，調查實情。他挑選親信李陽谷入署，屏退旁人，命他前往合州祕密調查。李陽谷以廉明著稱，接受總督的指示後喬裝打扮成商人，帶上兩個僕人就往合州去了。

合州命案已經在四川官場鬧得沸沸揚揚，案子真相如何已經不重要了，重要的是它關係到越來越多官員的前途和利益。四川官員朋黨矇蔽之風甚固，沒有人希望細究真凶，更不希望翻案影響相關審訊官吏。李陽谷改裝後坐船到重慶，剛登岸就看到兩個人拿著名帖前來迎接。見到李陽谷，他倆就跪下來說：「李大老爺，道臺大人命小的在此久候，大老爺何來遲也？」李陽谷驚問：「我是商人，與官場素不相識，你們認錯人了吧？」其中一個僕人笑道：「李鬍子李大老爺（李陽谷多鬚，故有李鬍子之名），何人不知？這次來，難道不是奉總督大人的命令查訪合州命案的？此事不忙，大人請先入道臺衙門小住。」李陽谷微服查案一事，應該只有總督黃宗漢和他兩個人知道，誰料李陽谷人還在半途，合州地方官員派來「邀請」他到衙門做客的人早就在碼頭迎候了。法定權力和制度表現之後，衍生權力網絡已然無孔不入，監控了權力運作的各方面。黃宗漢總督自以為派人微服私訪已經是暗箱操作了，不料在真正的暗箱操作高手看來，這實屬小兒科。李陽谷在強大的衍生權力網絡面前，不得不承認：「我確實是李陽谷，這次來此收私債，故不敢以真名告人，並不想叨擾官府。」迎接的兩個人見李陽谷承認了，強行帶他進入道臺衙門「小住」。地方官員恭恭敬敬地接待李陽谷，好酒好菜好言好語伺候著。

對於來意，李陽谷堅持說，很快就要告辭。地方官員輪番挽留：「既然沒有公事，多住幾天又何妨？」李陽谷不得已，又在官署中住了好幾日。李陽谷再次要走。臨行前，幾位官員對李陽谷攤牌：「你的事，我等早就知道了，何必諱言？李大人如果能幫忙掩飾，這裡有三千兩銀子權當孝敬。」李陽谷無話可說，銀子也堅持不要，告辭回成都。

李陽谷不想無功而返，走了數十里地，估計著脫離了地方官員的監視，他就找了個僻靜的地方登岸，剃掉鬍鬚，換上其他服裝，步行向合州七裡澗走去。果然，一路上沒有人認識他，也沒有人邀請他「小住」了。李陽谷在合州暗訪了半月多時間，對合州官吏的枉法胡作了解得清清楚楚，遺憾的是就是不知道鞠家命案的真凶是誰。

返程的一天夜裡，李陽谷投宿一家小旅店，偶然聽旁邊的屋裡有兩個人說話。一個人說：「現在當官的都是糊塗蟲，某家父子被人殺死，當官的竟然以謀死親夫結案，何昏昏也！」另一個人問：「那到底是誰殺的呢？」那人說：「我殺的。一天夜裡，我路過七裡澗，沒有盤纏就到一戶人家偷了一條被子。剛出門，一個男子追出要奪被子。我嚇他說：『快走，不然我殺了你。』誰知他還過來搶被子，我就舉刀砍倒了他。馬上，又一個小夥子出來追我，我又殺了他。事後，我害怕了，遠逃他鄉避難。這不一年多了嘛！我聽說案子也結了，就回來了。」李陽谷大喜過望，急忙招呼僕人一起逮住那人，押送到成都報告給黃宗漢。

案子很快告破。向氏無罪釋放；按察使、道臺、知府革職；知州榮雨田本當嚴懲，他上下疏通後僅被革職而已，不承擔其他刑罰；陳老倫知道真凶被抓後，畏罪自殺；陳夫人被凌遲處死，承受了最大的懲罰；其他參與偽證的人充軍。為向氏鳴冤的外甥女得到表彰；李陽谷查案有功，出任知縣。

　　此案到此並未結束。不久黃宗漢內調朝廷為官，成都將軍暫時代理四川總督。四川官場開始湧動暗潮，想重新翻過此案來。代理總督竟然以最初的判決上奏朝廷，為被革職的官員謀求復出。巧的是，黃宗漢被任命為刑部尚書，嚴詞駁回。四川方面這才不敢再翻案了。黃宗漢以總督之尊，要糾正轄區內的一樁明顯錯案尚且如此困難反覆。如果沒有黃宗漢，或者黃宗漢不知道冤情，想來向氏是必死無疑了。

第七節
聖庫是塊大蛋糕

西元 1865 年，天京淪陷，曾國藩的湘軍鎮壓了太平天國運動。

原本應該喜氣洋洋的慶功變成了滿朝對曾國藩湘軍的質疑批判。因為湘軍向朝廷上交的戰利品只有「玉璽」兩方和金印一枚。「中外皆傳洪逆之富，金銀如海，百貨充盈」，為什麼只有區區三個小物件呢？

不論是北京的君臣還是普通士人百姓，都認為最先衝入天京的曾國荃部隊貪汙了太平天國的財富。

太平天國占據中國最富庶的長江中下游十多年，聚積了不少財富。太平天國的財富分配採取一種極端平均的方法，即所謂「聖庫」制度。聖庫就是太平天國的國庫。財富如何分配，是關係社會安定和人民幸福的大事。百姓心裡不滿乃至造反，不患財富少而患財富分配不均。大凡土地兼併嚴重、社會分配兩極分化的時候，就是王朝政治動盪，造反四起的時候。太平天國因造反而起，建立政權後首先要解決分配的難題。他們想出來的辦法是絕對平均的分配。所有社會財富公有。每二十五家百姓設立一個聖庫，收入除口糧以外全部上交聖庫；遇到必要開支或者生老病死的大事，按照全國統一標準從庫中支取一定數量的錢穀。聖庫層層向上衍伸，最後在天京有一個「總聖庫」。這個總聖庫等於收藏著太平天國全國所有多餘的財富。按照蘇浙皖贛各省往年賦稅計算，總聖庫

收入不少於一億兩白銀。即便有所損耗（事實上太平天國領導人提倡節儉），聖庫留銀也當在千萬兩以上。

結果現在湘軍報告說沒有找到「總聖庫」，也沒有在天京城內發現白銀。誰相信啊？

最大的可能就是曾國荃把銀子搬回家去了。

相關的民間傳言很多。比如說曾國荃在天王府看到殿上懸著四個大圓燈籠，大於五石瓠，黑柱內撐如兒臂，外面裝飾著紅紗。旁人指出這是元朝的寶物，是用風磨銅鼓鑄而成的。曾國荃將它們據為己有。此外曾國荃霸占了大如指頂、圓若彈丸的上百顆東珠，大於簏筐、黑斑如子、紅質如瓤、朗潤鮮明的翡翠西瓜一個。好事者折算曾國荃可能的現金收入，認為攻占天京讓曾國荃獲得超過千萬兩白銀的收入。許多湘軍官兵在戰後不斷往湖南運送財物，似乎驗證了人們的懷疑。

曾國荃著急了，百口莫辯。因為他也相信太平天國有聖庫，聖庫裡藏著珍寶。但是他的確沒有私吞財富，那麼就是該死的部下貪汙了這些財富。

於是曾國荃勒令各營官兵繳出在天京所得。當兵的人牢騷滿腹，在嚴令下並沒有吐出多少「私房錢」。交出的也都是些散碎銀子，根本不像國庫藏銀。追繳失敗了。湘軍首領曾國藩不得不親自出面清查。嚴查的結果是，湘軍的確在城破後查封了太平天國的財物，充作軍餉。但這部分錢很少，賑濟災民和給官兵發拖欠的軍餉都不夠。至於「聖庫」，確確實實是誰都沒有看到。

好在太平天國的忠王李秀成戰後被俘。身為太平天國後期主政人，李秀成在「聖庫」去向問題上應該是最權威的。曾國藩特地跑去審問他。李秀成說，太平天國的確規定了嚴格的聖庫制度，公平公正，誰都

不能私拿多拿。但在現實操作中，上自天王洪秀全下到各級王爺都把聖庫據為己有。天京的總聖庫後來成為了洪秀全的私藏，並非公有。因此，即便是富庶的蘇州也沒有公帑積貯。蘇州圍城時，後來投降的蘇州各王在戰事最激烈時刻花天酒地，餐餐山珍海味，而普通軍民卻餓著肚子守城。所以，所謂的「聖庫制度」只存在理論中，不存在現實中。

　　既然沒有聖庫，就不存在所謂寶藏下落問題，更沒有湘軍貪汙一說了。

　　最後，曾國藩如實上奏，說真相「實出微臣意計之外，亦為從來罕見之事」。天京聖庫寶藏失蹤案就此完結。

　　聖庫制度的設計初衷非常良好，如果真能落實執行極可能實現人人有所養、社會大同的美好願望。

　　聖庫制度的失敗很容易讓人想起制度經濟學上的著名案例「蛋糕困境」：怎麼分一塊蛋糕，才能讓所有的人，包括領導和被領導者都滿意呢？

　　蛋糕象徵著利益，怎麼分配利益才能讓所有人都滿意呢？無外乎三種方法：

　　第一，推選一位道德高尚，平時表現公正無私的人物來主持分蛋糕。這樣的缺點是將權力交給某個人，沒有監督，結果會是道德在利益誘惑面前敗得一塌糊塗。主持分蛋糕的人會為自己留下最大的那一塊，甚至是大半塊。

　　第二種方法是成立一個「分蛋糕委員會」之類的組織，來制定方法，瓜分蛋糕。這個制度的好處是有了民主協商的成分，但是怎麼保證這個委員會能公平公正地瓜分蛋糕呢？結果往往是再成立一個「監督委員會」來監督評估「分蛋糕委員會」的瓜分行為，甚至還會成立一個完

全獨立的「道德委員會」或者類似的機構來制衡前兩個委員會的行為。這樣也許可能完全平均地瓜分蛋糕，但是費時費力，曠日持久地相互制約，還沒拿起刀來瓜分，蛋糕早就爛掉了。

第三種方法依然是讓某個人來劃分蛋糕，但是等其他人拿完所有小塊後，劃分的人拿最後一塊。劃分的人為了不讓自己吃虧，必然力求平均地切割蛋糕。至於誰來當這個瓜分者呢？誰願意誰來。相信參與分配的人都不願意來做這個高難度的瓜分者。

人們公認第三種方法是解決「蛋糕困境」的最好方法。經濟學家們據此得出結論，人都是理性的經濟動物，時刻爭取最大利益。這無可厚非。要實現公平競爭，制度比人重要。良好的制度可以克服人性的弱點，解決分配難題。分蛋糕就是個好例子。太平天國聖庫制度的失敗，說明太平軍設計的財富絕對公有、絕對平均分配的制度是壞制度，行不通。

遺憾的是，經濟學家們的案例往往是理想化的，省略了許多現實因素。我們再舉「蛋糕困境」，看看考慮到參與利益分配的群體中既有領導者又有普通群眾這個因素，結果會是如何？

任何一個群體都分領導者和被領導者，即使小孩子在一起扮家家酒也一樣。領導者總是因為種種強勢，所以才能成為領導者。成為領導後，他們擁有各式各樣法定權力和衍生權力，力量更加超越部門其他人。面對一塊蛋糕，領導者內心肯定希望得到最大的那一塊。最簡單的方法就是缺席瓜分過程，領導者可以找「我老婆要生了」、「我兒子要死了」之類的藉口，告訴大家「你們看著分吧，留一塊給我就行」，然後離開。等領導者回來，拿到手的最後一塊蛋糕肯定是最大的。為什麼？領導者有強勢的地方，有強大的權力；被領導者有求於領導者。說不定你的身邊早就被領導者安插了眼線，被領導者內部拉幫結派。領導者是

「高風亮節」走開了，可是沒人膽敢讓他吃虧。一些人還將此作為領導者對自己的「考驗」呢？切割蛋糕的人會切出一塊明顯較大的蛋糕，第一個拿蛋糕的人會拿第二大的那塊蛋糕……不相信的人，可以在身邊找個類似的情境，看看同事和上級會不會如此表演。更何況利益分配要考慮的因素還有很多，比如蛋糕不止一塊、分配機會不止一次、參與分配的群體不是固定的等等。

　　因此，任何分配都是權力在分蛋糕，結果都是有利於權力所有者的。

　　這也是為什麼聖庫制度堂而皇之地寫入〈天朝田畝制度〉，但太平天國的領導者只施行財富全民公有卻不施行平均分配也沒有遭到激烈反抗的原因。筆者家鄉保留有太平天國時期侍王李世賢在當地的王府。我每天上下學經過王府高大的臺門前，心中早就把太平天國官府等同於傳統王朝的衙門了。而這樣的王府，據說李世賢在浙江其他地方還有。

　　「蛋糕困境」最現實的解決方法是將蛋糕做大。當蛋糕越來越大，每個人多多少少能從增長中獲得若干好處。到手財富的增加會暫時掩蓋人們對分配不均的不滿，延緩矛盾的爆發。但當分配懸殊超出心理承受能力之外，矛盾會以更加激烈的形式爆發出來。就比如太平天國在壯大時期與全盛時期，現實存在的分配不均並沒有產生問題。天京事變後，太平天國開始走下坡，內部矛盾開始激化。各級文武官員開始爭權奪利，洪秀全濫封官爵也不能緩和矛盾；李秀成奪取浙江大部和蘇南地區將不太新鮮的蛋糕做大了一點，可是也沒有從根本上消除內部矛盾。最後，眾王離心離德，觀望者有之，投降者不少，太平天國運動失敗了。

　　中國歷史上的王朝更替可以看做是「蛋糕困境」的不斷循環。王朝晚期，分配惡劣，導致民怨沸騰，用疾風驟雨的暴力形式重新洗牌，重

新來分蛋糕。新王朝初期，吸取教訓，約束地主（客觀上地主勢力在戰爭中受到極大消耗），制定公平得多的分配制度。隨著王朝發展，政治權力和經濟權力，還有人性的弱點逐漸侵蝕開國元勛們苦心制定的制度，社會分配失衡。新一輪的改朝換代開始醞釀。

能夠打下江山，建立新王朝的人都是曠世豪傑，智商情商都很高。他們吸取教訓雕琢出來的制度肯定是盡可能公正，盡可能讓王朝長治久安的。但是這些制度依然會在歲月流逝中變得千瘡百孔。太平天國聖庫制度的破產只是將這個過程急遽加速了而已。

所以說，制度永遠不能約束住人性的弱點。尤其是當權力與人性結合的時候，設計再嚴密的制度總會被人找到漏洞，逐步擊破的。

第八節
殺個太監真不容易

　　同治八年（1869 年）七月初，兩艘太平船沿京杭大運河揚帆南下。兩面大旗在船舷兩側獵獵作響，一面寫著「奉旨欽差」，另一面是「採辦龍袍」。此外，船上還有迎風招展的使者旗幟、龍鳳彩旗多面，船上不時傳來絲竹音樂之聲。一路上，船隊經北京、天津取道河北入山東，緩緩而行，準備去江南。船隻是逢州遇縣必停，驚擾地方官吏，要錢要物。沿途一些趨炎附勢的地方官爭先恐後前去逢迎巴結。

　　到底是哪位欽差大人如此「高調」地出行呢？原來是宮中的總管太監、慈禧太后最寵信的安德海。

　　安德海是河北河間人，年輕時自宮入宮當了太監。民間傳說慈禧太后能夠得到咸豐的寵幸，安德海幫過忙；又傳說辛酉政變初期，慈禧和恭親王奕訢都不確定對方的心思。安德海就充當了探路石的角色。慈禧假裝痛責了安德海，把他趕出承德行宮。安德海趁機逃往北京聯繫奕訢，探聽風聲，之後往來北京和承德之間，為政變成功立下了汗馬功勞。這些傳說不知道是真是假。反正慈禧發達以後，很器重安德海，確有其事。慈禧的生活起居全部由安德海照料，遇到什麼事情也詢問安德海的意見。安德海「以柔媚得太后歡」，使慈禧太后逐漸有點離不開他了。

民間傳說安德海是一個淨身不乾淨的「假太監」，和慈禧有曖昧關係所以得到寵信的。這個傳說流傳甚廣，因為沒有根據，不予採信。

安德海有了慈禧的寵信後，開始自我膨脹起來，不僅貪汙腐化，還交接朝臣。慈禧多少也知道安德海的劣跡，也不加真正遏制，反而一些自己不方便出面的事情都交給安德海去做。安德海更加行事囂張了。清朝對太監限制很嚴格，嚴禁太監干政，還規定太監只能待在宮中，私自出宮者殺無赦。自我感覺良好的安總管哪受得了這個，厭煩了宮中清規戒律，就藉口要為同治皇帝採辦龍袍和大婚器物，請得慈禧同意後直奔江南而來了。

別看安德海只是個四品的太監總管，出北京城後沿途州縣官員都捧著他哄著他，讓他很有傲視群雄一覽眾山小的感覺。外面的世界太讓他享受了。七月二十日，船隊到達山東北部的德州。安德海說第二天是他生日，要在船上慶壽。隨從們趕緊忙起來，置辦酒宴、請戲團隊，把碼頭搞得烏煙瘴氣的。二十一日，安德海把從宮中帶出來的龍袍和翡翠朝珠擺在一把太師椅上，自己並排坐在另一把太師椅上，整個慶壽活動正式開始。徒子徒孫們向他磕頭拜壽，戲團隊在船上演「八音聯歡」，引得運河兩岸聚滿了密密麻麻看熱鬧的百姓。

安德海弄出的大動靜，很快就傳到了德州知州趙新的耳朵裡。趙新很詫異：我從來沒有接到上級的公文，不知道有欽差大臣過境啊！事關重大，趙新不敢怠慢，親自帶上衙役前往運河碼頭檢視。他來晚了一步，趕到時安德海已經辦完壽筵，繼續南下了。趙新連忙把事情的來龍去脈呈文山東巡撫丁寶楨。

丁寶楨接到趙新稟報後，立即召集幕僚商議。丁巡撫科舉正途出身，清正剛硬，早就對狐假虎威胡作非為的安德海不滿了。傳統士大夫

原本就不齒於宦官太監，對干政跋扈的太監更是深惡痛絕。如今安德海送上門來，丁寶楨和幕僚們很快就商定了「嚴肅處置」的意見。丁寶楨一面寫了道密摺，以六百里加急送往北京；一面派東昌府（今聊城）知府程繩武尾隨安德海的船隊，命令一遇到有僭越或不法行徑，立即捉拿嚴辦。

程繩武過去一看，這還需要看嗎？安德海僭越和違法的罪狀都清清楚楚地擺在那裡呢！嚴格依法辦事的話，早就該抓了。可是程繩武不敢捉拿。打狗要看主人啊，安德海之所以如此囂張，是因為他後臺硬得很，有恃無恐啊！

丁寶楨見程繩武沒有動靜，加派了總兵王正起帶上軍隊追趕，務必將安德海緝拿。王正起追到泰安縣，終於將安德海一行截下逮捕。

卻說抓安德海的時候是一個夜裡，兵丁衙役們把安德海一夥人下榻的客棧團團包圍起來，泰山知縣和守備親自衝進客店抓人，很快就把安德海的隨從們逮住了，可是獨獨不見安德海。安德海不見了，事情就不好辦了啊！如果他跑回京城去，反咬一口，山東的這一干人等可就慘了。總兵、知縣、守備慌忙命令仔細搜查客棧周邊地區。最後終於在後院的水井中發現了安德海。原來，安德海警惕性很高，聽到動靜後抓起金銀珠寶，跳進後院的水井藏了起來。人贓並獲後，眾人不敢懈怠，連夜把安德海等人押送濟南，天明時分抵達濟南，把人犯關進歷城監獄。

丁寶楨親自來會安德海。安德海起初很囂張，見到丁寶楨還趾高氣揚，不肯下跪。丁寶楨一示意，就有一個軍官過來狠狠地摁住安德海的頭，把他給摁跪在地。

安德海質問：「丁寶楨，你認不認得我？」

丁寶楨說：「當然認得，抓的就是你安總管。」

安德海反問：「憑什麼抓我？」

丁寶楨說：「就憑你『私自出宮』一條，我不僅要抓你，而且還要殺你呢！」

安德海辯解：「我可是奉旨出宮，為皇上採辦龍袍。」

丁寶楨說：「聖旨在哪裡？你說你是奉旨欽差就真是欽差啊？」

安德海咬咬牙，狠狠地說：「丁寶楨，你殺不了我。你等著。」

丁寶楨肯定地說：「安德海，你這回是死定了。不僅是我要殺你，還有許多人早就想殺你了；單憑我一個人的確殺不了你，但其他人會幫我殺掉你的。」

丁寶楨為什麼這麼說？他說的「其他人」又是誰呢？

首先是恭親王、領班軍機大臣奕訢就對安德海恨之入骨，早就想除掉安德海了。

宮廷政治布局錯綜複雜。安德海以為抱住慈禧太后的大腿就可以了，不想他的飛揚跋扈和無所顧忌，很輕易地得罪了其他政要。安德海仗著慈禧的寵信，貪得無厭，多次向朝臣們索要金銀錢財、幫人買官求官。奕訢一概不買安德海的帳，可能還搬出祖宗禁止宦官干政的規矩對安德海有所訓斥。安德海就恨上了奕訢，在慈禧面前進讒言，刁難奕訢。一次，奕訢請見慈禧，看到太后正同安德海閒聊，安德海談天論地，神態輕浮，甚為隨便；慈禧也同之親暱忘形，竟然沒有接見恭親王。奕訢非常惱怒，退下來就對他的親信說：「非殺安，不足以對祖宗、振朝綱也。」同治四年，慈禧廢黜了奕訢的「議政王」資格，在朝野面前大大出了奕訢的醜。據說這次巨大矛盾的發生，和安德海從中搗鬼不無關係。

所以，奕訢早就想除掉安德海了，只是苦於沒有機會，也忌諱慈禧的庇護。

當然了，奕訢沒有殺死太監總管的權力，即使有機會也需要請來聖旨才行。辛酉政變後，政令最後由兩宮太后認可再透過小皇帝同治的玉璽蓋章確認。所以，奕訢要殺安德海除了要找到確鑿的證據，還需要太后與小皇帝的協助。

也怪安德海的人緣實在太差。同治小皇帝是第二個對安德海恨之入骨、必欲除之而後快的人。慈禧太后對同治皇帝的要求很嚴格，安德海狐假虎威，對同治的要求也很嚴格。同治對安德海稍微假以辭色，安德海就跑到慈禧面前說同治的壞話，惹得同治被慈禧責罵多次。同治恨死安德海了，曾做了個泥人然後一刀砍下它的腦袋。旁人就問了：「皇上這是何意呀？」同治毫不掩飾地說：「殺小安子！」

安德海出京採辦之前，按制度要請示同治皇帝。慈禧太后替安德海在同治面前打了聲招呼，同治口頭贊同，既沒有正式同意更沒有給安德海詔書或者證物。一和慈禧分開，同治就把這個消息告訴了慈安太后。

為什麼告訴慈安呢？因為慈安是第三個想設計剷除安德海的人——您看看，安德海的仇人都是些什麼人啊，怎麼可能倖免呢？

後人都知道慈安是個好脾氣的太后，竟然也對安德海的行徑看不下去，可見安德海得罪了多少人。平日裡，安德海依恃慈禧的寵信，竟然也不把慈安放在眼中。慈安太后看他行為跋扈不守朝廷規制，極為不滿。安德海離京後，慈安、奕訢和同治就開始想方法怎麼繞開慈禧，把安德海正大光明地正法。剛好安德海離京前後，慈禧生病了，休養期間不處理政務了。慈安趁機建議讓同治皇帝學習處理政事。慈禧也同意了。於是，地方的奏章和每天的廷議都送給同治皇帝，由慈安和奕訢協助著處理。這下子，「殺安三人組」可以繞開慈禧直接處理安德海了。

接著，奕訢在安德海必經的各省督撫中挑中了清正剛硬的山東巡撫

丁寶楨，把他召進了京城，特地提到了安德海的事情，暗示一旦安德海行為不法可以就地拿辦。所以，當安德海被緝拿後，丁寶楨才能那麼肯定安德海這回必死無疑。

丁寶楨的奏報送抵朝廷，朝廷很快發回意見：該太監擅自外出，不用審訊，就地正法。

丁寶楨的奏報是怎麼做到如此通暢地批覆的呢？有兩種說法。第一種說法是慈禧還在生病（也有人說慈禧正在看戲），並不知道安德海被緝拿的消息。恭親王奕訢稟報同治皇帝和慈安太后，三人召見軍機大臣，很快討論出了就地正法的意見 —— 正如「殺安三人組」之前設想的一樣。

第二種說法是丁寶楨奏報到達時被慈禧看到了。慈禧大吃一驚，可是安德海罪狀確鑿慈禧一時不知道怎麼搭救，只好同慈安、同治一起召見奕訢等大臣商量辦法。結果，同治說自己沒有派遣太監出去採辦龍袍，慈安接著說祖制嚴禁太監私自出京，奕訢就要求按照規定將安德海殺無赦。大臣們也紛紛贊同。慈禧被孤立了，不得不同意處決安德海。

如果說慈禧對處決安德海的命令一無所知，肯定是不符合情理的。她執掌朝政多年，不可能錯過任何朝堂上的政治消息。最大的可能是慈禧知道了安德海遇險，雖然有心搭救卻無力回天了。首先，安德海「私自出京」這條最要命的罪行，單憑慈禧一個人無法為他洗刷。當初慈禧疏於防備，沒有給安德海正式的任命、沒有經過朝廷手續，更沒有得到同治皇帝的詔書。現在同治、慈安都否認曾派安德海出去採辦龍袍，慈禧不可能在朝堂之上批駁慈安和同治的說法。第二，安德海其他罪行累累。沿途僭越之舉、擾民之事、中飽私囊和囂張氣焰，人所共知，難以否認。丁寶楨還從安德海的兩艘船上搜出黃金 1,150 兩、元寶 17 個、極

大明珠五顆、珍珠鼻煙壺一個、碧霞犀數十塊、駿馬 30 餘匹和其他珍寶玩物。這些罪證如何銷毀？最後，安德海的人緣實在太差，除了慈禧會救他外，其他人都說安德海該死。你讓慈禧怎麼辦？安德海的人緣哪怕好那麼一點點，出京前就有人會提醒他注意太監私自出京的規矩。總之，慈禧是中了奕訢等人的埋伏，無力回天了。

　　表面上看，這是奕訢、慈安、同治三人設計整死安德海，實質上是在發洩對慈禧的不滿。慈禧大權獨攬，讓三人都不舒服。安德海只是慈禧強勢的一個衍生物而已。安德海的死，是三人對慈禧的一個打擊。

　　也有人分析說，慈禧清楚奕訢、慈安、同治三個人聯合起來對付自己。她不想和三位親人的關係搞僵了，加上如果任由安德海胡鬧下去不知道會捅出什麼大婁子來，所以「棄車保帥」，計劃用安德海的死來緩和與三人的關係。安德海疏於防範，自請出京的時候，慈禧就沒有阻止。慈禧一開始就知道安德海只要出京就會被殺。據說，丁寶楨的奏摺到的時候，慈禧故意繼續裝請病假息或者裝作沉迷於看戲，實際上是為奕訢三人處決安德海創造機會。事後，慈禧多次公開強調安德海私自出京，違制被殺，罪有應得，命令太監們引以為戒。所以，在安德海之死這件事情上，奕訢三人是勝利者，裝糊塗的慈禧也是勝利者。只有自我膨脹到忘記自己是誰的安德海是徹徹底底的失敗者，丟了腦袋。

　　實際上，山東的丁寶楨為防夜長夢多，沒等接到朝廷諭旨，就先把安德海給斬首了。隨從的太監也一併處決，其他人分別處以刑罰。丁寶楨並沒有因此受到慈禧太后的刁難，反而被認為是能臣幹才，升任四川總督去了。

第九節
冤案是怎樣煉成的

　　「公平公正」始終是人類追求的目標。而案件的發生，往往是社會公平、人際公正遭到破壞的結果。作為受理案件的司法系統，承擔著保障社會公平公正的重要責任，可以看做是維持公平公正的防火牆。對於那些在案件中蒙受冤屈的弱勢群體來說，司法系統是尋求幫助的最後一根稻草。因此，保證司法系統的公正、廉潔和高效，對社會、對個人，意義重大。

　　中國歷朝歷代都很重視司法，制定了繁複和看似公平的法律法規和司法制度。近代外國人考察中國的司法，驚訝於每條罪在中國都「有法可依」，殺頭耕牛、偷塊花布、拉了一下隔壁閨女的小手等等行為都有相應的罪名和懲罰。而且從法律規定上來看，中國人的司法成本極低，一旦不幸發生訴訟會在理論上得到盡可能公正的審理。比如明清時期，任何人都可以免費、直接向知縣告狀，知縣必須親自審理；而知縣的裁判權很小，只能定一些輕罪，比如寡婦改嫁、街頭口角、小販缺斤短兩什麼的，刑事案件必須呈報知府定奪；知府定罪後，需要報告省裡確認；案卷到了省裡後，先由負責司法刑獄的按察使審理，確認無誤後再交由巡撫判定。只有經過巡撫的審核，罪犯的罪名才能最終確定。死刑的裁判權則掌握在中央，死刑案件必須上報朝廷的刑部，由三法司（刑部、

都察院和大理寺）會審確認後，死囚犯才能真正被送上斷頭臺。在程序上，中國歷史上的司法系統是非常規範和嚴肅的。

要注意，這當中只要有一個環節的人覺得案卷有問題，那麼嫌疑人的罪行就不能坐定，案子就要推倒重來。同時，在每個環節，嫌疑人及其代理人都可以提出申訴，不管是向同級官員申訴還是越級申訴都可以。這種申訴是隨時隨地可以進行的，不管是去衙門擊鼓叩門，還是攔住官員的轎子、馬匹都可以。官員接到申訴，如果在職權範圍內必須受理，如果不在職權範圍內也有轉移給相關官員的義務。即使所有的申訴都失敗了，即便是該名罪犯被各級各位官吏都定為有罪，人們還有權「告御狀」，舉著狀紙跪在紫禁城前或者皇帝經過的路上鳴冤。當然在實際操作中，告御狀不具備可操作性，因為即便你能夠接近紫禁城或者皇帝的車駕也可能被當做刺客抓起來（乾隆時就有個山西秀才想接近御駕，表現自己的才學，結果被認為圖謀不軌給抓起來了）。告御狀不容易，都察院、刑部申訴的大門始終向人們開啟，任何人可以直接上訴都察院和刑部。可以說，司法制度提供了明確詳細又可操作的「糾錯」管道，在理論上冤案很難在明清歷史上存在。

但是，明清歷史上冤假錯案層出不窮，甚至「草菅人命」的行為都不在少數 —— 按說人命官司是司法系統中最複雜、程序最多的案子，最不容易出錯了。為什麼如此嚴密繁複的司法系統和糾錯管道，都不能阻止大批冤假錯案的發生呢？因為法定制度是表面現象，權力因素和權力所有者的實際操作才是本質。我們可以運用泛權力公式來了解歷史上冤假錯案的來龍去脈。發生在清朝同治末期的「楊乃武小白菜案」為我們揭開清廷司法腐敗，提供了一個很好的樣本：

同治十二年（1873 年）十月初十，浙江省杭州府餘杭縣的豆腐店夥

計葛品連暴病身亡。死時，葛品連的母親、妻子畢秀姑和房東都在場。母親親手為葛品連換了衣服，當時屍身正常，並無異樣。夜間，葛品連的屍體口鼻內有淡血水流出。葛母對兒子的死產生了懷疑，就在十一日黎明叫上地保，赴縣衙報案。她在呈詞中亦說兒子死因不明，請官府偵查，並無涉及任何嫌疑人。知縣劉錫彤帶上件作、衙役並去查勘屍體。

　　葛品連母親的報案可以說明帝國百姓的司法成本是如何之低，司法系統如何開放。葛母只是對兒子的死因有疑問，就可以報案，知縣和衙役們必須承擔為老人家查明真相的義務。

　　知縣劉錫彤在去驗屍的途中，幕僚和衙役們聽說死者的妻子是畢秀姑，開始議論起她的傳聞來。這個畢秀姑年輕貌美，水靈得很，因為常常穿件綠衣服圍條白裙子，被人稱為「小白菜」。葛品連、畢秀姑夫婦都是最底層的小老百姓，全靠在豆腐坊幫工的微薄收入維持生計，連房子都沒有一間，婚後租住了本縣舉人楊乃武的房子。楊乃武夫婦對畢秀姑很好，常邀請畢秀姑同桌吃飯，楊乃武還曾教畢秀姑識字。坊間就傳聞楊乃武與小白菜有私情，「羊（楊）吃白菜」。葛品連個矮貌醜，本來就擔心妻子年輕美貌，聽到傳聞後信以為真，一度和畢秀姑發生口角打鬥，後來乾脆搬離了楊家，另外租屋居住。如今，葛品連夫婦搬入新居沒幾個月，丈夫就暴亡，人們很自然聯想到楊乃武與畢秀姑的「緋聞」來。

　　恰巧，劉錫彤和幕僚、衙役們都很討厭楊乃武。劉錫彤早就恨死楊乃武了，決定抓住楊乃武若有若無的嫌疑，置他於死地。劉錫彤為什麼這麼恨楊乃武呢？楊乃武又是怎麼得罪官府眾人的呢？

　　楊乃武的女兒在《我父親楊乃武與小白菜的冤獄真相》中回憶：「我父親性情耿直，平日看到地方上不平之事，他總是好管多說，又常把官

紳勾結、欺壓平民等事編成歌謠。官府說他慣作謗詩，譭謗官府。」「餘杭倉前鎮，距縣城十餘里，地臨苕溪，舟運暢達，當年是漕米集中的地方。百姓完糧，陋規極多，交銀子有火耗，交糧米有折耗，量米時還要用腳踢三腳，讓米溢位斛外，溢位的米不許農民掃取。受欺的都是一些中小糧戶，他們叫苦連天。我父親代他們交糧米，又代他們寫狀子，向衙門陳訴糧胥剋扣浮收，請求官府剔除錢糧積弊，減輕糧戶額外負擔。當時餘杭縣官劉錫彤，為官貪暴，見我父親寫狀子告糧吏浮收舞弊，認為是多管閒事。倉前鎮收糧官何春芳更反咬我父一口，說我父鼓動農民抗糧不交，代農民包交漕米，從中牟利。劉錫彤根據何春芳的反訴，傳我父去訊問。我父據理辯白，劉錫彤說我父吵鬧公堂，目無王法，面加斥逐。錢糧之舞弊如故。我父親憤恨不過，於夜間在縣衙照牆上貼上一副對子：『大清雙王法，浙省兩撫臺。』因為大清曾有明令，量米不許用腳踢，撫臺也有布告，溢米准由糧戶掃取，但餘杭卻仍是不改。由於此事，縣官、胥吏都怨恨我父親。」

從中我們可以得知，楊乃武的所作所為，嚴重侵犯了餘杭縣上下官吏的衍生權力，限制了他們的衍生收益。而知縣劉錫彤的利益首當其衝，損失最大。楊乃武有功名在身，見到縣官可以不跪拜、不能受刑罰等等，他就用這些特權來為民辦事打抱不平。你批評縣官是可以的（縣裡也需要有一丁點批評的聲音來點綴一下），可是你不能真刀實槍地破壞既有的泛權力格局。漕糧一事，涉及多少食利者，涉及多大的利益啊！局外人避猶不及，楊乃武偏偏在這個問題上「奮不顧身」殺進去。他先是批評官府的陋規權力（交銀子有火耗，交糧米有折耗，量米時還要用腳踢三腳），後來「變本加厲」地代百姓交糧。因為楊乃武是舉人，官府很難從他身上榨取陋規收益。他堅持不繳納火耗、折耗，不讓衙役踢

米，官府也拿他沒辦法。最後，「大膽」的楊乃武發展到幫助老百姓告官，要求縣衙廢黜陋規，一切按法律規定的來辦。劉錫彤批評他幾句，他竟然敢在衙門口前寫「大字報」攻擊政府。

上自一把手劉錫彤下至踢米掃米賺點衍生收益的底層差役，都恨死了楊乃武。如今天賜良機，不把楊乃武套進去都覺得對不起自己。

一個案子，現場還沒查驗，屍體尚未檢查，父母官就已經認定凶犯了。

劉錫彤來驗屍的時候，屍身已經開始膨脹，上身作淡青色，肉色紅紫，口鼻裡血水流入兩耳。當時是十月，南方氣溫還比較高，加上葛品連死前胸悶掙扎，屍身的確有些失常。劉錫彤等人將此認作「服毒身亡」，在驗屍報告上寫葛品連七竅流血、肌肉發黑。

劉錫彤馬上把畢秀姑帶回縣衙，坐堂審訊。所謂審訊，先是誘供，然後是逼供。劉錫彤先百般勸誘畢秀姑「毒藥從何而來」、「曾與何人通姦」、「是否與楊某有過姦情」，已經把案子認定為楊乃武與畢秀姑合謀毒殺葛品連了。畢秀姑雖然對丈夫「服毒身亡」感到詫異，但也堅持楊乃武除教自己識字讀經外，兩人並無姦情，更不知道是誰毒死了丈夫。馬上就有人逼畢秀姑說，妳謀殺親夫，這個罪名一成立，就要千刀萬剮凌遲處死；要想活命，只有說是楊乃武叫妳毒死的，妳就不用死了。楊乃武是新科舉人，也不會被處死的，妳放心。經過一天一夜的引誘催逼後，畢秀姑在第二天「承認」本月初五從楊乃武那裡拿來砒霜毒死了葛品連。

劉錫彤隨即申請上司，革去楊乃武的功名，將楊乃武「逮捕歸案」。

楊乃武和楊家人也同時展開了申訴活動。堂弟楊恭治、妻弟詹善政到縣衙申訴，說本月楊乃武的丈母娘病逝，楊乃武初五那天在城外南鄉

老丈人家守靈，並沒有外出，不可能在城裡交給畢秀姑砒霜。有數以十計的人可以為楊乃武作證。劉錫彤置之不理，將來人趕出去了事。

劉錫彤將案卷呈報杭州府，請知府陳魯定罪。劉錫彤和陳魯的關係很好，劉錫彤又親自到杭州將楊乃武的種種「不法行徑」一說，陳魯也對楊乃武破壞泛權力體系深惡痛絕。他一開始審問，就嚴刑逼供，讓楊乃武跪釘板、跪火磚、上夾棍。楊乃武幾次暈厥，熬刑不過，只得承認給畢秀姑砒霜，毒死了葛品連。陳魯按律定罪，判「葛畢氏凌遲處死」，「楊乃武斬立決」，上報給浙江按察使。

按察使承擔核查重任，但在實踐中流於形式，不問案犯與證人，不看證據，翻翻案卷就認為原審無誤，照原擬罪名上報巡撫。

浙江巡撫楊昌濬按照規定接到死刑案件，必須進行全面審查。楊昌濬的做法是派了一個候補知縣鄭錫滜，到餘杭去密查。說是「密查」，鄭錫滜到了餘杭後住在縣衙裡，劉錫彤盛席招待，又賄賂了一筆錢。鄭錫滜找了當地衙門安排的幾個證人一問，就以「情況屬實」回去交差了。楊昌濬大筆一揮，核准了楊乃武的死刑，呈報刑部。

一場有意陷害的冤案就這麼糊裡糊塗地經過了四次審訊、走完了縣府省三級手續，眼看就要成定案了。只要刑部批覆一到，楊乃武就要人頭落地了。

幸運的是，朝廷提供了一套完整的司法糾錯制度，可以由楊乃武選用。

楊乃武能否依靠這套制度洗刷冤情呢？一開始，楊乃武對這種制度抱有很大的希望，也很有信心。（從之前的言行來看，楊乃武對「法定」的東西，包括法定的稅收和漕糧制度、巡撫的布告等，抱有天真的信任。他要麼根本無視衍生權力，要麼希望憑一己之力「以正壓邪」。）姐

姐楊菊貞入獄探監，與楊乃武商量上京告「御狀」。楊乃武自擬呈詞（他很擅長這個，幫許多老百姓寫過狀子），歷敘冤情及嚴刑逼供屈打成招的經過。「同監的犯人很多，也鼓勵我父上控。」（可見在看似公正透明的司法制度下，依然存在許多冤假錯案。）「寫呈詞沒有紙筆，有個監視我姑媽探監的獄卒，很同情我父，設法弄來紙筆。我父將呈詞擬好，交給我姑媽帶出。」

　　清朝司法不允許女子告狀，如果實在要告也必須找個代理人，稱為「抱告」。於是，楊菊貞以楊乃武的舅父姚賢瑞作「抱告」，楊乃武的妻子詹彩鳳帶著剛剛出生的兒子楊榮緒，身背黃榜（冤單），歷盡千辛萬苦，走了兩個多月到達北京，向都察院衙門控訴。楊家充滿艱難辛酸的洗冤過程正式啟動。

　　法定，任何人都可以直接向都察院呈文訴冤。在接近皇帝無望的情況下，向都察院呈文就成了普通百姓司法的最後一步，也是迫不得已的一步。這個司法設計的本意是好的，但是在官僚制度的大背景中根本發揮不了效果。

　　一個已經判決了的案件，是凝結了當事雙方、地方政府和幕後力量多次博弈的結果，推翻重審必將損害某些人的利益，帶給地方官府不便。地方官員自然不希望中央的刑部、都察院翻案。中央的官員也不願意蹚渾水，何況與此案有關的某個官員是自己的同鄉、同年、同門、同事或者是同一個派系的。即使不是，也保不住你和他的人際關係網絡、升官途徑有交集，說不定你日後要被外派到當地為官，如果駁斥了地方的原判，到時候雙方見面會多尷尬啊！官官相護，就此產生了。更何況，就算你推翻了原判重審，你會面臨卷宗浩繁的數據，重新熟悉案情，做出審判。如果重審失誤，要求重審的官員都可能受到牽連。多一

事不如少一事，僅從當個太平官的角度來講，都察院也不會輕易駁斥地方的原判。

但是都察院有受理申訴的義務，怎麼辦呢？光緒年間曾代理美國駐華公使的何天爵舉了一個都察院處理北京郊區某縣紳士集體上訴的例子。當時銅錢與白銀的比價基本維持在 2000：1 的比例左右，當地官員一直以 4000：1 的比價來徵收土地稅。百姓以高出市場匯率一倍的標準繳納銅錢，地方官員再拿去兌換為銀子，等於徵收了兩倍稅收。一位新官上任後，先後四次將比價提高到了 8000：1。開始三次，百姓雖然怨聲載道，但都不了了之，等到提高到 8000：1 的匯率後，「人們馬上舉行了集會，在會上決定向皇帝告御狀。透過監察官員告訴皇帝自己遭受的苦難，要求將貪婪的地方官員撤職查辦」。大家推舉了三名士紳組成代表團，到北京都察院申訴。都察院收到訴狀後，以狀紙的格式、用語有幾個地方不符合規定為由，不僅駁回了申訴，還把三名士紳各打了五十大板。三人最後悽慘地回到家鄉。「當地的官員得知消息，馬上宣布土地稅徵收的時候，按照銅板比白銀 9000：1 的比價來執行。他以此來慶祝自己的勝利。」這下激起眾怒，百姓再次集會，「認真仔細地起草了新的申訴狀紙，列上了父母官的新罪行」，第二次進京告狀，這才將貪官告倒。在這裡，都察院處理申訴的一大法寶是「挑錯」。他們先不管案情是否真有冤枉，當事人多麼值得同情，先替申訴設定程序上的、文字上的、個人稱呼上的乃至紙張尺寸大小上的毛病，將申訴駁回，拒之門外。在古代，一般人都不知道司法公文的格式、用語，不知道那麼多的稱呼、避諱，很難遞上完全符合都察院滿意的訴狀。那就對不起了，都察院以訴狀「不合格」為由，將你趕走。

好在楊乃武畢竟是舉人出身，經常替百姓寫訴狀，程序性文字性的

刁難難不倒他。他交給楊菊貞遞上的訴狀，完全合格，讓都察院的老爺們挑不出毛病來。

　　既然如此，都察院還有第二種處理申訴的方法：押解回省。你不是覺得案件有冤屈，那好，我讓你回去找省裡的官員重新審理。表面看來，這說得通。可是，讓省裡的官員重審自己判的案子，他怎麼可能說自己及其州縣同僚的審案有錯誤，之前做錯了，自請處分呢？結果肯定是維持原判，而且會藉機絞盡腦汁為案中漏洞彌縫，使之更為周密詳致，讓人更難從資料中找到破綻，讓冤屈石沉大海。都察院這麼做，既免除了自己的麻煩，又向地方官員示好，客觀上把申訴者「賣」給了地方官。這就好比是警察遇到受害人報警後，讓受害人自己去找凶手解決一樣。

　　楊菊貞的上訴，都察院的處理意見就是「押解回浙」，交巡撫楊昌濬審理。楊菊貞等人天真地拿著都察院的處理意見，辛辛苦苦返回杭州，到巡撫衙門要求重審。楊昌濬等人見楊乃武一家竟然不服判決，上京城告御狀，這還了得。這不是刁民是什麼？象徵性的重審，變成了對楊乃武的第二輪迫害，「這些問官，恨我姑媽上控，提審時不待我父開口辯冤，即用重刑威嚇」。楊乃武、畢秀姑兩人再次被打得死去活來，再次對罪行「供認不諱」。浙江省維持原判，向刑部報告。

　　至此，楊乃武案走完了清朝司法制度的所有環節，沒有一點程序上的問題。申訴制度非但沒有釐清事實，反而證明了楊乃武「殺夫謀婦」證據確鑿、原審得當。它清楚地表明了當時的法定制度是如何將一個無辜者、打抱不平的巨人變為十惡不赦的士林敗類的，成了中國歷史上無數冤案中的一個代表。

第十節
楊乃武洗冤實錄

　　楊乃武蒙冤，申訴無望，痛定思痛，終於得出了一個結論：法定的司法制度是拯救不了自己的，要想洗冤必須透過法定之外的、衍生的泛權力網絡。

　　值得慶幸的是，楊乃武不是一般的市井小民，餘杭知縣劉錫彤有他的泛權力網絡，楊乃武也有自己的泛權力網絡。雖然按照楊乃武的性格，他不屑於啟用這樣的網絡，之前還搬出明文規定攻擊過餘杭縣上下官吏的衍生權力，可是現在為了救命，為了洗冤，楊乃武顧不得這麼多了。他冥思苦想，讓姐姐楊菊貞去找三個人：

　　第一個人是內閣中書汪樹屏。楊乃武和他是同年關係，知道汪樹屏祖父擔任過內閣大學士，哥哥汪樹棠則在都察院做官。第二個人是吳以同。楊乃武和他的關係最親密，兩人既是同學又是同年。吳以同雖然沒有官職，但在著名官商、東南首富胡雪巖家當家庭老師。依託胡雪巖的人際網絡，吳以同的衍生權力不可小視。第三個人是夏縉川，是個武舉，和楊乃武關係也不錯。夏縉川的堂兄夏同善是浙江有名的才子，進士出身，獲得慈禧太后的賞識。夏同善擔任過江蘇學政、兵部右侍郎，楊乃武案發時正丁憂在家。

　　夏同善丁憂期滿要回京，胡雪巖為他餞行。吳以同作陪，將楊乃

武的冤情向夏同善述說了一遍，夏同善表示同情，答應回京代為斡旋。吳以同又介紹楊菊貞見胡雪巖，胡雪巖贊助了楊家一筆錢，作為今後申訴和生活的費用。楊乃武的人際關係網絡開始發揮作用了。有了這些基礎，同治十三年九月，楊菊貞和詹彩鳳、「抱告」姚賢瑞第二次上北京申訴。

到了北京，夏同善介紹楊菊貞訪問了浙江籍的京官 30 餘人，爭取了浙江籍京官的普遍同情，做好了輿論和組織上的準備。然後，夏同善又找了翁同龢。翁同龢是夏同善自己的關係，兩人關係很好，後來還一起當過光緒皇帝的侍讀。翁同龢對楊乃武的遭遇也很同情，身為慈禧眼前的紅人，翁同龢將案件面陳了兩宮太后，請求重視此案。楊乃武的案子至此算是「上達天聽」，連皇上、太后都知道了。下面的人就不能對此案馬虎搪塞，胡亂處理了。

翁同龢和浙江籍京官願意插手此事，其中有真心同情楊乃武的因素，更有權力鬥爭的需求。翁同龢是江蘇人，和浙江籍的京官們一起組成了「浙江幫」。江蘇、浙江一帶在太平天國運動期間被太平軍占領，後來為湘軍收復。湘軍鎮壓太平天國後，勢力遍及半壁江山，江浙一帶的州縣都掌握在湘軍派別的人手中。江浙一帶的官僚士人早就對此不滿了。楊乃武冤案涉及湘系許多官員，如果能夠推翻重審就能治這批人的失職之罪，滅湘系的威風。說不定還能填補這批人的空缺，所以浙江幫的官員們開始起勁地在楊乃武案子上做文章。這大大出乎楊乃武的意料，他的案子開始從謀殺案子變為了政治事件。話又說回來，一件小案子如果沒有經過層層演化「加內容」，也到不了慈禧的耳邊。

所以，當楊菊貞第二次向步軍統領衙門、刑部、都察院投遞冤狀，要求覆審楊乃武案子的時候，狀子很快到了慈禧的手上。慈禧迫於浙江

幫官員和湘系官員雙方的壓力，答應了重審的要求，不過指定由浙江巡撫楊昌濬負責。她下諭旨叫刑部令飭楊昌濬會同相關衙門親自審訊，務得實情。

楊昌濬接到命令後，必須重審。開始，他委派湖州知府許瑤光審問。許瑤光左右為難，既不敢得罪之前審案的系列官員，又不能不認真審案。審問時，許瑤光沒有動刑，楊乃武、畢秀姑都翻供，當堂呼冤。證據和證人也經不起推敲。許瑤光知道楊乃武是冤枉的，採取了拖延戰術，審了兩個多月不敢定案，也沒有上復。

浙江幫官員忍不住了，給事中王書瑞奏請另派大員前往浙江審辦此案。慈禧直接委派新任浙江學政胡瑞瀾重審。胡瑞瀾知道楊乃武是巡撫定的案子，翻不得，連忙藉口自己不熟悉刑獄來推脫委派，奏請另請賢能。慈禧不准。胡瑞瀾只好硬著頭皮上陣了。楊昌濬得知胡瑞瀾重審後，找胡瑞瀾「交流感情」，說楊乃武一案已經浙江各級官員反覆審問多次，無偏無枉，不宜變動。他藉口胡瑞瀾曾說自己不熟悉刑獄，推薦了寧波知府邊葆誠、嘉興知縣羅子森、候補知縣顧德恆、龔世潼「幫同審理」。邊葆誠是楊昌濬的同鄉、劉錫彤的姻親，基本把持了審訊，架空了胡瑞瀾。幾次審訊都是邊葆誠發話訊問，只要見到楊乃武和畢秀姑翻供，他就喝令差役大刑伺候。邊葆誠展開車輪戰術，日夜熬審楊乃武和畢秀姑，各種刑具都使用了。楊乃武兩腿被夾斷，畢秀姑十指拶脫，被銅絲穿入乳頭。二人熬刑不過，再次「供認不諱」。畫供時，楊乃武已奄奄一息，神志模糊，無法自己畫供，由兩旁差役拿起他的手，捺上指印。最後，胡瑞瀾再次以楊乃武「斬立決」、畢秀姑「凌遲處死」的結果上奏。

慈禧兩次諭令重審，都沒有翻案成功，湖南幫的大小官員都認為楊乃武案將鐵案如山，不會再有反覆了。浙江幫暫時敗下陣來。

　　浙江幫總結教訓，認為只要楊乃武的案子還在浙江審理，就不會得出公正的結論來。因為湖南幫的官員把持著地方實權，衍生權力網絡盤根錯節，自然不會讓楊乃武翻案。所以，翻案的最好方法是將楊乃武案搬離浙江，拿到北京來審理。

　　浙江幫官員掀起了新的更大的申訴潮。夏同善、汪樹屏等串聯在京的浙江籍官員、翰林、舉人，以楊乃武案涉及浙江讀書人的臉面相號召，最終徵得汪樹屏、吳以同、吳玉琨等 30 多人聯名向都察院及刑部控告，揭露楊乃武案雖經府、縣、按察、督撫、欽憲七審七決，都是嚴刑逼供，屈打成招，上下包庇，草菅人命，欺罔朝廷，請提京徹底審訊，昭示大眾，以釋群疑。官員聯名申訴，在政治體制中是一件大事，都察院等不敢處理，馬上轉呈。刑部侍郎袁保桓、御史邊寶泉也奏請將此案提交刑部直接審訊。在京的楊菊貞則反覆向各衙門遞呈，請求提京審問（她背後站著浙江幫，京城各衙門不敢把她「押解回省」了）。慈禧太后開始猶豫了。她考慮的不是楊乃武是否真的蒙冤，而是將此案提京審訊，本身就是對浙江地方官員的不信任，會打擊地方官員的工作積極性，進而挫傷整個湘系派系。加上京城的湘系官員也在暗中活動，以案情明瞭、罪犯已多次認罪為由，反對提京重審。慈禧一度藉口提京重審勞累地方，流露出拒絕浙江幫奏請的意思。

　　翁同龢、夏同善和翰林院編修張家驤三人有機會在兩宮太后身邊，他們就利用一切機會為此案遊說，提升到了「此案如不平反，浙江將無一人肯讀書上進矣」的高度。慈禧不是在意湘系人馬的感情和利益嗎？可是如果不提京重審也會傷害浙江所有士人的感情。權衡之下，慈禧再下諭旨，命將楊乃武案相關所有人證物證和案卷提京審問，交刑部徹底根究。

　　楊昌濬接到提解人犯的上諭時，大為不滿，發了幾句牢騷，說朝廷這麼不信任地方，我們以後工作還怎麼做啊！牢騷歸牢騷，他不敢公然違旨，只能將所有人和物，包括葛品連的棺材都押解進京。

　　中央組織了三法司會審。頭一天大審可熱鬧了，刑部尚書桑春榮、皁保主審；都察院、大理寺派人參加會審；不少侍郎、御史和在京的地方督撫、州縣陪審、觀審，其中以江浙和兩湖籍的在京官員為多。現場還有外國記者前來採訪，楊乃武一案經上海《申報》大肆宣揚，已經成了當時新聞界追逐的熱點。眾目睽睽之下，所有人員都規規矩矩，不敢有半點差錯。楊乃武的案子本來就很簡單，沒有證據，很快就審問清楚了，確實沒有證據證明楊乃武和畢秀姑毒殺了葛品連。第三天，刑部開棺驗屍，司官驗，堂官驗，仵作驗，驗得屍骨牙齒及喉骨皆呈黃白色，沒有中毒痕跡。刑部官員詢問了多名有經驗的仵作，大家都認為葛品連並非中毒身亡。於是，真相大白。有個法國記者聽說驗屍結果無毒，跑到關押楊乃武的木籠邊大喊：「無毒，無毒。」

　　案情雖然大白，但離平反還有很大的距離。朝野對楊乃武案爭論的幕後焦點不是案情如何如何，而是對浙江地方官員的信任與處置問題。楊乃武和畢秀姑蒙冤了，那造成冤案的數十名官員如何處理呢？京城出現了意見針鋒相對的兩派勢力。「一派以大學士翁同龢、翰林院編修張家驤、夏同善為首。因為翁同龢是江蘇人，張家驤、夏同善是浙江人，附和的又以江浙人為最多，所以稱為江浙派，又稱朝議派，這些人多系言官文臣。另一派是以四川總督丁寶楨為首，附和的多系湖南、湖北人，稱兩湖派，又稱為實力派。因為這一派都是幾個封疆大吏，掌握實權。」前者要求嚴懲，後者要求不處分。

　　四川總督丁寶楨正在北京，盛氣凌人地質問刑部官員，認為刑部審

驗不足為憑。丁寶楨的依據是葛品連已經死了超過三年，毒氣早就消失，毒消則骨白，怎麼能夠憑著骨是黃白色就斷定葛品連不是毒死的呢？因此，丁寶楨認為承辦此案的浙江各級官員照章辦事，沒有錯誤，不應給予任何處分，認為楊畢二人仍應按照原擬罪名處決。針對丁寶楨的論據，刑部有人指出骨頭表面的毒氣的確可能消散，但深入骨髓的毒氣不會消散，敲斷葛品連的骨頭並無發現裡面有暗黑色，可見並無中毒跡象。

聽說刑部要參革楊昌濬及相關官員，丁寶楨竟然跑到刑部咆哮公堂，當面斥責刑部尚書桑春榮老耄糊塗，並威嚇說楊乃武「鐵案」如果要翻，將來沒有人敢做地方官了，也沒有人肯為皇上出力辦事了。桑春榮的確年老顢頇，本無主見，凡事明哲保身，被丁寶楨一嚇就不敢說話了。另一個尚書卓保（清朝六部各有滿漢兩名尚書）早接受了楊昌濬的賄賂，頂著浙江幫的壓力，硬是不表態。結果，刑部在真相大白後的幾個月裡，遲遲拿不出處理意見來。無辜的楊乃武、畢秀姑等人在監牢裡度日如年了好幾個月。後來實在拖不下去了，刑部回覆了一個奏摺。在這個奏摺裡，我們會發現許多有趣的內容：

首先，刑部承認楊乃武和畢秀姑毒殺葛品連的「證據不足」，原審的確「不當」。對於之前歷次審訊的徇私枉法、嚴刑逼供等事都抹去不提。尤其是睜著眼睛說瞎話，刑部回覆說被打斷了腿落下終身殘疾的楊乃武是「皮肉傷」，已經基本痊癒了。

其次，對於核心的糾錯處分內容，刑部認為楊乃武和畢秀姑雖然沒有殺人，但兩人之前同桌吃飯一起讀書寫字，有傷風化，還是要杖責處罰；認為楊昌濬、胡瑞瀾等地方官員在此案上有失誤，「應當處分」。至於怎麼處分，刑部沒有說，把皮球踢給了慈禧太后。這真的是一份「騎牆派」公文的範本。

　　可是別忘了，浙江幫也是朝議幫，清議的本事了得，裡面不少是寫奏摺罵人的高手。在翁同龢的授意下，御史王昕出面上了一個奏摺，彈劾楊昌濬、胡瑞瀾等人。他先簡略地說了一下楊乃武等人差點被誣陷致死，再說這已經嚴重傷害了浙江人民的感情，後果很嚴重。當然，這些理由慈禧太后也知道，不足以打動老佛爺。王昕的高明之處在於接下去就說某些封疆大吏「目無朝廷」，對朝廷發牢騷，說怪話。「比如」浙江的楊昌濬就說朝廷提京審訊的諭旨是增加地方的麻煩。這些年來，到北京申訴的案子沒有一件翻案成功的。光緒皇帝登基不久，這種傾向很危險，希望太后老佛爺注意。

　　王昕的這一棒子打得又狠又準。慈禧太后對權力很敏感，對清朝中葉後地方勢力坐強的傾向很提防。比如湘軍收復江南後，慈禧就空降了一個並不能服眾的馬新貽擔任兩江總督，而不是湘系的曾國藩、李鴻章、左宗棠等人，目的就是監督、統帥江南的湘系勢力。不想，馬新貽上任不久就被人莫名其妙地用匕首捅死了，慈禧嚴旨追查了多次，終究還是一樁糊塗案。不過據說，馬新貽死後，有湘軍將軍聚會慶祝，湘系人馬還對刺馬的刺客讚賞有加。慈禧已開始提防湘系人馬在地方的坐強和跋扈。王昕適時地將楊昌濬等人的草菅人命和拖沓重審，和中央與地方的權力較量連繫起來，慈禧是寧可信其真不願信其無。光緒皇帝剛剛登基，慈禧第二次垂簾聽政，正擔心天下對其擅權專斷不滿呢！楊昌濬敢「目無朝廷」，正好撞到了慈禧那桿尋找懲戒目標的槍口上。

　　光緒三年（1877年）二月，楊乃武案諭旨正式下達。冤案的始作俑者餘杭知縣劉錫彤革職，發配黑龍江效力；浙江巡撫楊昌濬、浙江學政胡瑞瀾、杭州知府陳魯、寧波知府邊葆誠、嘉興知縣羅子森、候補知縣顧德恆、龔世潼、錫光等人都革職，相關的官吏、幕僚、仵作和參與偽

證的一干人等都通通懲罰。經手的浙江按察使已死，湖州知府許瑤光拖延沒有回覆，都免於追究責任。此案過後，浙江幾十頂頂戴落地，湘系官員為之一空，勢力大損。

而無辜的畢秀姑不避嫌疑，致招物議，杖八十；楊乃武不遵禮教，革去舉人，杖一百。楊乃武拖著殘腿遍謝浙江幫京官。有人見了，有人不見。有人原本就不是因為楊乃武這個人而加入與湖南幫的混戰的，見不見楊乃武都無所謂。

楊乃武沉冤得雪，再次證明清廷法定的司法系統不能主持正義，也不能糾錯，真正發揮作用的是強大的衍生權力網絡。當事人較量的是各自的泛權力網絡，而不是法律和真相。如果楊乃武只是一介草民，他還能翻案嗎？

楊乃武「出獄後，家產蕩然，生活困難，依靠親友幫助，贖回幾畝桑地，以養蠶種桑為生」。依然有百姓找楊乃武寫狀子。楊乃武劫後餘生，已經沒有了之前的膽氣和鋒芒，能夠推掉不寫的盡量不寫，實在推不掉的就用水寫在板子上讓當事人趕緊抄錄。目的是不留任何文字，以免再惹禍上身。經過泛權力網絡的慘痛打擊後，楊乃武見識到了法定權力背後的衍生權力網絡的厲害，那可是血淋淋的教訓。楊乃武虎口逃生後，學乖了。從這個角度來說，劉錫彤等人雖然沒有害死楊乃武，但完全造成了殺滅一個泛權力破壞者的目的。1914 年 9 月楊乃武因病身亡，年 74 歲。畢秀姑出獄後，回到餘杭在南門外石門塘準提庵出家為尼，法名慧定。庵裡沒有香火，畢秀姑以養豬、養雞了其殘生，死於 1930 年。

第十二節
誰將珍妃推下井去

　　光緒十三年（1887年），17歲光緒皇帝要大婚了。

　　經過一番挑選，最後有五個女孩子進入最後的角逐，分別是：慈禧的姪女、副都統桂祥的女兒葉赫那拉氏，江西巡撫德馨的兩個女兒，禮部左侍郎長敘的兩個女兒。

　　五個女孩子全被叫到殿上來，由光緒皇帝親自挑選。慈禧和一群貴婦坐在後面。慈禧把一柄玉如意交到光緒手中，說：「皇帝看誰中選，你自己決定。誰被你選中皇后就授給玉如意。」光緒皇帝推託說：「這件大事當由皇爸爸（指慈禧）做主。子臣做不了主。」慈禧很大度地讓光緒自己做主，畢竟是終身大事。於是，光緒就拿著玉如意，上前端詳起五個女孩子來。他看中了德馨的女兒，在她面前停了下來，想把玉如意給她。突然，背後傳來慈禧太后低沉而有威嚴的喝聲：「皇帝！」光緒皇帝一驚，馬上明白了慈禧的真實意思。無奈，光緒只好把玉如意遞給了慈禧的姪女、自己的表姐葉赫那拉氏。

　　光緒把玉如意遞給葉赫那拉氏後，慈禧為防再出現差錯，便宣布立桂祥的女兒葉赫那拉氏為皇后，也就是日後的隆裕皇后。長敘的15歲和13歲大的兩個女兒分別被選為瑾嬪和珍嬪，德馨的兩個女兒被禮送出宮。慈禧這麼做，是為了透過婚姻關係保持家族的榮華富貴。

　　不能婚姻自主，對光緒皇帝的打擊很大。身為皇帝，卻不能選擇自己心愛的女子，光緒心裡委屈懊惱極了。慈禧指定給他的隆裕皇后比自己大3歲。表姐弟倆從小就在一起玩，光緒對表姐有好感，卻從未想過要娶她為妻。隆裕皇后事後曾對弟弟德錫透露：當時在洞房裡，心情壞到極點的光緒一下撲在表姐隆裕的懷裡，嚎啕大哭，並對隆裕說：「姐姐，我永遠敬重妳，可是妳看，我多為難啊！」慈禧讓光緒多親近皇后，光緒偏偏就沒有興趣。慈禧的姪子、隆裕的弟弟德錫回憶：「偏偏隆裕皇后是一個舊時代的女人，學的是賢淑之道，欠缺的是政治遠見，比起珍妃來就差得更多了。這樣一來，老太后不但沒促成光緒和隆裕，反而更讓光緒冷落了隆裕。」

　　慈禧的亂點鴛鴦譜又造成了一對男女的悲劇。光緒和隆裕這對夫妻生活得很不快樂。

　　讓光緒皇帝驚喜的是，慈禧太后指定給他的珍嬪是個青春活潑的小姑娘，他很喜歡。

　　珍嬪入宮的時候只有13歲，青春可愛，活潑好動，人也聰明，常常那跑跑這鬧鬧，笑聲不斷。紫禁城裡的人們都喜歡她，畢竟在深宮高牆內笑聲已經是久違了。光緒皇帝成長和生活的環境很壓抑，珍嬪像天使一樣為他帶來的大自然的清新之風，能讓他在煩惱的時候開懷大笑，能拉著他在平常之中尋找到樂子。光緒皇帝禁不住經常去找珍嬪。

　　就連慈禧太后，也對珍嬪這個小丫頭有好感。「老太后在接觸中也發現珍妃的確是一個非常聰明漂亮的人，一時之間，好像找到了自己年輕時候的影子，因此，她也非常喜歡珍妃，並願意接近珍妃。」當然，慈禧的喜歡不是無緣無故的，也不是「免費」的，她對珍嬪的認可和喜歡是有條件的。那就是她希望珍嬪站在自己一邊，利用光緒對她的喜歡

去影響光緒，讓光緒在思想上、行動上和太后保持一致。慈禧希望珍嬪能夠為己所用，進而影響光緒也為己所用。

但是慈禧忽視了一點前提條件：年輕的珍嬪是否和自己想法一致呢？

珍嬪和慈禧年紀相差很大，思想性情大不一樣。她還是個不懂事的小孩子，不明白宮中複雜的權力布局，只是想讓自己的宮廷生活過得有滋有味。她把宮外的照相機等新玩意引進了宮廷，又喜歡女扮男裝，曾經裝扮成太監逗光緒皇帝玩。對慈禧的潛在意思和宮廷許多潛規則，珍嬪都領會不了，更不用說執行了。慢慢地，慈禧和她的關係就疏遠了，開始緊張起來。德錫說：「其實只是一件事情，讓兩個人鬧得比較僵，就是：老太后說珍妃不守婦道。因為珍妃當時透過關係從外國人的手裡買了相機，在宮裡隨便照相，並且穿的衣服在當時來說是失了體面的。另外一個原因是當時老太后還沒有認識到照相機的作用，認為是妖術、邪術。所以就很反對這些東西在皇族中使用，但即使是這樣，在當時的一些大臣家裡還是藏有相機。再一個讓老太后比較反感的事情就是珍妃喜歡穿著男服在宮裡走動，這讓老太后認為給皇家丟了臉面。其實珍妃是一個很開朗大方的女人，有點大大咧咧的。但是當時的宮廷是非常嚴謹的，從來沒出現過這種情況。所以，她們之間還是產生了隔閡。」

珍嬪自身有許多毛病，除了年輕不懂事、貪玩外，還花錢大手大腳。她出身滿族權貴人家，錦衣玉食，講排場慣了，進宮後也是用度無計，對太監宮女時有賞賜，花錢如流水。清朝發「例錢」給後宮妃子們（也就是薪資），珍嬪早早就花光了，暗中靠向姐姐瑾嬪借貸和吃老本過日子。有的時候，光緒皇帝也塞給珍嬪一點錢財，但很快也花完了。甲午戰爭期間，巨大的戰爭成本壓得清朝和光緒喘不過氣來。後宮以身作則，帶頭縮減開支，共度國難。這可把珍嬪給難倒了。珍嬪從小在富貴

人家長大，不知道「節約」為何物。本來日子就緊巴巴的，現在縮減開支，珍嬪的日子完全過不下去了。內心失去平衡開始驕縱的珍嬪失去了理智，決定增加收入——賣官。

珍嬪的能力著實不錯，很快就組成了一條「買官——賣官」的產業鏈。堂兄志銳負責拋頭露面，聯繫買主、提供商品；珍嬪負責向光緒吹枕邊風，塞條子請託。珍嬪還勾結奏事處太監，掌握人事消息，又拉攏住所景仁宮的太監上傳下達。買賣的官職也從縣官逐步上升為道臺知府，利潤可觀。珍嬪拿大頭，其餘由各個環節人等分配。看著源源不斷而來的錢財，珍嬪可以在緊縮銀根的背景下大把花錢了。她很享受這樣的生活。光緒依然寵信珍嬪，只當愛妃開始關心朝政了，沒有其他的想法。最後珍嬪賣官成了後宮半公開的祕密，蔓延到社會上，引起了騷動。

19世紀末期，民間報紙和筆記閒書流行，為我們記載了不少珍嬪賣官的趣聞軼事。

江蘇蘇松太道道臺的位置很重要。它名義上是管理蘇州、松江兩府和太倉州的道臺，但駐紮在最先開放、迅速發展的大上海，兼管上海海關事務，俗稱「上海道」。這個職位既肥又職責重大，牽動東南，因此官員們雖然內心垂涎卻不敢貿然請任。有個叫魯伯陽的富豪，見上海道臺出缺，就塞錢給珍嬪，想得到這個肥缺。光緒看到珍嬪請求任命魯伯陽為上海道臺的條子後，批准了，轉給軍機處。軍機處的各位大人浸淫官場幾十年，人脈極廣，可就是沒有聽說過魯伯陽這個人，查閱所有具備相關任職資格人員的檔案也沒有此人，只好不恥下問，詢問朝中大臣。滿朝大臣都不知道魯伯陽是何方神聖。軍機處只好回報光緒皇帝，不知魯伯陽為何人，請皇上明示。光緒皇帝只見過珍嬪遞的條子，他也不知

道魯伯陽為何許人也，就說你們去吏部查查天下所有官員的數據，我也不知道他是誰。當時禮親王是首席軍機大臣，聽光緒這麼一說，明白了。皇帝都不知道魯伯陽是誰，卻直接任命他為官，一準是走後門的暴發戶，翻遍吏部檔案也不會有這個人的。禮親王聰明，回答說，既然皇上恩准特任了，就不用查了，釋出委任狀吧！

　　珍嬪賣官事件中最荒唐的一次是任命一個叫做玉銘的人擔任四川鹽法道。地方官赴任前要進宮「陛見」，接受光緒皇帝的詢問、告誡和慰勉。光緒一「關懷」就出事了。他先問玉銘的履歷：「你以前在哪個衙門任職啊？」光緒這是問他之前的官職。玉銘沒當過官，又不會說話，張嘴回答：「回皇上，奴才在木器廠當差。」話一出，朝堂上的大臣們都樂了，原來又是一個「特任」官員啊！光緒臉上也掛不住了，叫玉銘將履歷詳細寫來。玉銘就拿著紙張筆墨，跪到殿門外面寫去了。問題是玉銘壓根就不識字，玉銘不識字但是有錢，想買個官光宗耀祖，珍嬪和她兄弟也沒細問就收錢了。誰想還要當這滿堂文武的面寫字啊？好大一會兒，光緒問怎麼還沒把履歷交上來啊，太監出去一看，玉銘跪在地上，汗流浹背，只在紙張上畫了歪歪扭扭幾條槓。新任四川鹽法道竟然不識字！消息傳出，輿論譁然。

　　於是就有大臣彈奏珍嬪賣官鬻爵了，還有人把消息捅到了慈禧太后那裡。此時的慈禧剛剛「歸政」光緒沒多久，對光緒掌權不放心，現在醜聞爆發，慈禧也爆發了。她當眾拷問珍嬪，從其住處搜獲記有賣官收入的帳本。之前，慈禧對珍嬪已經沒有了好感，現在賣官一事讓慈禧厭惡起了珍嬪這個特寵揮霍、干涉朝政的后妃。據說，性情倔強的珍嬪和慈禧發生了激烈的言語衝撞。慈禧說她干預朝政，她就反唇相譏，說就慈禧「沒有」干政。慈禧勃然大怒，將珍嬪「褫衣廷杖」，也就是扒去衣

服當眾杖打。這次懲罰很重，珍嬪先是「人事不醒，六脈沉伏不見，抽搐氣閉、牙關緊急」，後來「周身筋脈顫動、痰中帶血」，經過二十多天臥床休息和治療才痊癒。

這是光緒二十年（1894 年）十月月底的事情。之前珍嬪因為慈禧六十大壽已經升為珍妃，沒當幾天就被慈禧太后降為貴人，姐姐瑾妃也受連累，被降為貴人。珍妃手下的太監數十人，有的被發配充軍，有的被祕密處死，有的被立斃杖下，就連伺候珍妃的宮女也被驅逐出宮。

在後宮生態中，珍妃編織了自己的衍生權力網絡（賣官鬻爵），獲取收益。她的衍生權力和慈禧的衍生權力不盡一致，甚至還有衝突的一面。這就釀下了悲劇的根源。在同一個屋簷下，慈禧和珍妃類似於上下級關係。為珍妃（下級）計，當她還沒有扳倒慈禧（上級）的能力的時候，安全的做法是尊重慈禧（上級）的權威，在不侵犯慈禧（上級）權力的情況下謀取可能的收益。尊重既有權威的權威，這是珍妃留給後人最寶貴的教訓。

經過這件事後，慈禧和珍妃的關係決裂了。珍妃在後宮的日子很難過，經常受到慈禧的責罵。德錫在晚清宮中擔任侍衛，回憶說，在這種情況下珍妃曾經懷過孩子。但是就在珍妃懷孕大約三個月的時候，他們與慈禧之間的關係變得更加不好，還產生了比較大的衝突，珍妃頂撞了慈禧，於是慈禧就派人打了珍妃，光緒一看情況不好，馬上給慈禧跪下，並且告訴慈禧，珍妃已經懷孕了。這讓慈禧接受不了。因為當年慈禧把隆裕嫁給光緒的時候，她的期望值是非常大的，據說還在懿旨中講明：他們的兒子就是將來皇位的繼承人。慈禧希望以此「把大清皇帝的血統與自己家族葉赫那拉氏緊緊連繫在一起」。後來，慈禧透過一些手段讓珍妃流產了。婆媳兩人的關係就更差了。

　　西元 1898 年，戊戌變法失敗後，光緒皇帝被幽禁於中南海瀛臺；珍妃也被幽閉於宮西二長街百子門內牢院。很多人認為珍妃被打入冷宮，是因為她支持光緒維新變法，與擅權專政的慈禧太后產生了直接矛盾。珍妃有個弟弟叫志錡，在戊戌變法期間和維新派關係密切，也有「嘗偵宮中密事，輸告新黨」的記載。但說珍妃在遭到慈禧懲處的情況下依然參與變法，則缺乏證據。很可能是慈禧鎮壓了維新變法之後，順帶著把討厭的珍妃打入冷宮。

　　1900 年，八國聯軍兵臨北京城下。慈禧攜帶光緒倉促西逃。臨行前，紫禁城樂壽堂前的井蓋被開啟，珍妃掉到井裡死了，時年 26 歲。這就是珍妃落井事件。

　　在細節上，珍妃落井疑問重重。首先，凶手是誰？有人說是李蓮英推珍妃入井，有人說是太監崔玉貴推的，有人說是珍妃被逼自己跳入井中的。多數人認為不管誰是直接凶手，慈禧肯定是幕後的黑手。不過德錫為自己的姑姑慈禧辯解說：「（慈禧和珍妃關係不好，）但是隔閡歸隔閡，老太后要殺珍妃的心卻沒有。」他覺得這是一椿突發事件。

　　第二，珍妃為什麼會被推入井中殺掉，難道僅僅是慈禧先前對她的惡意，還是另有原因？清宮末代大太監小德張過繼的孫子張仲忱在《我的祖父小德張》中說慈禧挾光緒西逃之時，珍妃正患天花，病臥在床。珍妃懇求放歸娘家養病。但這與宮中禮制不合，慈禧遂逼迫珍妃投井自盡。這又是一個珍妃掉井的版本。

　　第三，珍妃臨死前有什麼言行？許多作品提到珍妃反對慈禧裹脅光緒西逃，認為西方對光緒皇帝友善，能夠接受光緒皇帝。在國破之際，光緒皇帝應該留在北京主持殘局。這恰恰打中了慈禧的軟肋：西方接受光緒不接受我慈禧，我留光緒在北京不是自棄權力，讓光緒掌權嗎？這

可能導致慈禧下定決心要處死珍妃。那麼，珍妃在死前有無抗辯，有沒有提議光緒帝留在北京收拾殘局？第四，光緒皇帝有無在場？

　　我們先來看看隆裕皇后是怎麼說的。民間流傳隆裕皇后和珍妃的關係很不好。因為珍妃得寵，也因為珍妃很聰明，把宮裡的典禮禮節學得很好，而隆裕皇后卻老出錯，結果許多宮中典禮只好由珍妃代替皇后來主持。這些都引起了隆裕的忌恨。

　　隆裕說：「很多人都說是我嫉妒告她黑狀，所以老太后派人把她推到井裡去了。其實事情是這樣的：當時與八國聯軍戰敗後，洋人軍隊打到了北京。於是在完全沒有取勝希望的情況下，老太后西行。當時的情況非常緊急，因為誰也不清楚這幫洋人最後會幹什麼，會不會像燒圓明園那樣，把紫禁城也燒了？當然西行帶不了那麼多人，因為人多了就會成為負擔。但是因為當時光緒是皇帝，而我是皇后，同時又是老太后的親姪女，要帶也只能帶我和皇上走。而其他的一些親屬就地回娘家躲避，妃子們也不例外。可是當時的珍妃非常氣盛，不服從老太后的指揮，並當場頂撞了老太后。在那個緊急時刻，珍妃一直對老太后說：『我是光緒的妻子，我要跟著去。妳有偏見，皇后是您的姪女，所以您帶她走。所以我也請求妳帶我走。』這就讓老太后非常難堪，帶走一個珍妃，就必須帶走瑾妃，還有其他的一些人，所以要開這個口子很難，加上洋人已經打到北京了，再不走就來不及了。於是老太后當時非常不高興，認為珍妃根本不識大體。」

　　「從另外一層上講，本來老太后就對珍妃平日的作為有點不高興，再加上這些緊急時刻的頂撞，老太后氣得臉色發白，直打哆嗦。在皇宮裡，大清朝幾百年來從來沒有人勇於這麼頂撞太后，即便是皇上都從來沒有過，何況一個珍妃。老太后也是一個非常要臉面的人，所以氣得當

時抬腳就走，珍妃一直跟著老太后說自己的理由，於是就來到了距離珍妃住所不遠處。珍妃這時候還不死心，對太后說：『我是光緒的妻子，就要跟皇上在一起，不在一起，寧願死。活著是皇家人，死了是皇家鬼。』老太后一聽，就更加生氣，本來火燒眉毛的事情，哪還有時間吵架啊，於是就對珍妃說：『妳願意死就死去吧。』當時說話的地方不遠處就有一眼井，於是珍妃緊走兩步，說：『那既然這樣，我就死給妳看。』於是直接就奔井口去了。老太后一看情況不對，這孩子跟我頂撞兩句，怎麼還真的去死啊。於是對崔玉貴說：『趕緊去拉住她。』但是這個時候已經晚了，當崔玉貴跑過去的時候，珍妃已經跳下去了。可老太后一看沒辦法了，內憂外患啊，於是沒來得及管她，就走了。」

按照隆裕的說法，珍妃堅持要隨太后皇帝一起逃難，慈禧不允許，兩人發生了激烈爭吵，說了過火的話。最後珍妃自己跳井了，慈禧讓崔玉貴去拉，結果沒拉住。事後，慈禧將珍妃的死歸罪於崔玉貴。德錫家的人證實，崔玉貴一度被趕出宮來，無處容身，被桂祥家收留了幾年，最後慈禧鬆口，崔玉貴才回到宮中。

但是根據慈禧身邊宮女和太監們的回憶，勾勒出來的珍妃落井的經過，卻和隆裕的講述大不一樣。伺候過慈禧的一個何姓宮女的相關回憶是：

逃跑是光緒二十六年，即庚子年的七月二十一日。頭一天的下午，老太后在樂壽堂屋裡睡午覺。我和往常一樣，陪伴在寢宮裡，背靠西牆，坐在磚地上，面對著門口。這是侍寢的規矩。突然，老太后坐起來了，撩開帳子。平常撩帳子的事是侍女做的。今天很意外，嚇了我一跳。老太后匆匆洗完臉，一聲沒吩咐，竟自己走出了樂壽堂。我們跟隨老太后走到西廊子中間，老太后說：「你們不用伺候。」這是老太后午睡

醒來的第一句話。我們眼看著老太后自個兒往北走，進了頤和軒。大約有半個多時辰，老太后從頤和軒出來，鐵青著臉皮，一句話也不說。我們是在廊子上迎老太后回來的。晚上便有人偷偷地傳說，老太后賜死珍妃，讓人把珍妃推到井裡了。我們更不能多說一句話。

珍妃落井當日守衛樂壽堂的太監唐冠卿的回憶是：

聯軍入京，崔玉貴率快槍隊四十人守蹈和門，予亦率四十人守樂壽堂。時甫過午，予在後門休息，突覘慈禧后自內出，身後並無人隨侍，私揣將赴頤和軒，遂趨前扶持。乃至樂壽堂後，后竟循西廊行，予頗驚愕，啟曰：「老佛爺何處去？」曰：「汝勿須問，隨予行可也。」及抵角門轉彎處，遽曰：「汝可在頤和軒廊上守候，如有人窺視，槍擊勿恤。」予方駭異間，崔玉貴來，扶后出角門西去，竊意將或殉難也，然亦未敢啟問。少頃，聞珍妃至，請安畢，並祝老祖宗吉祥。后曰：「現在還成話麼，義和拳搗亂，洋人進京，怎麼辦呢？」繼語音漸微，噥噥莫辨，忽聞大聲曰：「我們娘兒們跳井吧！」妃哭求恩典，且云未犯重大罪名。后曰：「不管有無罪名，難道留我們遭洋人毒手麼？妳先下去，我也下去。」妃叩首哀懇。旋聞后呼玉貴。貴謂妃曰：「請主兒遵旨吧！」妃曰：「汝何亦逼我耶！」貴曰：「主兒下去，我還下去呢！」妃怒曰：「汝不配！」予聆至此，已木立神痴，不知所措。忽聞后疾呼曰：「把她扔下去吧！」遂有轉扭之聲，繼而砰然一響，想妃已墜井矣。斯時光緒帝居養心殿，尚未之知也。

何姓宮女和唐冠卿雖然沒有目睹，但旁聽了慈禧、珍妃、崔玉貴三人的對話和珍妃落井的聲音。兩人的回憶相互印證，加上何姓宮女還說民國初年崔玉貴親口講述了處死珍妃的經過，與唐冠卿所講的基本一樣。因此，慈禧讓崔玉貴殺死珍妃的事實被許多人採信。

　　1901 年，慈禧帶著光緒返京。珍妃屍體從井中被打撈上來，清廷追封她為珍貴妃。追封珍貴妃的諭旨說：「上年京師之變，倉猝之中，珍妃扈從不及，即於宮中殉難，洵屬節烈可嘉，加恩著追贈貴妃位號，以是褒恤。」在這裡，慈禧掩飾了自己殺害珍妃的罪行，將珍妃之死說成來不及逃跑，在宮中「殉難」，給人珍妃國難當頭以身殉國的印象。珍妃因為「貞烈殉節」，所以晉升為貴妃。這是傳統後宮政治話語體系下的邏輯。

　　珍妃最初葬在阜成門外恩濟莊的宮女墓地，名實不符，也可以看出慈禧對她的真實態度。民國二年（1913 年），珍妃的姐姐瑾妃熬出了頭，成了端康皇太妃。她主持將珍妃遷葬光緒景陵妃嬪園寢，並修建了一個小靈堂供珍妃的牌位。靈堂上懸掛有「精衛通誠」的匾額，頌揚珍妃對光緒的一片真情。這又是傳統後宮政治話語體系下的評價。

第十二節
「被害人」歸來

　　清朝中期曾有兩個冤案，無辜者都被判定殺人，結果在案子定了以後「被害人」突然活生生地出現在眼前。於是，手忙腳亂的平反和事後追究就開始了。「被害人歸來」系列冤案的離奇之處，並不在於無辜者是怎麼被判定殺人的，而在於在以公正清廉著稱的司法體系中，無辜者是如何一次次地對殺人罪行「供認不諱」的。

　　這第一個案子是雍正年間，湖北麻城縣塗如松殺妻案。塗如松娶了楊氏後，夫妻感情一直不好，塗如松對楊氏非罵即打。楊氏經常離家出走，最後在一次負氣離家後不知所往。楊氏的弟弟楊五榮就懷疑姐夫殺了姐姐，加上秀才楊同範、無賴趙當兒在一旁嗾使，就到縣裡狀告塗如松殺妻。接手案子的麻城知縣湯應求經過反覆勘驗，沒有找到楊氏，也沒有發現任何凶殺跡象，於是遲遲不能結案。

　　楊五榮反覆催問了一年時間，也沒有結果。一直拖到第二年，麻城轄區內的一條河的河灘上發現一具被野狗啃噬過的屍骨。地保請知縣湯應求前往查驗，因為風雨雷電交加，湯知縣一行中途折返。兩天後再去查驗的時候，屍骨因為天熱腐臭，無法辨認。湯知縣下令收斂，但楊五榮、楊同範率領族人數十人趕到現場哄鬧，認為這就是遇害的楊氏。湯知縣存疑，依然不將塗如松按照殺妻結案。

　　在告狀的一方中，楊同範是中流砥柱。他是個秀才，擁有一定的法定權力，熟悉官府話語和制度，同時明白實際的權力操作。楊同範堅稱塗如松是凶手，慫恿楊五榮頻繁上訴，將整件案子搞得影響很大。最後，湖廣總督邁柱都知道了。他委派代理廣濟知縣高仁杰重審此案。

　　高仁杰有強大的審案動力，而且是站在楊家一邊將塗如松定為凶手的動力。因為高仁杰的知縣是代理的，清朝後期官多職少，能輪到一個實缺不容易。他覬覦湯應求的實缺，思索著將案子坐實，打倒湯應求，把他的實缺知縣搶到手。於是，高仁杰來到麻城後，接收了楊同範的賄賂，指使自己帶來的仵作薛某將河灘上的屍骨驗為女屍、肋上重傷而死。高仁杰據此認定塗如松殺妻、湯應求受賄、麻城刑科書吏李獻宗瀆職、麻城仵作李榮妄報。總督邁柱聞報，很高興，將湯應求彈劾罷官，令高仁杰全權負責此案的後續工作。

　　剩下來還有兩個問題：第一是「凶手」塗如松要認罪；第二是找到殺人物證。

　　高仁杰嚴刑拷打塗如松。塗如松被打得體無完膚，兩個踝骨都露了出來，還是堅持自己無罪。衙役就強迫塗如松跪在烙得紅彤彤的鐵索上，塗如松的肉都被烤得冒煙了，焦灼有聲。在慘無人道的刑罰前，仵作李榮被活活打死了；塗如松受不了毒打，不得不「供認」殺人。既然承認殺人了，塗如松就得說出具體細節來。高仁杰也知道河灘上的那具屍首並非鐵證，因為仵作偷偷告訴他那是具男屍，況且屍骨無髮、無腳趾骨、無女性衣裝。那麼真正的楊氏屍首在哪裡呢？塗如松在重刑面前，妄加指認。高仁杰帶著差役，先挖開塗如松指證的一座墳墓，發現裡面的屍骨早已腐朽，只剩下幾片爛木頭；再挖開塗如松供認的一座墳墓，發現連爛木頭都腐爛完了；又挖開一座墳墓，倒是發現了屍骨，不

過是長髯巨靴，不知是誰家男子；最後終於發現了一具女屍，屍骨完整衣裝俱在，高仁杰等人大喜，不過仔細一看髑髏有鬖鬖白髮，明顯不可能是楊氏。這段時間裡，高仁杰帶人到處挖掘麻城的無主之墓，刨出屍體數以百計，都找不到「類似」楊氏的屍骨。高仁杰白忙一陣，回衙門就毒打塗如松一陣，用烙鐵扎他。塗如松熬刑不過，就又亂指一通。如此反覆，高仁杰受罪，塗如松更受罪。

塗如松的母親許氏，知道兒子是求生不能求死不得，悲痛萬分。老人家想幫兒子徹底解脫了，剪下長髮，摘去其中的星星白髮，結為一束。也在監獄裡受苦的書吏李獻宗的妻子出於同樣的心理，割破臂膀，染紅一袴一裙。李獻宗的兒子死去不久，妻子就用斧頭砍破兒子的棺木，取出腳骨。兩位悲痛而偉大的女性，偷偷把這些東西湊起來，埋在河灘上，再告官挖掘。於是，塗如松殺人物證和現場都得到了，案子就可以結了。塗如松、李獻宗可以不受皮肉之苦，準備迎接死亡了。

文書在呈轉當中又發生了一個意外，代理黃州知府蔣嘉年覺得案卷有疑點，召其他縣的仵作再驗屍骨，得出的結論是男性。高仁杰詭辯屍骨被換，要求再訊。不久山洪暴發，河灘上的屍骨被沖沒，無法再驗。高仁杰再堂皇上呈，總督邁柱認定塗如松殺妻，以死罪上奏朝廷，就等朝廷的核准了。

麻城百姓都知道這是個冤案，議論紛紛。一天，楊同範的妻子難產，接生婆見是新生兒的脖子被臍帶纏住了，招呼眾人小心拽出來。楊同範的妻子疼痛地大呼大叫。突然，從楊家的夾壁中走出一個女子來。接生婆一看：這不是已經被塗如松殺死的妻子楊氏嗎？接生婆大驚，楊同範和楊氏也驚慌失色。楊氏向接生婆跪下了，哀求不要外洩；楊同範拿了十兩銀子塞進接生婆的袖口，拉著她的手哀求。接生婆回到家，猶

豫後對兒子說：「老天爺都看得清清楚楚，我不可以不雪此冤。」她就讓兒子帶著楊同範給的銀子，到縣衙陳述一切。

這是怎麼回事呢？原來楊氏當時只是離家出走，在情人馮大家躲避了一個多月。楊家狀告塗如松後，馮大的母親慮禍，要去告官。馮大怕了，去告訴楊五榮。楊五榮知道姐姐還活著，撤案，事情也結了。可是，楊五榮擔心撤案要承擔誣告罪，找楊同範商量。楊同範開始發揮了冤案核心推手的作用。首先，他垂涎楊氏的美色，藉口自己是秀才差役不敢來搜家，讓楊氏藏在自己家。其次，他鼓動楊五榮繼續糾纏訴訟。河灘上發現的第一具屍骨，其實是一戶黃姓人家的僕人死了，被草草埋葬在河灘上。因為埋得淺暴露了出來。楊同範抓住機會，鼓動楊五榮偽認楊氏，又賄賂仵作李榮，讓李榮說那是女屍。李榮拒絕了。楊同範擔心他洩漏真相，在高仁杰主審後利用嚴刑峻法將李榮杖打而死。

卻說新任麻城知縣陳鼎，也知道塗如松一案有冤，苦於沒有證據。接到楊氏還活著的報告後，陳鼎立即呈報湖北巡撫吳應棻，吳巡撫告訴了總督邁柱。剛向朝廷申報了一個死刑判決沒幾天，就被證明是無稽之談，邁柱既尷尬又憤怒。他的處理意見是：先拘捕「被害人」楊氏再說。事不宜遲，陳鼎藉口楊同範在家裡畜娼，親率捕快衙役直入楊家，砸毀夾壁，搜出楊氏。將楊氏押送衙門的路上，數萬麻城人歡呼跟隨，湧至公堂。陳鼎召塗如松認妻。楊氏沒想到丈夫被折磨成了焦黑血爛的人，上前抱住塗如松大哭：「我連累了你！」堂下的許多人也跟著流淚。楊五榮、楊同範等人叩頭認罪。

但事情並沒有完。湖北巡撫吳應棻與湖廣總督邁柱不和。塗如松一案是邁柱主持並奏報的。吳應棻在真相大白後，上奏朝廷要求翻案。其間，邁柱要求將塗如松斬首的奏摺被核准返回了，邁柱不得已，說明案

子「有他故」，請求緩決 —— 他尚不承認這是冤案。狡猾的楊同範揣摩邁柱要自護其短，誘使楊氏否定是塗如松的妻子，而是娼妓。陳鼎當日不是以抓娼為名搜捕楊氏嗎？楊同範就攬下窩娼罪，逃避更大的懲罰。邁柱大喜，用原判上奏，還是要殺塗如松。吳應棻也再次陳奏，要求翻案。一件冤案成了督撫鬥法的工具。朝廷乾脆將邁柱、吳應棻二人全部調離湖北，派一名尚書到湖廣專審此案。最終，案情大白，塗如松無罪釋放，湯應求復官；楊同範、楊五榮被斬首。

　　光緒某年春，安徽霍邱縣東鄉某村有位老嫗，無子，與女兒相依為命。老人家很喜歡女兒，就入贅了一個女婿。她本意是想百年之後，把家產都留給女婿的。不料，女婿性情剛強，與女兒生活不洽。

　　老嫗很失望，就從同族子弟中過繼了一個兒子，準備把家產留給繼子。當年春節，女婿女兒又吵架了，繼子從中排解，拉女婿到鄰村觀燈。觀燈的人很多，男女雜沓，繼子和女婿走丟了。夜深了以後，繼子一個人回家了，而女婿一直到第二天都沒有回來，找遍了鄰近幾個村子都沒有消息。村裡人自然懷疑女婿遭遇不測，流言四起。女婿的父親聽到了，到縣衙告狀，認為媳婦和他家的繼子通姦，共謀殺害了自己的兒子。

　　霍邱知縣春節期間到省城「走動」去了，縣丞代理其職。縣丞春節期間也很忙，草草勘察後覺得老嫗一家人的嫌疑最大，就將老嫗、繼子和女兒都抓起來，刑訊逼問。老人家和女兒兩人熬刑不過，都「供認」殺害了女婿。繼子死不認罪，老嫗哭著對他說：「承認了是死，不承認也是死，你何必自苦呢？」三人哭作一團，繼子最後也認罪了。知縣回來後，翻閱案卷後，也認定一家三口殺了女婿，唯一的欠缺是：屍體在什麼地方？審訊老嫗三人，他們支支吾吾。知縣下令大刑伺候，結果得到三個不同的答案。多次用大刑，將三人折磨得奄奄一息了。一天，老嫗

和女兒、繼子被關在一起（猜想是差役們故意安排的），三人偷偷串供，說女婿的屍體被肢解，煮爛後餵給豬狗吃了。這樣，三人就卸下了指認屍體的「負擔」。知縣得到一致的口供後，整理好案卷上奏安徽省，準備將老嫗一家三人開刀問斬了。

安徽按察使對案子進行了會審，一切看似沒有疑問。退堂後，按察使問屬員高某，此案有無冤情。高某在北京刑部當了多年書吏，論資排輩輪到安徽某府通判。省裡借重他的經驗才能，截留他在省裡審核案件。高某開口就說：「此案疑點重重。」按察使驚問詳情，高某說：「犯人供辭如一，似乎可信，但可疑的正是三人的供詞。三人說，繼子從鄰村觀燈返回後才開始合謀殺婿。燈場結束已經深夜，走數里路回家，再殺人肢解屍體，然後煮爛，最後餵給豬狗吃完，這麼多事情不可能在幾個時辰裡完成。真如他們所說，天亮了猜想屍體都還沒煮爛。況且豬狗非虎狼可比，一個壯男的筋肉骨骼，上百斤，老嫗家有幾頭豬幾隻狗，能在幾個時辰內吃完，連遺骸都沒有留下？這些都與常理不合。殺人非鄉人所素習，縱因憤恨殺人，三人必定驚駭亡魂如入迷境者，卻對殺人肢解過程描繪得栩栩如生，相互間沒有絲毫差異，不能不讓人懷疑。」按察使覺得有理，授權高某負責重審此案。

高某就將老嫗、女兒、繼子三人隔離開，分別審訊。他質問三人一個問題：「屍體可以餵了豬狗，頭是否切下？放置何處？」老嫗三人沒有串供這個問題，給了三種說法。高某於是對按察使說：「案情非實，不能定案。」按察使請示安徽巡撫，暫且將三人關押獄中，懸重賞搜求女婿——不管死活。

霍邱與河南接壤。有個走村串縣的貨郎在霍邱看到賞格，到河南與鄉親談起這事，說官府給的賞錢多高多高。有人就問懸賞何人，貨郎把

年貌名籍說得清清楚楚。一個老農說：「我們村子今年春節過後來了個新傭，說是霍邱人，模樣和你描述的差不多。」貨郎趕緊去找那個人，果然是已經「遇害」的女婿。女婿知道家中變故後，連忙趕回霍邱，到縣衙陳情。於是，一級級的翻案開始了。霍邱知縣被罷官充軍，高某因為偵案有功，擢升為蘇州知府。

　　事後，高某問「死而復生」的女婿當天晚上發生了什麼事情。女婿說：「我常被老婆鄙視，說我沒錢。我當日越想越氣，就想去河南埋頭苦幹，多賺點錢回家堵住她的嘴巴。想不到會帶給家人如此奇冤。」

第三章

拍案驚奇：文藝作品中的奇案

第一節
白鼠精的無底洞到底有多深？

　　平靜多日的天宮突然喧囂起來：前弼馬溫孫悟空捧著兩個牌位香爐，吆喝地告狀來了，告的還是天庭上級、天兵天將總司令、托塔天王李靖！

　　把守南天門的天兵天將和通明殿下的張葛許邱四大天師見了孫悟空，心裡暗罵「無賴土匪」，表面上卻個個控背躬身，不敢攔阻，笑臉送他入殿堂。

　　來到玉帝面前，孫悟空也不多話，放下牌位香爐就遞上狀子。

　　玉帝和藹可親地接過轉呈的狀子，瞥了一眼牌位，只見一個寫著「尊父李天王之位」，另一個則是「尊兄哪吒三太子位」。玉帝微皺了下眉頭，瀏覽起狀子來：

　　原來孫悟空的師傅唐三藏在取經途中，被白鼠精吸入了無底洞。那無底洞方圓三百里地，「曲邃之所」，孫悟空找不到師父的拘所，卻發現洞裡供奉著李天王和哪吒的牌位。所以狀告「托塔天王李靖同男哪吒太子，閨門不謹，走出親女，在下方陷空山無底洞變化妖邪，迷害人命無數」，要求將李天王行拘至案，「收邪救師，明正其罪」。

　　高層果然有領導者的風範，不管是多大的事情（人見人愁的孫悟空狀告天軍總司令李天王），也不管是多大的案情（縱子為妖，阻撓最高領

袖如來佛祖授命的取經活動），玉皇大帝都能淡然處之。他輕輕地放下狀子，只叫太白金星去宣托塔李天王見駕。

猜想玉皇大帝學過太極，能將千斤之力瞬息轉化為零。

孫悟空按捺不住，跟著太白金星一起去找李天王。誰想，李天王問明來由，根本就不認帳：「我只有三個兒子，一個女兒。大小兒名金吒，侍奉如來，做前部護法。二小兒名木叉，在南海隨觀世音做徒弟。三小兒得名哪吒，在我身邊，早晚隨朝護駕。一女年方七歲，名貞英，人事尚未省得，如何會做妖精！」李司令的態度驕橫得很：我的兒子都老老實實上班，哪有什麼為非作歹禍害鄉里的女兒。不僅驕橫，李司令要下令庭下的巨靈神、魚肚將、藥叉雄帥等一擁上前，把孫悟空捆了個結實。

被告不但捆了原告，還咬牙切齒拔出寶刀就要砍孫悟空的腦袋。正在孫悟空要和李司令拚個魚死網破的時候，被告之一的哪吒以劍架刀，提醒說：「父王忘了，那女子原是個妖精，三百年前成怪，在靈山偷食了如來的香花寶燭，如來差我父子天兵，將她拿住。按律，那妖精是要被打死的，但是如來吩咐饒了她的性命。她感念父王的恩德，拜父王為父，拜孩兒為兄，下凡後供設牌位，侍奉香火。父王的確有結拜的恩女，不是我同胞的親妹。」說完，哪吒附在父親的耳邊輕聲說：「想不到她竟然陷害唐僧，還被孫猴子搜尋到牌位拿來，告了御狀。」

李天王大驚：「孩兒，我忘了，她叫做什麼名字？」找李天王要認他做乾爹的人多了，多一個乾兒子乾女兒多一個耳目親信，所以李天王認的乾兒女也多了去了，他不可能個個都記得名字。哪吒趕緊說：「白毛老鼠精。」李天王這才想起，當初看這個老鼠精竟然能偷到如來的香燭，本領不錯，就認她做女兒。本想指望她下凡宣揚托塔李天王的恩德、幫李家管理一方田地的，想不到卻惹來這麼大的麻煩。

太白金星出來做和事佬，說動李天王點兵，和孫悟空下凡降妖，自己向玉帝回旨，把這樁案子抹掉。李天王、哪吒趕緊領著天兵神將，在孫悟空帶領下，奔向無底洞。整個行動毫無懸念，白鼠精看乾爹乾哥哥親自來問罪，束手就擒。最終，李天王和哪吒「押住妖精，去奏天曹，聽候發落」——天宮的制度缺乏透明度，白鼠精發落的具體結果不得而知。孫悟空則擁著唐僧，沙僧收拾行李，八戒攏馬，繼續取經西行。

在前進的道路上，孫悟空遇到了形形色色的妖怪，飛禽走獸老鼠蝴蝶樣樣都有，本領也有大有小，但他們大多有一個共同點：都不是一般的凡間角色，「上頭」都有人。能在凡間獨霸一方、為害長久的妖怪都不是一般人物，都腳踩兩條船或者多條船，都懂得走上層路線。一般的小毛賊，借他兩個膽也不敢劫持由如來佛祖特批、觀音菩薩主管、天宮玉帝協助的「唐朝取經團」團長唐僧，更不敢吃唐僧的肉了。白鼠精的無底洞深著呢！遠遠不止三百里。

除了李天王的乾女兒白鼠精，取經團一路遭遇的其他「高層妖精成員」還有彌勒佛祖身邊的黃眉大王，觀音菩薩身邊的金毛犼、金魚精，文殊菩薩的坐騎青毛獅子，普賢菩薩的坐騎白象，太上老君身邊的金角大王、銀角大王、青牛精，太乙天尊養的九頭獅子，壽星的象徵白鹿，太陰星君的玉兔，西海龍王的外甥鼉龍等等。這些妖精，再不濟也能拉個「中階官員」做親戚。想必沒有後臺，當妖精也難，弄不好就被人給滅了。

最離譜的高層關係要屬寶象國的黃袍怪和獅駝嶺大鵬金翅雕。黃袍怪屬於典型的「黑白合一」。他本身是二十八星宿之一的奎木狼，正經八百的天宮公務員，行政級別不算低，俸祿拿著還下凡殺人越貨撈外快，長期無人敢管。要不是遇上取經團，惹出大麻煩，被輿論推到風口

浪尖，猜想奎木狼還要繼續逍遙下去。可見，貪官還不是最可怕的，最怕當官的親自上陣做土匪流氓。

　　大鵬金翅雕更厲害，竟然是如來的舅舅！這可是如來佛祖親口承認的：「鳳凰交合，生孔雀、大鵬。孔雀出世之時最可惡，要吃人。我在雪山頂上，修成丈六金身，也被孔雀吸下肚去。我想從牠的肛門出來，怕汙了真身，最後剖開孔雀的脊背，跨上靈山。事後諸佛勸解，我認孔雀為母，留牠在靈山會上，封做佛母孔雀大明王菩薩。大鵬與孔雀是一母所生，故而算是我的親戚。」孫悟空毫不留情地揭露：「如來，若這般比論，你還是妖精的外甥哩！」

　　那些神仙高官也真是的，總是管不好自己的七姑六姨和身邊工作人員。太乙天尊對坐騎管理不嚴，九頭獅子連繩索都沒套上，不跑才怪。觀音身邊的金毛犼則是咬鐵索，咬啊咬，咬斷後下凡，看守的童子都毫不知情。壽星的責任最大，乾脆就是沉迷下棋，任由白鹿下凡胡作非為。許多高層長官在妖精害人事件中的責任還不只「負有領導責任」，身邊工作人員溜走的時候帶上了他們的法寶。孫悟空的武功數一數二，之所以治不了那些妖怪，就因為他們手裡有神仙的法寶。恰恰是這些法寶，讓它們的所有者和害人的妖精脫離不了關係，要出馬收拾殘局。

　　救苦救難的觀音菩薩曾經就眼前池子裡的金魚下凡作怪，做過「深刻」的檢討：

　　「我今早扶欄看花，卻不見這廝出拜，掐指巡紋，算著牠在此成精，害你師父，故此未及梳妝，運神功，織個竹籃兒擒牠。」

　　觀音菩薩首先承認南海仙境在管理上存在「疏忽」，之後馬上話鋒一轉，說自己料到金魚下凡成精，「未及梳妝」就趕來了。身為受害者，凡人到底是應該原諒觀音菩薩一時疏忽，還是應該感謝觀音危機處理得

當，心繫百姓，連化妝都沒化好就匆忙趕來救苦救難呢？天上的高層們難道不知道：山中方七日，世上幾千年。他們的一時疏忽，哪怕是某一瞬間的疏忽，都可能讓凡間的無數生靈付出痛苦和生命。遲處理一秒鐘，就可能多一條無辜的性命煙消雲散。既然神仙們能夠「掐指巡紋」、能夠「運慧眼觀之」，為什麼還讓那麼多身邊的人下凡為妖為怪，為害四方？凡此種種，說神仙貴族們「姑息養奸」，一點都不為過。

孫悟空老受到「高層妖怪」的阻撓迫害，怒不可遏，在辛苦抓住金角大王、銀角大王後指責他們的主人太上老君「縱放家屬為邪，該問個鈴束不嚴的罪名」。太上老君竟然辯解說：「不關我的事，你不能錯怪了我。他們是觀音菩薩問我借的，故意讓他們在此託化妖魔，看你師徒可有真心往西去也。」官字兩個口，他要怎麼說就是怎麼回事。聽到觀音菩薩「故意」放出妖怪「考驗」自己，孫悟空忍不住罵觀音：「該她一世無夫！」

那這些妖怪的下場如何呢？他們的下場都不錯，白鼠精被乾爹帶上天後，沒有了下文；高層們的坐騎和身邊工作人員都回天上，官復原職了。那個奎木狼因為天庭管理混亂下凡害人，案發後被抓回天庭。玉帝只是罰他去燒火而已，你說，從最高領袖到各處封疆大吏，都和妖精能扯上關係，為自身利益考慮，他們也不會為難這些妖精。套用一句時髦的話，「內部處理，下不為例」了。

還有一些妖怪因為在害人過程中展現出了「傑出的能力」，最後因禍得福，被天上的長官慧眼相中，鯉魚跳龍門，在天上謀得了工作。牛魔王的兒子紅孩兒抓住唐僧要吃他的肉，後來被孫悟空聯合觀音給治了。日後牛魔王找孫悟空要人。孫悟空苦口婆心向結拜大哥牛魔王解釋：「長兄勿得誤怪小弟。當時令郎捉住吾師，要食其肉，小弟近他不

得，幸觀音菩薩欲救我師，勸他歸正。現今做了善財童子，比兄長還高，享極樂之門堂，受逍遙之永壽，有何不可，返怪我耶？」牛魔王的家庭就是個占山為王的土財主，紅孩兒是個小妖精，現在被觀音封了個善財童子，由妖成了仙，真是天大的好事。極少有人有紅孩兒這樣的好運，孫悟空花了 14 年時間，歷盡千辛萬苦取得了真經，才被「提拔」，從花果山的妖怪成了如來身邊的正牌仙人。同樣好運的還有黑風怪。這黑風怪不貪唐僧的肉也不劫唐僧的色，偏偏要搶唐僧的袈裟。被抓後，觀音菩薩可能是看他有「佛緣」，為他在南海仙境中安插了個辦公行政職位。黑風怪瞬間從山寨王成了吃皇糧的行政人員，厲害啊！

　　由此，我們也可以推測白鼠精的命運。李天王是天庭武裝力量的頭號人物，手裡的塔都是如來送的；哪吒是如來佛將碧藕為骨，荷葉為衣，念動起死回生真言，重新造出來的典型。雖然天庭沒有公布如何處置她，但考慮到李靖、哪吒的地位和社會關係，白鼠精不是在乾爹李天王的天軍中謀了個職，就是在西天如來那裡混了個職位，反正差不了。

　　我們不禁要感嘆：當個有靠山的妖怪真好啊！可以肆無忌憚為所欲為，出了事情有上層關係罩著，大事化小小事化無，實在扛不過去就挨幾句批評挪個位置繼續胡作非為。這又是「靠山政治學」的實在案例。

　　靠山政治學往往發生在政治不清明，高層領導昏庸的時候。比如《西遊記》中的上級們，玉皇大帝昏聵無能，天庭百官尸位素餐。究其原因，病根在於天庭實行的是「領導階層終身制」，幾萬年來都沒有進行流動。高層的隊伍越來越龐大，只進不退，當上哪個官以後終身占住了這個位置。而負責落實執行命令的天兵天將們，不是昏庸怕事、膽小如鼠，就是欺軟怕硬、見錢眼開。猜想只要拿著玉帝的令牌或者抱著一捆金條，任何妖魔鬼怪都可以在天庭行走自如。地上的情況也好不到哪裡

去。車遲國國王等人寵信妖怪，比丘國國王要將小兒心肝當藥引子，至於甘心充當妖怪保護傘的王公貴族就更多了。凡此種種，都是靠山政治學發揮作用的肥沃土壤。

靠山政治學的一大鮮明特徵是在人事制度上，劣幣驅逐良幣，人不能盡其才，庸人懶人反而如魚得水。比如西天取經團裡的孫悟空，出道晚（從石頭裡蹦出來才幾百年），本領強（一條金箍棒打敗天庭的十萬天兵天將）。孫悟空本來想報效神仙世界，希望躋身於神仙行列，結果玉皇大帝讓他去做了弼馬溫。一個勇冠三軍的將才就這樣成了一個馬伕。取經團裡的豬八戒，飯吃得最多，打仗的時候跑得卻最快，而且怕苦怕累，凡是和髒亂沾邊的任何事情能推則推，不能推就消極怠工。如果不是孫悟空四處化緣，衝鋒在前，豬八戒早就成了紅燒豬腳、糖醋里肌、火爆腰花外加豬耳朵了。這豬八戒還老愛吹噓：「老豬當年總督天河，掌管了八萬水兵大眾。」雖然聽起來頗有紹興城外的阿Q說當年老子的爺爺比你闊多了的味道，但人家畢竟是天庭的正規嫡系部隊將領。再加上這頭豬有個最大的優點，聽取經團團長唐僧的話，唐僧說一他不說二，裝老實人，沒事挑撥唐僧念緊箍咒管教孫悟空，會裝瘋賣傻逗大家笑，結果論功行賞的時候和孫悟空一樣位列仙班，位置還不低。人家有背景啊，一是玉皇大帝的舊部，二是團長唐僧眼中的好徒弟。

神仙妖怪的世界和古代世界有幾分相似。正如魯迅先生在《中國小說史略》中指出的，《西遊記》「諷刺揶揄則取當時世態，加以鋪張描寫」，「作者稟性，『復善諧劇』，故雖述變幻恍惚之事，亦每雜解頤之言，使神魔皆有人情，精魅亦通世故」。先生一針見血，《西遊記》描寫的神仙鬼怪世界的光怪陸離正是古代社會光怪陸離的投影。

第二節
蔣門神的權力網絡

　　北宋徽宗年間，東潞州有個惡棍，叫做蔣忠，因為身高九尺來長，又會些武術拳腳，江湖上替他起了一個諢名，叫做蔣門神。

　　身為《水滸傳》中襯托武松的反面配角，蔣門神出場不多。但身為從社會底層爬升上來的典型惡棍，蔣門神成功地編織了一張泛權力網絡，依靠這張網絡禍害一方，如果不是遇到武松「路見不平一聲吼，風風火火來殺人」，蔣門神和他的網絡還會安然延續。透過對蔣門神這個小人物的解讀，泛權力的又一個生動案例將會展現在我們面前。

　　蔣門神本來和權力無緣（因為出身低，又沒讀過書），在社會上立足的主要優勢是長得高高大大，力氣大，會使槍棒拽拳飛腳。其中，蔣門神尤其擅長相撲，曾自誇：「三年上泰嶽爭文，不曾有對；普天之下沒我一般的了！」我們姑且相信蔣門神的自吹自擂。當一個人在社會上要靠吹噓相撲本領來混飯吃，他的社會地位和處境就可想而知了。蔣門神肯定也知道自己的先天不足。歷史和現實一再證明，任何莽夫壯漢都不能靠蠻力飛黃騰達躍居人上，必須與權力相結合，利用權力來壯大發展自己。所以，蔣門神主動結交官府中人，和本地一個姓張的軍官成了好友。

　　官府中人怎麼就和蔣門神這樣的小惡棍混到一起了呢？因為官僚也是人，總有些自己不方便出面、不屑於出面或者出面也做不了的事情，

比如把受賄的錢「洗白」了、在外面置辦藏嬌用的「金屋」、教訓教訓對自己不敬的哪個轎伕走卒。這就需要一些不在乎臉面、在大街小巷混熟的人幫忙去辦這些事情。市井流氓無疑是最佳人選。

張軍官就和蔣門神走得很近。張軍官不是個好官，擅長腳踩黑白兩道，常常調動正規軍走私和收保護費。當然，張軍官不會親自出面，一直是蔣門神帶著流氓或者正規軍衝殺在前面。這樣，蔣門神就透過張軍官和政府權力搭在了一起，獲得了衍生權力。東潞州的一般衙役官差不僅不敢管蔣門神、治他的罪，而且還對他敬畏三分。後來，張軍官升官了，升任孟州團練。張軍官變為張團練了，還是需要蔣門神到新地方辦事，就帶著蔣門神去孟州上任。

官員離不開小混混，本質上是體制內的權力和體制外力量的相互糾結。這在中國歷史上是一個普遍存在的現象。孟嘗君權勢熏天，招收的三千門客中就有許多是有一技之長的市井小混混。他在秦國遇難也是靠雞鳴狗盜的市井小把戲脫身的。不管官員利用小混混的目的是壞的（比如張團練）還是好的（比如孟嘗君），都說明了泛權力的存在。前者表明政府權力的泛化，像張團練這樣的人不安於將權力局限在衙門和軍營裡，還仗勢去社會上欺壓百姓，獲取衍生收益，就不得不仰仗蔣門神；後者說明法定權力不能解決一個官員面臨的種種問題，即便是孟嘗君也要仰仗蔣門神這樣的人，因此衍生權力不是孟嘗君主觀想不想要的問題，而是必需的。結果衍生權力多少流到了蔣門神之流的頭上。

話說張團練、蔣門神來到孟州後，發現城郊有個叫做快活林的紅燈區，收益很誘人。

快活林由一個叫做施恩的黑道大哥控制著。施恩是個「權二代」，父親是孟州監牢管營。他「自幼從江湖上師父學得些小槍棒在身」，江湖

人稱金眼彪。在施恩的經營下，「山東、河北客商都來那裡（快活林）做買賣，有百十處大客店，三二十處賭坊、兌坊」。施恩「一者倚仗隨身本事，二者捉著營裡有八九十個棄命囚徒，去那裡開著一個酒肉店」，這個酒肉店就是他的據點，壟斷來往客商的食宿生意。這只是施恩的第一筆收入，第二筆收入是向快活林的眾多店家、賭坊、兌坊收取的保護費，第三筆是壟斷快活林的黃色事業，按照施恩的手法是「但有過路妓女之人，到那裡來時，先要來參見小弟，然後許她去趁食」。三筆收入合起來相當可觀，「那許多去處每朝每日都有閒錢，月終也有三二百兩銀子尋覓」。利潤如此之高，張團練和蔣門神就看上了。

施恩控制快活林依靠兩個優勢，一個是能調動父親監獄裡的亡命之徒賣命，另一個是自己會些武藝。蔣門神很輕易就把施恩的兩個優勢壓了下去。他從張團練那裡調來的一批正規軍（宋代團練負責當地的民房和練兵，手下有的是兵），把監獄的亡命之徒給鎮住了；然後蔣門神親自上陣，和施恩單挑。施恩「不肯讓他，吃那廝一頓拳腳打了，兩個月起不得床」。快活林易主，蔣門神占了施恩的那家酒肉店，做了老大，張團練在幕後參與利益分配。一個新的黑白結合的黑社會勢力在孟州形成了。

江湖裡殺來殺去的事情多了。施恩在床上躺了兩個多月後，病好了，開始思索著怎麼把快活林給奪回來。他和蔣門神一樣，都分沾了衍生權力（能調動父親管轄的囚徒當打手）。就在施恩怨恨自己技不如人的時候，他發現父親的監獄裡來的一個新囚犯，可能是個扳回頹勢的好幫手。這名囚犯就是武松。武松的武功了得，喝醉了酒還能三拳兩腳把老虎給打死，因為為兄弟武大郎報仇殺死了當地的黑社會頭目西門慶及其同夥才被發配孟州受刑來的。

　　於是，施恩對武松展開了拉攏，先是免去了武松的殺威棒，再是把他安置在單獨的雅間，天天好酒好肉招待著，又讓武松看到其他囚犯生不如死的服刑生活，最後讓武松產生了無功受祿寢食不安的感覺。施恩深諳黑道人情世故，在智商上對付武松是綽綽有餘。等到武松主動求見的時候，施恩再對著武松一頓恭維、跪地叩拜，一把鼻涕一把淚地把被蔣門神奪去「產業」的經歷一說，武松當即答應去找蔣門神算帳。

　　有了武松衝鋒在前，施恩父子再從牢中挑了幾十個健壯的漢子遠遠跟在武松後面，奔向快活林而去。為什麼要隔著一段距離呢？猜想施恩對武松能否制服蔣門神心存疑慮，所以不一起上前廝殺，如果武松打贏了蔣門神他再率大部隊上去掃尾，如果武松打輸了他就率大部隊趕緊開溜，免得蔣門神一幫人報復。

　　卻說蔣門神自從得了快活林，日子過得非常快活。一個人從社會底層突然成為地方一霸，最想做的就是擺威風和享受。蔣門神也不例外，大口吃肉大碗喝酒，還從孟州城裡找了一個美女為妾，安排在酒肉店裡當掌櫃，自己就支把躺椅在店門口終日納涼。他疏於防備了，結果被武松衝上來一頓狠揍，被打得鼻青臉腫，脖子歪在半邊，額角頭流出鮮血來。蔣門神好漢不吃眼前虧，馬上討饒。武松踩著他，要他把快活林還給施恩，威脅他「連夜回鄉去，不許你在孟州住；在這裡不回去時，我見一遍打你一遍，我見十遍打十遍！輕則打你半死，重則結果了你命！」蔣門神滿口應承下來，從武松腳下逃出後，找了輛獨輪車拉上老婆和貼身衣物，一溜煙地跑遠了。

　　竟然沒有動用大部隊就把快活林給奪回來了，施恩大喜過望。他把武松當做保護神供在酒肉店裡，好吃好喝伺候著。為了彌補被蔣門神霸占的幾個月的損失，施恩決定提高快活林地區保護費的標準，「比往常加

增三五分利息，各店裡並各賭坊兌坊加利倍送閒錢來與施恩」。

這場黑吃黑的鬥爭，到這裡本應告一段落了。蔣門神慘敗，還會有機會翻身嗎？

過了一個多月，施恩一天正在酒肉店裡陪武松喝酒。孟州守禦兵馬都監張蒙方派兩個親兵來提武松。施恩尋思道：「這張都監是我父親的上司官，屬他調遣。今者，武松又是配來的囚徒，亦屬他管下，只得教他去。」武松不得不去，施恩只好放他走了。張都監自述知道武松武藝高超，有意留在身邊做親隨。武松很高興地接受了。於是，張都監親自賜酒，叫武松吃得大醉，就前廳廊下收拾一間耳房與武松安歇。次日張都監又差人去施恩處取了行李來，武松就在張都監家住下了。武松和施恩就此分開了。

張都監對武松很不錯。「早晚都監相公不住地喚武松進後堂與酒與食，放他穿房入戶，把做親人一般看待；又叫裁縫與武松徹裡徹外做秋衣。武松見了，也自歡喜。」

武松自從做了張都監的親隨，日子過得比在施恩那裡優渥多了。原因是他和權力關係非常近，獲得了一些衍生權力。許多求張都監辦事的人見武松是張都監的親隨，曲折地先來央求武松，武松向張都監傳話。凡是武松轉述的事情，張都監無有不依。這樣一來，武松的衍生權力就更大了，求他辦事的人越來越多。外人都送金銀、財帛、緞匹等給他。收的禮太多了，武松專門買了個柳藤箱子藏這些東西。一個發配孟州的囚徒，竟然因為做了都監的親隨，不僅一點不像囚犯，還源源不斷地收取衍生收益。這一切都發生在夏秋之交的一個多月時間裡。

轉眼到了中秋節，張都監在後堂深處鴛鴦樓下安排筵宴，邀請武松慶賞中秋。武松受寵若驚，在宴席上喝了一杯又一杯酒，散席後昏沉沉

地回到耳房酣睡。正睡著，府邸中響起捉賊聲，武松驚醒後提著棍子就往後堂衝去。暗中被凳子絆倒，武松竟然被捆綁起來，當做那個賊了，又從耳房中搜出藏著財寶的柳藤箱，「人贓俱獲」。張都監不聽武松辯解，就命人拿著名帖去知州那裡要求嚴懲武松。

施恩聽說武松被抓後，趕緊跑到孟州州衙裡疏通。他找到認識的兩院押牢節級康節級，塞了一百兩銀子，套出整件事情的來龍去脈來：

原來蔣門神被武松趕出快活林後，並沒有離開孟州，而是躲在了張團練的家裡。他動用全部關係網絡，開始反撲。他最大的權力關係就是張團練。憑藉張團練的力量，看來不能打倒施恩和武松的聯合體了。蔣門神又從張團練的關係網絡中找到了一條有用的線索：張都監。張都監和張團練是結義兄弟，是施恩父親的上司。張都監可以鎮住施恩的父親，可怎麼對付武松呢？蔣門神冥思苦想，設計出一個陰謀來。他央求張團練買通張都監，給了張都監一大筆錢，對武松布下了這個陷阱。武松被押送州衙後，蔣門神又上上下下賄賂了一遍，一心要置武松於死地。

施恩知道蔣門神如此大費周折，是衝著快活林來的。武松是自己最大的法寶，要保住快活林必須保住武松。所以，施恩央求康節級抵住張都監、蔣門神的壓力，沒有在監牢裡就「結果」了武松。然後開始尋找營救武松需要託求的關鍵人物。

康節級告訴施恩，知州大人要判武松一個死刑，但葉孔目認為武松偷盜罪不至死，不同意知州的判決，所以武松的判決就拖了下來。要救武松，葉孔目就是關鍵人物。施恩趕緊託一個和葉孔目熟的人，送一百兩銀子與他，只求早早判決武松。葉孔目從來人嘴中知道了武松被人陷害了，有心周全他，便去找知州。知州知道武松一事的來龍去脈後，心中暗罵張都監、張團練等人奪了快活林這塊肥肉，卻要自己背殺害武松

的黑鍋。他索性給葉孔目一個面子,「依法辦事」,對武松定了一個「脊杖二十,刺配恩州」的判決。(不依法辦案是常態,依法辦案反倒成了稀罕事,可見泛權力對孟州司法的影響有多大。)

雖然沒有能置武松於死地,蔣門神畢竟趕走了武松。他買通押送武松的公差,然後派了兩個徒弟埋伏在流放中途,準備將武松殺死。布置完後,蔣門神迫不及待地領著從張團練處討的一夥軍漢殺向快活林,將施恩痛打一頓,奪回了地盤。

圍繞快活林的爭奪似乎以蔣門神的徹底勝利結束了。可惜蔣門神低估了武松的能力。他的那兩個徒弟加上兩個公差,都不是戴著鐐銬的武松的對手,反而被武松殺死了。武松摸黑殺回孟州城來。衍生權力系統不能放到臺面上說清楚,是黑暗的,其中的運作規則也就變得黑暗不可捉摸。這個系統的底線一再被突破。蔣門神公開單挑失敗,買通張都監陷害武松就破壞了江湖規則,第一次突破了底線;在武松流配的路上要害武松的性命,第二次突破了底線。現在,武松提刀殺回孟州尋仇,是武松突破了底線。可見,衍生權力系統惡劣起來會多麼可怕。

那一晚,蔣門神和張團練一起在張都監家的鴛鴦樓上慶祝勝利。當晚的鴛鴦樓上,「三五枝燈燭熒煌,一兩處月光射入,樓上甚是明朗;面前酒器皆不曾收」。酒過三巡,蔣門神正坐在交椅上迷糊著,見到提刀上樓的武松,吃了一驚,心肝五臟都提在九霄雲外。他急著要掙扎起來,結果腿軟沒能起來。他看到的最後一幕,就是武松躍起一跳,一道白光衝著自己劈臉剁來。

蔣門神來不及反抗,就連人帶椅子被砍翻在地。這一晚,蔣門神和他的權力網絡,都被武松送下了地獄。而武松也斷了做個良民的後路,走上了梁山。

第三節
梁山泊的排名政治學

鼓上蚤時遷是人們最熟悉的梁山英雄之一。民間演繹了許多時遷神偷蓋世，劫富濟貧，深受平民愛戴的傳說故事。在底層社會，時遷是小偷行業的榜樣，一面值得後來者瞻仰的旗幟。

在《水滸傳》中，時遷為梁山立下了很大的功勞。梁山泊遇到呼延灼統帥的鐵甲馬隊圍剿，危險萬分，是時遷充分施展雞鳴狗盜的本領，將會用鉤槍隊伍鐵甲馬的徐寧騙上梁山，解了眾兄弟的難。日後梁山的二把手盧俊義沒入夥的時候，遭奸人迫害，被關在大名府大牢裡。梁山盡發大軍，圍攻大名城。大名府是河北重鎮，城池堅固，兵精糧足，梁山英雄們打來打去就是打不下來。進退維谷之際，是鼓上蚤時遷提出了在元宵夜攻大名府的計畫。時遷混入城中後成功在翠雲樓縱火，引起全城騷亂。梁山好漢內外呼應，趁亂攻破了大名府。至於刺探情報、傳遞消息等苦勞，在書中多處出現的時遷也不落在人後。

時遷能有這麼大的功勞，全靠有一身本領，且見識不凡、老練能幹。民間傳說時遷曾和人打賭偷盜指定物品，他都能用巧勁妙計得手。時遷在大名府打尖的時候，遇到了混入城中的同夥孔明、孔亮兄弟。孔家兩兄弟公子出身，雖然披著頭髮，身穿破衣，拄一條杖子，拿口碗在那裡乞討，一個面皮紅光閃亮，一個皮膚白白淨淨，不像忍飢挨餓的

人，倒像是王公貴族公子哥兒來體驗生活的。時遷趕緊把哥倆拉到一邊，免得撞著行家露餡了。

那麼，這樣的人才在梁山 108 將中應該排第幾位呢？怎麼也會是中等名位吧？錯了，時遷排名第 107 名，也就是倒數第二。不僅毛手毛腳的孔明、孔亮排在了時遷的前面，還有許多資質平平、渾渾噩噩、要不是上了梁山都不知道在哪裡窩著的泛泛之輩都排在了前面，就是那個出賣兄弟叛變投敵導致梁山前老大晁蓋和吳用、公孫勝、阮氏三兄弟等大佬放著好好到手的金子花不了，落魄逃亡梁山的白勝，平日裡基本上見人點頭哈腰、遇事擦擦桌子倒倒茶水，現在也排名 106 位，壓在了時遷的頭上。

更可惜的是，在具體業務上，時遷被分在情報組，專門蒐集數據情報。當年老大宋江坐牢時的牢頭戴宗，把老大伺候好了，現在做了情報組的組長。戴宗一不會提槍弄刀二不會喬裝打扮，平日除了跟在宋江後面點頭稱是外，沒有尺寸之功。時遷是組裡的骨幹菁英，功勳卓著，也只能事事聽候戴宗的差遣。

時遷在梁山怎麼混得這麼差呢？

如果把水泊梁山比作一個單位，那麼時遷無疑在其中不得意，是單位利益結構中的失敗者。時遷能力不錯卻混得太差，得從時遷的爸爸媽媽開始談起一直談到梁山泊上各位好漢之間蠅營狗苟亂七八糟的事情。因為這個問題不是時遷一個人的問題，而是「單位」政治的問題。每個單位都有明著暗著的人情世故和規章制度，都複雜得很。記住這一點，我們繼續往下分析：

首先，小偷時遷出身差、起點低。

人是分三六九等的，上梁山之前各位領袖的出身不一，但都比時遷

要好。當然，出身太差不能怪時遷。他降臨在高唐州的時候，這個弱點就從娘胎裡跟著他一起降臨了。從來沒有人談起過時遷的父母，連時遷他自己都沒談過，所以最大的可能就是時遷父母早逝，留下小時遷一個人孤苦伶仃地四處流落。時遷要生活啊，因此「做些飛簷走壁，跳籬騙馬的勾當」，成了一名四處作案的小偷。

一天，時遷挖完古墓累了，窩在哪座破廟的角落裡睡大覺，迷迷糊糊偷聽到殺了人的楊雄、石秀二人在堂前商量著上梁山入夥。「上梁山好啊，那雖不是什麼正經飯碗，但也算有口固定的飯吃。」飢餓的時遷按捺不住，跳將出來，拉住楊石二人就要一起上山落草。

時遷輕功了得，突然竄到楊雄面前就談做強盜的事情，把楊雄嚇得半死。「你，你，你如何在這裡？」時遷道：「哥哥聽稟：小人近日沒甚道路，在這山裡掘些古墳，覓兩分東西。因見哥哥在此行事，不敢出來衝撞。聽說去投梁山泊入夥，小人如今在此，只做得些偷雞盜狗的勾當，幾時是了？跟隨得二位哥哥上山去，卻不好？未知尊意肯帶挈小人否？」這一開始，時遷就把自己放在了他人小夥計的地位上，常年底層生活的思維習慣使然。

不知是時遷的謙卑恭順，還是顯露出來的身手，楊雄和石秀同意了，三人組團往梁山求職去了。這一路漫漫征程餐風露宿的，三人要吃沒吃要喝沒喝，還要躲避官府稽查，全靠時遷偷的東西果腹。時遷對楊石二人很巴結，不僅主動為二人倒水倒酒洗臉洗手，偷了大公雞烹了以後還主動送給楊石二人吃：「煮得熟了，把來與二位哥哥吃。」那大公雞據說是被偷的人家唯一的雞，養著給村子打鳴用的。楊雄、石秀也沒覺得這麼做有什麼錯，一個說了句「你這廝還是賊手賊腳」，一個笑時遷「還不改本行」，邊說邊下手開吃，三兩下就把公雞消滅了。時遷則在

一旁憨厚地看著，聽到責備後撓撓頭笑了。這個形象簡直是他人生的寫照，一輩子為人做嫁衣還樂在其中。

　　遺憾的是，梁山大當家晁蓋討厭時遷，厭惡偷偷摸摸的行徑。當楊雄和石秀上山後報告說因為時遷偷雞被祝家莊抓了後，晁蓋大怒，要把楊石二人綁起來，推出去，砍腦袋報來。二人趕緊求饒，說那都是時遷做的，我們頂多算從犯，罪不至死。晁蓋問，那時遷在哪裡？二人回答說，被祝家莊抓去了。晁蓋大喜，喜的不是時遷得到報應了，而是他早尋思著要奪祝家莊的金錢和糧食補充山寨的虧空了，這回終於讓我逮著藉口了。他馬上變臉，說時遷是我們的好兄弟，祝家莊竟敢抓他！走，夥計們，操傢伙，到祝家莊搶糧去，順便把時遷兄弟救出來。

　　時遷不經意間，又為梁山立了一大功。可是這改變不了老大對他的鄙視和厭惡。一個人雖然勉強入夥了，但一來就遭到老大的嫌惡，在單位的前途可想而知。

　　不久，梁山換了位老大：及時雨宋公明宋江 —— 名字長了點，弟兄們都這麼叫，彷彿只有這麼叫了才能顯示出仰慕擁戴之情。宋江的出身很高：縣衙押司，正經八百的公務員。除去平時大手大腳揮霍衍生收入外，宋江能得到大夥的擁戴相當程度得益於他出身好：公務員當著，在宋家莊還有地。108 將中只有落魄皇裔柴進和關羽後人關勝的出身比宋江高。柴進老祖宗是後周的皇帝，手裡拿著宋朝皇帝頒發的「丹書鐵券」就是犯了罪也可以免死，可惜「地位」太高了，一般老百姓明白不了柴家到底有多高貴，只當是個員外爺。而柴進「門招天下客」，拿大宋官府的錢結交官府的通緝犯，可惜和老百姓距離太遠不太平易近人，老是端著架子，不會籠絡人。武松在柴進家坐了幾個月冷板凳，結果還被初來乍到的宋江硬生生籠絡走了。所以柴進出身最好卻只能做單位的「十把

手」。關勝簡直是和老祖宗關羽一個模子刻出來的，拿把大刀站在那裡挺能嚇唬人的，可惜武功太差，是以敗將俘虜身分入夥的。之後梁山出去打仗就拉關勝當花瓶擺在陣前嚇唬敵人。宋朝的時候關羽的地位被抬得老高了，都成「武聖」了，關勝自然水漲船高，雖然人沒用進入領導團隊又晚，還是成了梁山的「五把手」。柴進和關勝都是血統論的受益者。可惜和宋江相比，縣官不如現管，山上的領袖們都知道縣衙押司的厲害，卻不知道後周皇裔是什麼更對聖人的後代敬而遠之。宋江再一來事，就成了一把手了。

梁山領袖論出身，第二等的就是軍官了。宋江對朝廷軍官是刻意籠絡，對那些帶兵來鎮壓的將官更是打敗一批招降一批，一個都捨不得殺。宋江剛上山就抱定了下山招安的目的，這些朝廷將官們來自於朝廷內部，懂規矩有人脈，是聯繫招安不可或缺的中間人。入夥的軍官多了，和朝廷討價還價的籌碼也多了，所以軍官們在梁山上的排位都不錯。第三等出身是普通百姓。有人說《水滸傳》描寫的是農民起義，但山上農民兄弟很少（而且還是漁民），多數都是城市貧民。第四等就是衙役牢頭和尚道士夥夫什麼的。人們雖然口口聲聲說三百六十行行行出狀元，內心還是鄙視那些從事邊緣行業的人。按照朝廷律法，第四等領袖的子孫三代以內都沒有參加科舉考試的資格。

時遷的出身比第四等領袖還要差，孤兒一個無產無業小偷小摸，是底層中的底層，不能更低了。任何一個單位結構都是社會結構的翻版，時遷墊底進來自然也只能墊底排位。

時遷不得志的第二大原因是他不合群。

時遷的不合群不是喝酒吃肉上的不合群，而是行為品性上的不合群。在山上，其他領袖都炫耀臉上的刺字，這個刺配兩千里那裡刺配

三千里，這個殺了情婦老婆那個殺了縣令官差，各個都是殺人不眨眼的要犯。領袖李俊、張橫等人入夥前是船伕，把船搖到江心就問乘客，要吃「板刀麵」還是要吃「餛飩」？「板刀麵」就是我砍死你搶你財物，「餛飩」就是你識相地留下財物跳進江裡。領袖李立和張青、孫二娘夫妻入夥前做包子生意，從不往麵粉裡摻東西，只是堅持用人肉做餡，賣人肉包子。這抓住了就是要砍頭的，李俊、張橫等人的頭顱還要懸掛示眾，直至腐爛。時遷犯了什麼案？偷雞。按律，小偷被捕後無論所偷財物多寡最多打板子，連刺配的資格都沒有。時遷沒殺過人，還有「重新做人」的機會，就算梁山失敗了他大不了被打個皮開肉綻，爬出衙門口照樣可以開始美好新生活。所以說時遷和其他大案在身的領袖是兩路人。其他領袖無論怎麼在表面上把時遷當兄弟，心裡總會提防著點。

　　梁山早期對入夥者有個要求：「但凡好漢們入夥，須要納投名狀。」「投名狀」就是一顆人頭，新人拿來人頭雙手就沾滿了鮮血，和山上的老人坐上了同一條船，生死與共了。這個優良傳統傳著傳著就沒人執行了。時遷上山時，是拿著一隻雞來的並沒有人命案在身。他這樣的偷雞盜狗的小賊本來是沒機會入夥的，現在上來了難免受同夥歧視了。在任何一個單位，你都要融入單位的文化和氛圍。時遷太純潔了，所以被邊緣化了。

　　第三，時遷是派系政治的犧牲品。他不屬於任何派系，自然也沒人拉他一起排排坐分果果了。

　　梁山內部一直存在派系。正如領袖焦挺說：「我多時要奔大寨入夥，卻沒條門路。」這門路就是需要有人引薦，有山上的派系願意接納你。時間越長派系越鞏固越明顯，相互制衡越複雜，任何新人加入都牽動各派的神經。

梁山的第一個派系是元老派，包括林沖、劉唐、三阮、宋萬、杜遷、朱貴、白勝等人。他們是年資最長的老成員了，比例越來越稀薄，被長江後浪推得東倒西歪，但再不濟也能在梁山下屬的飯店裡掛個經理做做。第二個派系是實力派。梁山在發展過程中，吸納了清風山、芒碭山、二龍山、桃花山、白虎山、少華山等山寨的力量。比如魯智深、武松、李忠等人都是帶著成百上千的人和槍上的梁山，是「加盟」不是「求職」，自然發言權不同。第三個派系是關勝、秦明、呼延灼、張清等人的「原國家官員」集團。他們是梁山尋求招安的重要籌碼，有了他們梁山才能區別於其他草民流寇。第四個派系是心腹集團，花榮、戴宗、李逵和燕青等人和宋江、盧俊義等核心領袖關係密切，不是鞍前馬後跟隨左右就原本便是領導者的僕人。第五個派系是功臣集團，柴進、李應、朱仝、徐寧等人不是長期供錢供物是梁山的「金主」就是替梁山解過難題或困境。他們是梁山專門請來的，自然要開出不錯的待遇吸引人才。第六個派系是專業技術集團。梁山領袖整天舞刀弄槍的，但也需要技術人員。比如寫資料的筆桿子蕭讓、刻章辦證的金大堅、打造兵器的湯隆、替人看病的安道全和替馬看病的皇甫端等。這個派系對利益分配沒什麼發言權，只能埋頭幹活，但單位離不開他們。最後一個派系就是沒有派系的人。時遷就是該派人士，此外還有扈三娘、焦挺、石勇、王定六、段景住等沒有背景、因各種機緣上山來的成員。這班人的排位都很靠後。

等梁山的領袖越來越多魚龍混雜，宋江盧俊義吳用等人覺得單位各處室人滿為患，實在塞不下新人了，必須核定編制加強管理。

人事權是最核心的權力，令人敬畏羨慕。但人事大權不是普通人能操持的，需要考慮多少細節和人情世故啊！誰上誰下，哪個因素的權重

多少，哪個派系會有什麼樣的反彈，弄不好會影響穩定大局的。宋江吳用等人單單為了 108 人的排位問題，就絞盡腦汁冥思苦想了七天七夜，誰有多大的分量領導者心裡都清楚，就是不知道怎麼宣布出來。最後還是宋江拿出了一個方案：讓天意來做主。

於是，梁山上落下一顆大隕石，石頭上刻著 108 人的排名。眾人看了都驚訝不已。宋江吃驚地說：「敢情我們弟兄原來都是上天的星宿。上天顯應，合當聚義。今已數足，上蒼分定位數，為大小一等。天罡、地煞星辰，都已分定次序。眾領袖各守其位，各休爭執，不可逆了天言。」眾領袖無話可說。這是「天地之意」，誰敢違抗？

就這樣時遷排名倒數第二。最末一位是段景住，也是個小偷，專門偷馬的，但業務能力比時遷差遠了，在長城外得了一匹好馬，屁顛屁顛地趕來獻給前老大晁蓋，結果半路上還被人搶走了。入夥後段景住負責往來中原和西域為單位採購馬匹，長年看不到人影，也只能坐最後一把交椅了。

第四節
特殊的官場報恩法

　　明朝嘉靖年間，松江上海縣人姚一祥，家境豐裕，為人倜儻不羈，輕財尚義。他曾讀書考試想走仕途，可考了幾次連童生都沒考上，進不了鄉學讀書，鄉親鄰里之間未免誚笑他不中用。姚一祥生性淡然，聽了也不氣不惱，只是耐不過守寡的老母親一心指望博取功名，最後花錢捐了一個縣吏，圖個小小前程。

　　明末清初的小說集《醉醒石》的第一回合，講的就是這位姚一祥當官的故事。姚一祥性格和晚明骯髒齷齪的官場其實是格格不入，「你道如此豪爽的人，可是看得衙門中這些齷齪銀子在心的麼？」所以，姚一祥當官一味濟難扶危，寬厚清廉，不謀取衍生收益，衙門裡的人有讚他忠厚的，多數人當他是痴呆另類。姚一祥也不放在心上，任人說笑。光陰荏苒就過了六七年，姚一祥熬不過母命，又拿出一筆錢到京裡疏通，被任命為江西九江府知事，上任去了。

　　到此為止，我們知道姚一祥的提升，不是因為泛權力網絡的運作，而是單純的金錢交易：一路花錢買官。從本質上來說，姚一祥不認同官場的衍生權力網絡，潔身自好不沾染任何衍生收入，所以很難得到其他官吏的認同。他到達九江後，府裡藉口監獄缺乏一個負責人，命令姚一祥「帶管」監獄。這是對姚一祥的變相打壓。監獄事務屬於政壇的邊緣

事務，監獄負責人的法定權力和衍生權力都很小。九江府衙此舉的目的就是將姚一祥冷凍起來，束之高閣，不讓他妨礙其他人行使泛權力獲取額外收益。

姚一祥卻一心放在工作上，把九江監獄治理得面貌一新。他對囚犯悉心照料，賙濟貧弱，無論重刑犯還是暫時監押者都不加苛虐。「汙穢者潔淨之，病疾者醫治之，飢寒者衣食之。」明清監獄黑暗是眾所周知的。光緒年間美國駐華外交官何天爵有個基本判斷：即便最模範、條件最好的中國監獄，在美國人看來都是慘無人道的黑暗地獄。獄卒殘暴，甚至草菅人命。如果管理者能夠打掃一下、預備些人丹等基本藥品就算是好官了。如此一比較，姚一祥的舉動簡直就是天使下凡，囚犯及其家屬無不感恩戴德。

囚犯們感恩戴德對姚一祥這個監獄管理者一點用都沒有，他的權力還是很小，在九江的權力格局中被邊緣化了。姚一祥常常感到苦悶。他發現九江監獄中有許多囚犯不是被誣陷的，就是被屈打成招的，或者是定罪缺乏證據的。姚一祥詳細核查了他們的案卷，很想替他們洗刷罪名或者發回去重新審理。只可惜，姚一祥自恨官卑職小，明知囚犯有冤枉也不能代為申訴。姚一祥不是傻子，自然清楚一個被陷害的囚犯或者屈打成招的囚犯背後，站著多少利益相關者；將一件案子推翻重審將得罪多少同僚。他一個小小的監獄長，當不了青天大老爺。每當想起這個，姚一祥抱愧不已。他能做的，就是在任時一清如水，整日蔬食布衣，廉潔自律。

大半年後，新任江西按察使到任。大小官員要去參見。姚一祥也隨行逐隊，去當一回背景觀眾。衙門森嚴，官員眾多，哪裡有姚一祥這樣小官說話的分，姚一祥一連去了三日才參見完畢，和同批人一起告辭返

任。還沒走出衙門，按察使派人傳話：請九江府姚知事入內。同行的官吏不免吃驚地看著姚一祥，暗想這個另類知事是不是犯了什麼事了？姚一祥也吃了一驚，自忖做官以來不曾做過違法犯紀的事，沒多拿一分一毫贓錢。想到這，姚一祥不害怕了，整理一下官服急急地跑回去參拜。

按察使見面先問：「你便是上海姚一祥嗎？」姚一祥回答：「小官正是。」又問：「到任幾時了？」姚一祥回答：「到任十個月了。」按察使馬上笑道：「你是個風流曠浪的人，如何做得這樣的小官？」

姚一祥聽到此話，心中既吃驚又疑惑。他年輕之時的確在上海、南京等地和青樓女子有過風流往事，不知道新任按察使怎麼知曉的。姚一祥不得不勉強回答：「不敢。」

按察使繼續說：「某年月日，在南京雨花臺上挾妓飲酒的，便是你嗎？」

姚一祥一聽年月，自己的確在那天帶著妓女上雨花臺取樂了。他以為按察使大人要懲辦自己，心中突突地跳，彷彿有一盆冷水從頭上澆下，渾身顫抖不停。略微鎮定了一下，姚一祥主動除下紗帽，磕頭認罪：「死罪，死罪，求老爺饒恕。」

按察使笑道：「不要慌張。我且問你，當日你在雨花臺時，有一個落魄秀才流落無助，求你賙濟。你慷慨給他衣服、銀兩，可有此事？」

姚一祥聽這麼一說，想起一件事來：當年自己經不起老母親的強硬要求，帶著銀兩去南京納監（買監生資格）。到了南京，姚一祥看到大明王朝的留都百府千衙，三衢九陌，奇技淫巧之物，衣冠禮樂之流，豔妓孌童，九流術士，無不雲屯鱗集，眼界大開。姚一祥本來就無心為官，加上年輕抵擋不了秦淮河畔的鶯歌燕舞，很快就終日流連河邊的妓院。一日，姚一祥帶著幾個妓女去雨花臺飲酒歌舞，正吃得熱鬧，看到一個

人敝巾破衣，憔悴得臉上沒有一點人色，跌跌撞撞而來，向姚一祥乞討。姚一祥以為是個乞丐，就吩咐僕人分一些酒食給他。誰知，那人不飲酒不吃菜，對姚一祥說：「我乃河南秀才，途中被劫，有傷在身，不能返鄉，是來求濟助資糧作為盤纏的，不為酒食！」旁邊的人就對姚一祥說：「姚相公，不要信他。我們這裡騙子多了，都說被劫了回不去故鄉，騙人財物。我們哪裡去辨他真假，怎麼去查他是不是秀才！」乞討者生氣道：「我被劫瀕死，不得已才乞討，卻被俗人懷疑。今後，我不再乞討，只是我不能留下行騙之名，要證明我說的是真的。」他脫下上衣，身上果然刀瘡未平，血痕沾衣。姚一祥連忙作揖賠罪，把還剩下的納監銀兩全都給了乞討的秀才，另外把自己的一領絟衣、一件綢襖也給他穿。姚一祥身無分文後，飄飄然從南京返回上海去了。乞討秀才感動得熱淚盈眶，詢問姚一祥的姓名。姚一祥淡淡告之後，也不問秀才姓名，很快就把這件事情淡忘了。

想到這，姚一祥連忙回答按察使：「是，有此事。」按察使問：「你還認得那人嗎？」姚一祥回答：「一時偶會，相別已久，認不起了。」按察使又問：「你曾曉得他的姓名嗎？」姚一祥又回答：「小官偶然資助，不曾問他姓名。」

按察使感慨道：「本院便是當日那個落魄秀才啊！」說完，他親切地叫姚一祥起身，又吩咐皂隸關門謝客，要好好和恩公姚一祥敘舊。

姚一祥這才安下心來，站了起來作揖，按察使又吩咐為他上茶。明清官場中，按察使這樣的省級長官不會輕易留知事、縣丞、典史這樣的小官敘舊留茶，即便特別留茶，小官也只能站著回話喝茶，不能坐。《官場現形記》中曾有巡撫某日開恩，准許衙門中那些小官坐著說話喝茶，讓那些小官們驚喜萬分、喜極而泣的情節，可見官場禮節之森嚴。而這

禮節多少是出於維護權威、鞏固權力的需求。姚一祥雖然有恩於按察使，也只敢站著喝茶。想必，當日的落魄秀才、今日的江西按察使浸染官場多年，也學會了禮節和權力的關係，並沒有發話讓恩公坐下平等喝茶。當年激昂青澀的少年秀才已經長成了穩重複雜的封疆大吏了。

茶罷，按察使說：「本院自得恩公賙濟還鄉，科第順利，只是常思報恩，沒有機會。如今在此遇到恩公，天假之便也。」那麼按察使想怎麼報恩呢？他認為「尊卑闊絕，體統森嚴，不便往來酬報」，直接給姚一祥錢或者提升姚一祥都是不行的。其實是按察使本人吝嗇，不願意給姚一祥金錢回報，同時提升姚一祥又會擠占提拔別人的名額，杜絕按察使的另一筆衍生收入。按察使想出一條非常有意思的報恩方法：讓姚一祥自己去「創造收入」，他睜一隻眼閉一隻眼裝作沒看到。姚一祥不是「有濟人利物之心」嗎？自然也可以「拯救」監獄中的囚犯。按察使很清楚他治理下的江西司法系統腐敗黑暗，監獄中肯定有大把蒙冤受屈之人。「其間倘有真正冤枉，情可矜恤者，恩公開列一份名單來。每囚一千金，本院當為釋放，以報君恩。」在這裡，按察使為姚一祥指明了一條獲利門道：一個囚犯一千兩銀子，你把名單報給我，我照單放人。這裡有兩個細節值得玩味：第一是按察使美其名曰「洗刷冤屈」，假定姚一祥日後報上來的人都是蒙冤之人，這樣可以為自己徇私舞弊脫卸責任；第二是按察使為什麼覺得這麼做就是幫姚一祥呢？在他看來，姚一祥收錢放人自己不要求從中分肥，等於讓姚一祥多賺錢了；同時他親自下令放人，幫姚一祥掃清了其他障礙。如果沒有按察使的直接干預和許可，姚一祥在實際上沒有釋放蒙冤囚犯的可能。在這樣的邏輯之上，按察使當然認為自己是在對姚一祥「報恩」了。

姚一祥則有他的想法，聽到按察使的話後，領命告辭了。姚一祥一

出門可不得了，衙門中人伸頭縮頸，紛紛相互打聽按察使為何留茶。兩人的舊情很快洩露出去。早有那些在府縣間傳遞小道消息的行家，把此事告訴各道、府、州、縣的各級官吏。姚一祥剛到家，九江府、縣多名官員送帖來攀交情拉關係，也有直接送禮來的。在泛權力系統中，姚一祥無疑獲得了巨大的靠山權力，實際權力大為增長，在九江權力格局中的地位已非昨日可比了。

姚一祥也高興得很，馬上叫來本衙門的書吏，把按察院的意思一一對他們說了。書吏向姚一祥賀喜：「恭喜老爺得此賺錢門道！」姚一祥笑道：「你們這些人啊，如果我貪錢為什麼不在日常搜刮幾文？我常常恨自己官卑職小，不能申雪冤屈，現在幸虧察院老爺有此美意，我正好因風吹火，了我心願。我不是為了錢高興！如果一味要錢，那沒錢的冤枉之人不是就出不去了嗎？」

書吏聽了，雖然口頭恭維姚一祥，心裡暗笑道：「哪裡有不要錢的人？恐怕這是姚一祥人面前的漂亮話，且看他真正怎麼過。」他們就說：「老爺既不要錢，可知獄中有幾個真冤枉？」姚一祥馬上說：「我平日時常訪問，現在監牢中有七個人是真冤。」他把七個人的名字案由一一說了出來，吩咐道：「你們將前因後果詳細寫明白了，疊成文卷，準備放人。」

姚一祥在官場幾年，也知道凡是經手辦事之人無不有衍生收入。他自己不貪錢，也不斷他人的財路。所以在放人這事上，姚一祥明白對書吏們說：「放這七個人，我一文錢都不要。但其中有三四個囚犯家境富裕，出得起銀子，你們可以向他們每人索要一二十兩，也不為過。」書吏們連聲感謝，招呼獄卒到牢中提出那七個人，把意思都說明白了。七名囚犯感謝不盡，馬上通知家人湊銀子送給書吏。

　　其間，那班書吏獄卒們商量：「姚老爺雖說不要銀子了，恐怕不是真心的。況且他既然知道有三四個囚犯是富家子弟，按察使老爺又說一人要他一千兩銀子，不如叫那三四個人每人拿出二三千兩銀子來。待送文卷給姚老爺的時候，他如果真不要，一定不會提銀子的事情，馬上把文卷送上去；如果是假不要，一定不會馬上送文卷，會把這事給壓下來，那時我們便可把銀子送進去給他。」大家商量定，幾名囚犯的銀子也齊了，文案也整理好了，書吏們就只把文案送給姚一祥看。姚一祥拿著文案就去見按察使了。這時，書吏和獄卒們才知道姚一祥是真廉潔，趕緊把收上來的錢全退給了囚犯們。

　　見姚一祥來，按察使關上門。姚一祥將文卷呈上，稟道：「小官平日體察獄情，知道這七人實系冤枉，蒙老爺鈞諭，敢斗膽開呈，望老爺開恩釋放。」按察使就問：「恩公收錢了嗎？」姚一祥騙他：「我和他們約定釋放之日，收受七千兩銀子。」按察使說：「既如此，足以報君之德矣。恩公可帶這些銀兩回家養老，逍遙林泉之間，何必為五斗粟折腰呢？」

　　可見，協助姚一祥「收錢放人」的生意，按察使老爺只願意做一回。聽說姚一祥拿了七千兩銀子後，他就要求姚一祥主動辭官，拿著「贓款」回家養老去了。按察使直接干預放人，卻不讓省裡其他官員染指，等於否定了原先官員的審判、杜絕了一些人的分肥企圖，破壞了司法系統的遊戲規則，時間長了必定引起按察使和江西其他官員，尤其是司法系統官員的矛盾和糾紛。所以，按察使只願意做一次。他隨即批准文書，釋放七名囚犯。出獄後，七人及其家屬，扶老攜幼，焚香頂禮，拜謝姚一祥。

　　姚一祥原本就是閒雲野鶴之人，第二天就按照按察使的意思，寫文書請求辭職。按察使以為他真得了七千兩銀子回家養老，准了文書。

姚一祥掛冠而歸，哄動九江城。百姓們都知道姚一祥是清廉之人，還洗刷冤獄；就是視姚一祥為另類的其他官員也無人不欽佩姚一祥始終言行如一，潔身自好。而那七名獲釋的囚犯則糾集親友，到省院呈文，敘述姚一祥為他們申雪冤獄，不受分文，高風亮節堪為表率，應該列入名宦祠中（相當於被列為典型，廣為宣傳）。按察使看到呈文，這才知道恩公姚一祥分文未得，真正是為民辦事，自己反而終結了他的前程。他也不禁感嘆姚一祥是世間獨一無二的好官、清官。按察使馬上批准將姚一祥列入名宦祠中。

《醉醒石》記載姚一祥回到上海老家後，沒有積蓄和收入，晚景很窘迫，受到過子孫的責難。好在他淡然灑脫，對埋怨不放在心上，高齡善終。

第五節
多收了四塊錢

　　清末，山東人隨鳳占花錢捐官，得了個從九品的湖北省黃州府蘄州吏目，來湖北赴任。

　　蘄州在湖北全省算是一個不好不差的地方，就是吏目這個官職太小了。吏目是州縣佐貳官，法定權力是佐理刑獄並管理文書。在官場實踐中，刑獄和管理文書的權力也被正官收回了，吏目的權力被限制在維持治安、處理民間訴訟上。吏目一職，實在是既不肥又沒大權。好在隨鳳占並不貪心，抱定了一個宗旨：「事在人為」，官是自己做的，做好了絕沒有賠本的。

　　那是個大冬天，隨鳳占冒著嚴寒從山東跑到武昌，再花上銀子迅速辦完在省城的手續，就匆忙趕往蘄州。到了蘄州，隨鳳占馬不停蹄就去拜訪蘄州知州和衙門裡的一干人等。他先見了門政大爺，送過門包，好言相向，彼此如兄若弟地鬼混了半天。門政大爺隨口編了幾句恭維的話，隨鳳占也說了些「諸事拜求關照」的話。門政准他去拜見知州區奉仁。見了知州，隨鳳占磕頭行禮。區奉仁敷衍了幾句，就端茶送客了。隨鳳占告辭了出來，塞了紅包給負責引見的執帖（註：和門政一樣，是知州的隨從），再將衙門裡的親隨、官親一一拜訪照顧到。「凡是堂翁衙裡官親、老夫子，打帳房起，錢穀、刑名、書啟、徵收、教讀、大少

爺、二少爺、姑爺、表少爺，由執帖門上領著，一處處都去拜過。」就連知州十二歲的小兒子，隨鳳占都向他作了一個揖。「其時一個州衙門已經大半個走遍了。下來之後，仍在門房裡歇腳。門口幾位拿權的大爺，是早已溜的熟而又熟，就是堂翁的跟班，隨鳳占亦都一一招呼過。」門政的跟班（註：門政自己僱的跟班，算是下人的下人，俗稱「三小子」）倒上茶來，隨鳳占還站起來同他呵一呵腰，說一聲「勞駕」。到蘄州的第一天，隨鳳占是片刻都沒有閒著，拜完了知州衙門，拜同寅，拜紳士，一路上是名片到處飛，整整拜了一天客。

就是在第一天發名片拉關係的過程中，隨鳳占也沒忘記順帶著發名片給蘄州城裡的各大商舖掌櫃。意在告知管轄對象：本官到任了！

大過年的，隨鳳占為什麼就急忙千里迢迢地趕來上任？又為什麼到蘄州的第一天就高調上任呢？這和隨鳳占的實際權力和收益密切相關。

我們知道，吏目的法定權力從原先的「佐理刑獄、管理文書」收縮為了「維持治安、處理民間糾紛」，他的法定收入很低。吏目的主要收入來源是向商舖收取「孝順」。商家們要避免騷擾，或者跨範圍經營，或者從事些灰色買賣（比如開賭放貸等），主要就得打通吏目的環節。吏目於是轉變為一城一地市場的太上皇，衍生出了定期收取商家賄賂的陋規權力。其中最主要是「節敬」。每到春節、端午和中秋的「三節」，索賄之人有了冠冕堂皇的理由，賄賂之人也有了送錢拉關係的理由，彷彿約定俗成，年節就成了吏目收取衍生收入的確切日子。其中金額最高的，又是春節的「孝敬」。隨鳳占急急趕到，高調上任，就是怕春節的孝敬被前任預支了，自己少了一大筆收入。

隨鳳占緊趕慢趕，算盤還是沒有打全。他到任前，蘄州吏目由他人代理。那代理的前任料到隨鳳占會有這一手，今年比往常提前了日子要

各個商舖上交節敬。

代理吏目索要節敬的重點商舖是當舖。因為當舖的買賣容易出現糾紛，本身又有些不明不白的性質，常常需要吏目「提攜」、「通融」，所以吏目的陋規權力在當舖行業比較強大，要的錢自然也多。卻說蘄州城裡一共有七家當舖，有兩家當舖新換了掌櫃，只知道年關要送吏目一份禮，具體的數目都有舊例可循。代理吏目提前來要，那兩家新掌櫃不穩重，不知道新的實缺吏目就要來的，以為早晚都是一樣，就賣代理吏目一個人情交了節敬；有兩家掌櫃是老油條，辦事很穩重，堅持到了年關再送，將代理吏目派來要錢的人給擋了回去；還有兩家掌櫃沒有那麼堅持，通融辦理，只提前交了一半。按例應該交兩塊銀元的（註：晚清流通銀元，一元錢約等於七錢白銀），他們先交一元，說明白剩下的一元錢留送新任吏目。剩下的一家當舖的掌櫃和代理吏目是同鄉，見代理吏目提前要錢，看在同鄉的面子上給了一點「程儀」，說是預祝代理吏目返程平安，至於節敬堅持到年關再送。代理吏目再次派人通知說，從中秋到春節一共是 135 天，我代理了 120 多天的吏目，這春節的節敬應該歸我。無奈那五家就是不肯送，代理吏目也無可奈何。統計下來，他從七家當舖提前截收了四塊銀元。

隨鳳占來後迅速和前任完成交接，又四處探聽本地的「行情」，不出三天就把蘄州吏目的帳簿打聽得清清楚楚。他叫內弟和心腹跟班，追著前任清算交代，一枚銅板也不能短少。吏目衙門中有五隻茶碗，交接的時候有一隻沒有蓋子；清點的時候，跟班又不小心跌碎了一隻蓋子，騙隨鳳占說前任移交的五隻茶碗少兩個蓋子。隨鳳占對這兩個蓋子耿耿於懷了好一會兒。當他聽說前任已經提前向城中商舖討要了節敬，暴跳如雷，叫嚷著要找前任算帳。

　　為了補救，隨鳳占連夜出門，找齊了城廂內外地保，叫他們去吩咐各商舖、菸館、賭場、妓院和私娼：「凡是代理吏目來要節敬，一概不准付。倘若私自傳授，老爺我一概不算，重新要第二份的。你們要清楚，前任只是代理，我是實缺，將來他們這些人都是要在我手下過日子的。如果不聽吩咐，叫他們以後小心！」事後，提前交了節敬的商家紛紛心裡叫苦，只好補交一份節敬；之前堅持住沒交的商家順水推舟，趕緊把節敬交來。

　　找完地保，隨鳳占一想：「菸館、賭場、窯子等處我鎮得住，不怕他們不補交。唯獨當鋪都是些有勢力的紳衿開的，有兩家已被前任收了去，年下未必肯再送我，豈不白白吃虧。這事須得趁早向前任算了回來，倘若他走了，那四塊錢問誰要去！」隨鳳占一打聽，前任明天就要回省城，不顧勞累，立刻深夜趕往前任住處要錢。

　　前任吏目聽說隨鳳占來，披衣出來相見。兩人勉勉強強作揖入座。隨鳳占吞吞吐吐了半天，才說道：「論理呢，兄弟我家世代為官，不缺錢。但我們既然花了本錢出來做官，所為何事？還不是為了錢嘛！如果一處不計較，兩處不在乎，那還出來做什麼官啊？有些事因為底下的商家趁我們新舊交替，矇蔽我們。所以我特地過來言語一聲，你我表明心跡，就不會被小人所欺了。」前任知道隨鳳占是衝著四塊錢來的，心裡不願意給，見隨鳳占沒把話挑明，就默不作聲。隨鳳占見他不答，只好又說道：「我來不為別的，就為春節節禮一事。這錢雖然不多，但是名分所關，該是誰的就是誰的。我知道，商家們總得拖到春節才肯送來。有幾處脾氣不好的，弄到大年三十還不送來，總要派了人到他們店裡去等，等到三更半夜，方才封了出來。我說他們這些人是犯賤的，一定要弄得人家上門，不知是何打算！」前任聽出隨鳳占在指桑罵槐，可還是沒挑明，就順著他的意思

說：「這班人真是可惡得很！不到年下，早一天決計不肯通融的。」隨鳳占突然把臉一板：「我說的是別省外府州、縣，都是這個樣子，誰知此地這些人家竟其大謬不然！」前任一臉詫愕，裝作不懂。隨鳳占笑道：「做官的苦處，你老哥是曉得的。我們這個缺，一年之計在於三節；所以我一接印之後，就先去打聽這個。這也瞞不過老哥，這是我們養命之源，豈有不上勁之理。誰知連走幾家，他們都說這份年禮已被老哥預支了。我是實缺，老兄不過是代理。倘若我是大年初一接印，這筆錢自然是歸老哥所得；倘若是二十九接印，年裡還有一天，這錢就應我得了。我聽他們說話奇怪，心想老哥是個要面子的人，絕不至於如此無恥。而且他們這筆錢一向非到年下不付，何以此番忽然慷慨肯借？所以很疑心他們趁我們新舊交替，兩面影射。我今晚特地過來請教一聲，以免為所矇蔽。」前任還是不說話。隨鳳占又道：「我曉得老哥絕不做對不住朋友的事情，咱倆一同到兩家當鋪裡去，把話說說明白，也明明你老哥的心跡。」說罷，起身要走。前任只是推脫明天要動身，收拾行李，實在沒有工夫出門。隨鳳占道：「老哥不去，豈不被人家瞧著真果的同他們串通，已經支用了嗎？」前任心想：「這事遮遮掩掩，終不是個了局，不如說穿了，看他如何。」便哼哼冷笑了兩聲，說道：「你老哥也太精明了！你是實缺，我只是代理，但我也是朝廷命官，辛苦了一節，好容易熬到年下，才收人家這分節禮。我們算算日子看：你到任不過十幾天，我在任一百多天，論理年下的這份禮應該我收才是。你是實缺，做得日子長著哩，自然該我們代理的占點便宜。」隨鳳占見他直言不諱，氣憤填膺，狠狠地說道：「不可能！天底下沒有這個道理！這錢已經被你預支了，我還趕來做什麼官！我跟你老實說：彼此顧交情留臉面，不愉快的事情，我就不追究了。你把這預支的節敬乖乖地吐了出來，大家客客氣氣；如果要賴著不肯往外拿，哼哼，我不同你講理，我

們同去見知州，等知州替我評評這個理去！」前任見隨鳳占態度強橫，也不肯相讓，連說：「見知州就見知州，我又不怕！」隨鳳占立刻走上前去一把抓住前任的胸脯，前任也乘勢拽住他的辮子，兩個人扭出來一直吵鬧到知州的宅門裡頭。

知州的執帖、門政幾位二爺正在門廳裡打麻雀牌，見前後兩任吏目扭打不成體統，一齊上前喝阻。隨鳳占搶著說：「他眼睛裡太沒有我實缺了！我要見大人，請大人替我評評這個理！」前任也說：「我只收到人家四塊錢的節敬，這錢也是我名分應得的。他要見大人，我就陪他來見，我怕什麼！」幾位二爺勸的勸，拉的拉，好容易才把他倆拉開。

執帖跺著腳說道：「你二位這是怎麼說呢？說起來，大小是個官，怎麼連著一點官禮都不要了？有什麼話，我們當面講。俗話說得好，叫做是『君子動口，小人動手』，怎麼你二位連這兩句話都不曉得嗎？」隨鳳占兩人扭打的時候都覺著自己有理，現在被執帖說了一番，頓時啞口無言，氣焰矮了大半截，坐在那裡，一聲不響。執帖又叫三小子絞手巾給他倆擦臉，又叫泡蓋碗茶。長隨二爺們圍了上來。隨鳳占先把前任預支年禮的話，原原本本述了一遍。前任見他說完，也把他的苦楚陳說一番。

只聽錢漕二爺（註：知州僱來處理衙門財政開支的長隨）說：「你們這些老爺的眼眶真淺！四塊錢也值得鬧到這個樣子！我們打麻雀牌，只要和上一百副就有了。旁家和一百副，坐莊還不要。四塊洋錢什麼稀奇！我昨天還輸了四十多塊哩！」執帖說：「老哥，誰能比得上你？你們錢漕大爺，一年好幾千的賺，人家當小老爺的做上十年官，還不曉得能夠賺到這個數目不能！」錢漕道：「我有錢賺，可惜我不是官。他倆大小總是皇上家的官。」旁邊另一個長隨道：「罷罷罷！你們沒瞧見他們剛才一路扭進來的時候，為了四塊洋錢，這個官簡直也不在他二位心上，

倘若有幾千銀子給他賺，只怕叫他不做官都情願的。你老哥眼饞他倆做官，我來做下中人，你倆就換一換，可好不好？」錢漕道：「我有了錢，我不會自己捐官，我為什麼要人家的？」那個長隨也說：「我只要有錢賺，就是給我官做我亦不要。」眾人你一句我一句，直把隨鳳占和前任羞得無地自容，恨不得馬上在這般奴才下人面前找個地洞鑽進去。

隨鳳占和前任雖然是官，有從九品的品級在，但實際權力遠不如知州身邊的跟班隨從們。後者雖然在法律上是奴才，是下人，法定權力為零，但各種衍生權力巨大。這從隨鳳占上任之初就主動拜訪整個衙門的二爺們，百般討好可以看出來，更可以從雙方的實際收入上看出來。錢漕長隨每天打牌輸掉 40 元錢都不以為意，隨鳳占因為前任多收了四元錢就不顧臉面和前任扭打起來，還要找知州評判，收入的懸殊可見一斑。這個例子再一次暴露了法定權力和實際權力之間的巨大差異。明清時期，許多人寧願去為長官當幕僚，當隨從，也不願意當小官小吏，圖的就是實際權力而不務虛名。比如一些舉人進士，甚至是有官職在身的人，找人託關係給督撫長官當幕僚跟班；還有一些人出資幫助他人買官，或者貸款給手頭緊缺的官員，條件就是要求擠入官府當跟班長隨。更有浙江人蔣淵如等五人，湊錢捐了一個縣令，說好誰當長官，誰當門政，誰當稿簽，誰當師爺，上任後各自賺錢，任期滿後因為「貪贓」而罷官。五人也不在意，滿載而歸揚長而去。

再說蘄州衙門前的一幕如何收場。那前任吏目跟著兩個熟人到別的屋裡去躲避了。隨鳳占也沒有話說，和一幫二爺們告辭回去。不過那四塊錢，隨鳳占一直差人到幾家當鋪去討要。人家回稱早就送過了。隨鳳占堅持：「我沒有收到，不能算數。」幾家當鋪想想將來說不定有仰仗隨鳳占的地方，也就不再計較，把四塊銀元補齊了。這事情就算過去了。

第六節
暗度陳倉搶節敬

　　每年四月，各省都要將州縣犯人解往省城，由巡撫、按察使定期會訊勘驗，有冤的平反，無冤的繼續羈押，名為「秋審大典」。雖然在實際操作中秋審就是走個過場，各地仍免不了年年虛應故事。

　　蘄州歸黃州府管，這年秋審將至黃州知府要派官員解犯進省。因為吏目的法定權力有「佐理刑獄」一項（實際上被剝奪了），秋審一般指派吏目解犯。這趟差事，要一月半月時間，吏目出缺由候補官員代理，往往要耽擱收取端午節的節敬。所以在職的吏目們都不願意去，生怕點到自己的名字，不幸這年黃州知府委派的吏目偏偏就是隨鳳占。

　　四月初，隨鳳占勉勉強強辦完交接，將蘄州吏目交由一個叫做錢瓊光的候補官代理，解犯上省。當年端午節在五月初三，隨鳳占估計如果在武昌沒有耽擱，約計四月底五月初就可回蘄州，趕得上收節敬。急急到武昌後，偏偏湖北巡撫生病了，請了幾個大夫都醫不好，沒法主持秋審。按察使讓各州縣來省城的吏目都候著。這可急壞了一幫吏目們，大家都眼巴巴望著，恨不得早把此事辦過，早些回任拿節敬去。無奈巡撫一直病到四月底還不見起色，秋審不能舉行，吏目們不敢擅離省城一步，焦躁異常。

　　隨鳳占尤其心急，眼看端午節敬要被代理的錢瓊光拿走了，茶飯無心，坐立不安。四月二十六日，有消息說巡撫的病一時難好，秋審要延

遲到端午之後。隨鳳占猶如渾身澆了一盆冷水一般。他決定鋌而走險：「照此樣子下去，不過閒居在省，一無事事，我何如趁此當口，趕回蘄州，就騙人家說是公事已完。人家見我回來，自然這節敬決計不會再送到別人手中去了。等到節禮收齊，安安穩穩，過完了節，我再回省。神不知，鬼不覺，豈不大妙！」主意打定，隨鳳占立刻收拾行李，騙同僚們說接到家信，老婆要生孩子了，家裡沒人照應，必須馬上趕回去。臨別，隨鳳占還拜託同僚們幫他遮掩，不要暴露他擅離職守之事。同僚們見他說得懇切，樂得做個順水人情。

隨鳳占趕回蘄州，既不稟見知州，也不拜客，更不與錢瓊光見面，四處拜訪當鋪、鹽公堂裡等商舖，同人家說：「我已經回來了，幾時幾日接的印。」人家都信以為真。五月初三端午節，商家們紛紛把節敬送到隨鳳占手中。

代理吏目的錢瓊光聽說秋審耽擱了，滿心歡喜，以為隨鳳占不會回來了，端午節敬逃不出自己掌握之中了。哪知一直等到五月初五早上，沒見到一家商家來孝敬自己。錢瓊光趕緊出去打聽，才知道被隨鳳占半路上截了去了。這一氣非同小可！錢瓊光立刻派人四處查訪，終於在一家小客棧裡把躲著的隨鳳占找著了。見面之後，錢瓊光不由分說，拽住隨鳳占的辮子，說他擅離職守私自回任，要扭他到知州跟前，請知州稟明知府，治隨鳳占的罪。隨鳳占好不容易掙脫了，強言狡辯說：「我來了，又沒有要你交印，怎麼能說我私自回任？」錢瓊光便說：「你沒接印，怎麼私底下好收人家的節禮？」隨鳳占說：「我是正任，自然應歸我收。」錢瓊光不服，回去寫稟帖，宣告第二天一定告他去。

隨鳳占畢竟理短，擅離職守罪證明顯，只得連夜叩見知州，託知州代為斡旋。

　　知州區奉仁正擺開筵席，和一班幕友、官親慶祝端午。隨鳳占不敢直接找知州，託人從席上叫平日關係最好的帳房師爺出來。一見面，隨鳳占先磕頭行大禮。帳房師爺忙還禮。不等帳房師爺開口，隨鳳占先說道：「兄弟有件事，煩請老夫子幫忙。」帳房師爺這才想起隨鳳占不是在武昌辦差嗎？就問他是幾時交卸，幾時回來的。隨鳳占只得把暗度陳倉回來搶節敬的苦衷細說了一遍，說：「代理的錢瓊光正為此事要控告我，所以我特地先來求求老夫子，務求在知州面前替我好言，感激不盡！」說完，隨鳳占又連連行禮。

　　這時候，隨鳳占平日苦心經營的人際關係網就發揮作用了。隨鳳占對商舖的錢是分毫必爭，吝嗇得很，但對知州衙門裡的上上下下慷慨得很，時時地打點。帳房師爺就收了隨鳳占很多好處，經常被隨鳳占拍馬屁，不好意思駁他的請求。於是，帳房師爺讓隨鳳占先到帳房裡坐著，自己去筵席上一五一十把情況告訴了東家區奉仁。區奉仁平時也收了隨鳳占很多好處，覺得隨鳳占素來恪守體制，有心替他幫忙。等到席散，區奉仁把隨鳳占傳上去，先冠冕堂皇地斥責隨鳳占擅離職守要求深刻反省下不為例。隨鳳占誠懇地承認了錯誤，再求知州大人「栽培」。區奉仁答應了。

　　在這件事情上，錢瓊光還沒有開始控訴就已經輸了。他在蘄州官場上下的人際關係遠不如隨鳳占好。區奉仁也好，帳房師爺也好，對錢瓊光沒有什麼印象，自然不會向著他了。古代王朝的政治有一套嚴格的獎懲進退和交流溝通的表面管道，但就像真正決定一個人實際權力的是衍生權力，真正在官場進退溝通中發揮作用的卻是暗地裡人際關係網絡。權力所有者要花費高昂的成本來建立、維繫人際關係網絡──就像小氣的隨鳳占也捨得花錢和州衙上下拉關係一樣，以此來維繫或擴大自己的

權力。隨鳳占在這方面狠下功夫；錢瓊光卻很遲鈍，加上他長期候補沒有實缺，年紀大又沒有錢，必要的交際時還總是噴著臭臭的唾沫說些場面話，沒有真金白銀的「表示」。從區奉仁到師爺、門政等人，自然都喜歡隨鳳占而疏遠錢瓊光了。

　　所以當錢瓊光拿著手本來狀告隨鳳占時，區奉仁並沒有站在他的一邊。錢瓊光把自己的情況說得很慘：「卑職在黃州府當候補官，已經整整二十七個年頭了，伺候過幾任知府。這是代理，大小也有五六次，也有一月的，也有半月的。」區奉仁打斷他說：「這些我都曉得，你不用說了。你說說你和隨某人鬧什麼矛盾了？」錢瓊光說：「分府當差的人，不論差使、署缺，都是輪流得的。卑職好容易熬到代理這個缺，偏偏碰著隨某人一時不能回任，節下有些卑職應得的規矩……」不想說到這裡，區奉仁把臉一板：「規矩！什麼規矩？我怎麼不曉得？你倒說說看！」錢瓊光沒料到知州突然問起陋規來，只好賠著笑臉回道：「大人明鑑：就是外邊有些人家送的節敬。」區奉仁哼哼冷笑兩聲道：「原來是節敬啊！」隨即正顏屬色問道：「多少呢？」錢瓊光交代：「也有四塊的，也有兩塊的，頂多的不過六塊，一股腦兒也有三十多塊錢。都被隨某人收了去了，卑職一個沒有撈著！卑職這一趟代理，不是白白的代理，一點好處都沒有了麼。所以卑職要求大人做主！」說完，錢瓊光兩個眼泡裡含著眼淚，恨不得馬上就哭出來了。他從袖筒管裡抽出一個稟帖，雙手捧上。

　　區奉仁接過稟帖，只見上面寫道：「代理蘄州吏目、試用從九品錢瓊光稟：為前任吏目偷離省城，私是回任，冒收節敬，懇恩做主由。」區奉仁邊看邊對錢瓊光挑錯：「隨鳳占是正任，沒有罷官，你是代理，不能稱他是『前任』，而應稱『正任』。」唸到「私是回任」，區奉仁想了一會兒，說：「你把私自的『自』字寫錯了。隨鳳占沒有要你交卸，說不到

『回任』兩個字。」挑完兩個小錯，區奉仁抓住了一個大錯誤：「你自稱有『節敬』，虧你做了二十七年官，還沒有曉的節敬是上不了臺面的！」他把稟帖往桌子上一撩，說道：「這稟帖可是你的手筆？」錢瓊光戰戰兢兢地回答：「是。」他實在不上道，還問：「卑職寫得不好？」區奉仁道：「高明之極！這件事兄弟我就不好辦了。隨鳳占呢，私自回來，是不應該。但是你的罪過更大。你說他隨鳳占搶收節敬，這『節敬』能上得了正式公文嗎？我倘若把你這稟帖報到府上去，上上下下都會否認有什麼『節敬』。我們黃州當官的，都是奉公守法廉潔自律之人，誰收過什麼『節敬』！如果上頭真要認真起來，隨鳳占他可能沒事，恐怕你倒會有事了。」

　　我們知道，衍生權力是暗地的、非法的，衍生收入自然也是非法的、上不了臺面的。錢瓊光和隨鳳占因為衍生收入產生的糾紛，自然也上不了臺面，見不了陽光，只能按照私底下的規則來操作。他可以找知州，請知州代表蘄州地區最高法定權力者和衍生規則的評判者，來處理他倆之間的糾紛，卻萬萬不能將「節敬」等東西寫入公文中。衍生權力和收入和法定之間隔著一張白紙，一戳就破。但你不能把它真戳破了，不然就破壞了官場的潛規則，觸犯了相關人等的切身利益。到時候，後果不堪設想。

　　錢瓊光聽了區奉仁的一番教訓，恍然大悟，生怕知州認真起來，反而害了自己，立刻站了起來，意思想上前收回那個稟帖。區奉仁懂得他的來意，連忙拿手一揪，說道：「慢著！公事公辦。既然走了法定程序，哪有收回之理？你且請回去聽信，本官自有辦法。」說罷，端茶送客。錢瓊光只得出來。

　　區奉仁才不想真的公事公辦，他只是想嚇嚇錢瓊光，讓他放棄控

訴隨鳳占。錢瓊光走後，區奉仁把帳房師爺請來，叫他出去替隨錢二人調處此事。區奉仁的意思是讓隨鳳占將收到的節敬退出一半，給錢瓊光，讓錢瓊光不追究此事。隨鳳占不願意。帳房師爺說如若不肯，知州大人就要公事公辦，向上級稟報隨鳳占擅離職守的事情。隨鳳占這才服了軟，拿出十六塊銀元交到帳房師爺手裡，然後趕回省城武昌，等候秋審。

　　卻說錢瓊光退下來後，非但沒有撈到一個錢，反留個把柄在知州手裡，心上害怕。次日大早，錢瓊光踱到州衙門前，想看看怎麼辦。門口的人都勸他去找帳房師爺商量。錢瓊光照辦了。帳房師爺手裡也有隨鳳占吐出來的十六塊銀元，卻不想馬上給錢瓊光。因為錢瓊光和帳房師爺的關係並不好，帳房師爺覺得把十六塊銀元馬上給他了，錢瓊光反而不會感激帳房師爺，會覺得這是他應得的。於是，帳房師爺先把知州大人要通稟上頭公事公辦等情況添油加醋嚇唬了錢瓊光一番，直把他嚇得跪在地下磕頭。然後，帳房師爺說要替錢瓊光求情，裝著出去見知州。在別的房間休息了半天，帳房師爺回來同錢瓊光說，知州大人已答應不提這事了。錢瓊光喜出望外，破涕為笑。到這裡，帳房師爺才講道：「我念你是個貧苦之人，特地再三替你同隨某人商量，把節敬分給你一半，你倆也就不用再鬧了。」錢瓊光之前只希望知州不要把他的稟帖送上去，已經放棄了和隨鳳占爭奪端午節敬了。想不到帳房師爺拿出十六塊洋錢給他，錢瓊光立刻趴在地下，磕了八個頭，磕起來少說作了十來個揖，「費心」說個不停。錢瓊光又託帳房師爺帶他到知州大人跟前叩謝憲恩。帳房師爺忙說：「他現在有公事，我替你把意思傳達到也一樣。」於是，錢瓊光又作了一個揖，然後拿了洋錢告辭出去。

　　一樁節敬糾紛，就這麼皆大歡喜地結束了。

第七節
卸任前亂判糊塗案

　　錢瓊光拿了十六塊錢的節敬，想想等隨鳳占回來就要卸任了，就拿出兩塊錢做東邀請幾個平日「支持工作」的人吃飯。被邀請的有南街上氈帽鋪裡掌櫃王二瞎子、南關裡鹹肉舖老闆孫老葷、東門外豐大藥材行跑街周小驢子。

　　吏目的工作很講究通曉市井情況，離不開挑選幾個可靠靈通的人協助工作。王孫周三人算是錢瓊光代理吏目期間的幫手。這也算是錢瓊光維持對蘄州城廂商舖的衍生權力，獲得衍生收入的手段之一。這些人的主要工作，對上是通風報信、跑腿打雜，對下是傳達命令、狐假虎威，有時候也包攬訴訟做個仲介。因為和負責市井治安的吏目走得近，他們也沾染了若干衍生權力，在同人中間吃得開。除了吏目，其他官吏在社會上也都有類似的關係戶，為了「工作方便」嘛！

　　到了請客吃飯的時候，王孫二人早早就到了。周小驢子晚了好一會兒才到，跑得滿身是汗，一件大衫溼透了半截，一入座就拿把扇子扇個不停。

　　錢瓊光便問他：「為何來得如此之晚？」周小驢子就談起自己遇到了一樁麻煩事情：「我有一個關係很好的鄉親，喜歡他的姑表妹妹。從前他姑媽在世的時候有過話，允許把這個女兒給這位鄉親做媳婦的。後來姑

235

媽死了，姑夫變了卦，嫌這內姪不學好，把女兒又許給別人了。鄉親就託我想想辦法。」錢瓊光問：「當初媒人是誰？」周小驢子道：「有了媒人倒好了，因為是至親，姑媽親口許的，沒有找媒人。」錢瓊光又問：「婚書總有？」周小驢子道：「這個不曉得有沒有。我為了這件事，今天替他們跑了一天。雙方怎麼都說不攏，看來要打官司了。」錢瓊光說：「一無媒證，二無婚書，這官司是走到天邊也打不贏的。」

周小驢子說：「我這鄉親情願……」說到這裡，他又不說了。

王二瞎子會意，拿嘴朝著錢瓊光一努，對周小驢子說：「我們錢老爺在這裡你不託，你乾愁有什麼用。錢老爺同州裡上下都說得來，還怕有辦不到的事嗎？」

周小驢子彷彿被這句話給提醒了，忙說：「只要給他姑夫出張票，不怕他不遵。」

這裡的「出張票」，是吏目的法定權力之一。吏目覺得某人行為不法，可以出票緝拿某人來審問，打板子的打板子，押送上級衙門處理的押送上級衙門。在實踐中就異化為吏目以此為籌碼，收受賄賂，幫助他人整人的手段了。只聽錢瓊光承認：「單是出張票容易。我到任之後，承諸位鄉親照顧，一共出過十多張票。不瞞諸位說，這票都是諸位照顧我的。周兄，你鄉親這件事，在我的衙門裡就可以辦了，用不著驚動州裡。」

周小驢子感謝道：「大人您肯辦這件事，那還有什麼說的，包管一張票出去，不怕他姑夫不把女兒送過來。規矩，我是懂得的。我那鄉親，是有錢的主兒，我一定叫他多出銀子孝敬您。」

錢瓊光心裡高興啊，剛剛爭回來十六塊錢的端午節敬，現在又有一筆額外收入進帳。想不到自己卸任前還遇到這樣的好事！他說：「全仗費心！你今天回去，叫他明天一早就把狀子遞過來。我這邊簽稿並行，當

天就出票。」一樁私底下的交易，就這麼完成了。

第二天，錢瓊光早早把票寫好，只空著「原告」、「被告」、「案由」未填等周小驢子上門。等到紅日高照了，還沒見人來，錢瓊光索性取出木頭戳子蓋上章，又拿硃筆把日子填好。又等了兩個鐘頭，還不見周小驢子來，錢瓊光心上開始著急了。臨近中午，周小驢子終於來了，從袖子裡取出一張稟帖。錢瓊光掃了一眼，就把原被告名字抄上，又把案由摘了三四句填好，立刻派了一個人跟著周小驢子一同去送票。

周小驢子從口袋裡取出一個紅封袋，雙手奉上。錢瓊光接在手裡一掂，覺得比預想的要輕，忙問：「這裡頭是多少？」周小驢子道：「這裡頭是四塊銀元，不成意思，送給老爺喝杯酒。」錢瓊光躊躇了一下，說道：「不瞞你說，我這個吏目是代理的，馬上要卸任了。你們關係不錯，這件事承你照顧，我也不多要，只希望他給一個全數。不說別的，單是這張票，我一早弄好了，專等你來。這票上的字都是我親手寫的。倘若照衙門裡的規矩辦起來，至少也得十天才能辦下來，哪裡有這樣快。此事落在別人身上，哼哼，少說也得要他三十塊錢！如今只要你十塊，真是特別優惠的了。」周小驢子見他不肯收那四塊，只得從口袋裡又掏出兩塊銀元說：「這兩塊是我代墊的。替朋友辦事，少不了也要替他作三分主。」錢瓊光道：「我是個爽快人，你替朋友辦事也是義氣，你索性爽快些再替他添兩塊。我拿他八塊錢，你回去跟他說是十塊錢，你我二八分成。」周小驢子猶猶豫豫了半天，好容易又添了一塊，說了無數的好話，「就算是老爺您照顧我的，多賞我買雙鞋穿吧」。錢瓊光無奈，以七塊錢賣出了傳票。

當天恰巧省裡傳來消息說知州區奉仁要升官了，錢瓊光處理完周小驢子的事情就趕去祝賀。州衙裡喜氣洋洋，區奉仁被圍在中央，接受下屬的奉承祝賀。

　　正高興熱鬧著，忽聽外面一片人聲，大家不覺嚇了一跳。馬上有人出去查問，一會兒飛跑似的進來，回道：「有些人來告錢老爺受了人家的狀子，又出票子拿人，逼得人家吃了鴉片煙，現在趕來求知州老爺替他申冤。那個吃大煙的也抬來了，還不知有氣沒氣。」區奉仁大怒：「混帳！我的衙門裡准他們把屍首抬來的嗎？今天老爺有喜事，連點忌諱都沒有了！混帳王八蛋！還不替我轟出去！」那人說：「這是錢老爺不該受人家的狀子，人家無路申冤，所以才來上控的。」區奉仁聽得「上控」二字，忽然明白，回臉就對準錢瓊光一頓咆哮：「你做的好官啊！這是你鬧的亂子，弄得人家到我這裡來上控。我自己公事夠累的了，你還要弄點事情出來叫我忙。現在怎麼說？」錢瓊光早已嚇得瑟瑟發抖，現在受了知州的教訓，「啪」的一聲身不由己地跪下了。區奉仁也不讓他起來，拉著長腔說：「擅受民詞，有干例禁，你既出來做官，連這個還不曉得嗎？我也顧不得你，我要參你。」錢瓊光一聽要參官，更嚇得魂不附體，跪在地上磕響頭不起來，求知州開恩。

　　區奉仁訓斥了半天，突然想到還不知道外面究竟鬧的是什麼事情，便道：「你就在這裡朝我跪到天黑也沒用。你自己鬧的亂子，自己出去擺平了再來見我。」錢瓊光跪在地上不動。區奉仁喝問他為什麼不出去。錢瓊光說：「不瞞大人說，卑職這一出去，怕就沒有命了！」區奉仁問：「到底什麼事情，你自己總該有點數吧。」錢瓊光磕頭道：「卑職該死！卑職拿過很多人，在外面也有許多事情，實在不知道是哪一件。」區奉仁大罵：「你這個不安本分的人！」

　　倒不是錢瓊光不安分，遇到這種事情哪個當官的也不能馬上說清楚到底哪裡、哪件事情出了問題。這是泛權力的特有現象之一。衍生權力及其操作因為不能放到陽光下來，所以就不能被看得清清楚楚，更不

能條分縷析，很難說明白。面對某某難題或者飛來橫財，權力所有者常常說不清楚衍生權力在什麼時候什麼地方行使出了問題，說不清楚是哪條人際關係發揮了作用或者搭錯了線。錢瓊光就面臨這樣的難題。反過來，恰是因為衍生權力的運作和發揮存在盲點，難以清晰化，權力所有者們為了自保、為了進步、為了查漏補缺，得始終花費各項成本去維護衍生權力，鞏固人際關係網絡。比如錢瓊光在發揮完衍生權力（賣傳票給周小驢子），馬上就去向區奉仁拍馬屁祝賀升遷 —— 儘管這還是小道消息。

錢瓊光也許是感到委屈，還想說什麼，旁邊的人趕緊朝他努努嘴，不讓他爭辯了。

區奉仁回頭問下人：「外面到底在鬧什麼事情？」有人回稱：「一戶人家有個女兒，有個光棍想要娶他。人家不肯，那光棍就託人給錢太爺銀子，託錢太爺出了票抓那個女兒的老父親。有人恐嚇老頭說是抓他去打板子。老頭急了，就吞了生大煙。鄉鄰不服，所以鬧到這裡來了。」錢瓊光這才明白早上那樁事出事了，深恨周小驢子事情辦得不妥當。區奉仁吩咐：「那個吞煙的，趕緊拿藥水灌，或者還有救。」下人回道：「已經灌過了，聽說吃得不多，大概還有救。」區奉仁放心了，又衝著錢瓊光發作了幾句，回房休息去了。臨走，區奉仁說今天「有喜事不坐堂」。

錢瓊光趕緊拉住帳房師爺，左請安右請安，哀求道：「晚生一時荒謬，求老夫子成全！」師爺說：「你說你都是要卸任的人了，何必再去多事。這事你自己鬧的亂子，還不快去想了法子壓住他們。幸虧大人今天不坐堂，不受理百姓訴訟。你務必在今天把這事給了了，不然等明天大人上了堂，這事就不好辦了。」

一句話提醒了錢瓊光，他立刻趕到州衙門廳。一班衙役雜務正在灌

那吞煙的老人，見錢瓊光來了，紛紛埋怨：「我的老爺，幾乎出了一條人命！不曉得你是怎樣鬧的！」好在老人家吞的煙土不多，被一幫壯漢一陣猛灌，沒有性命之憂了。錢瓊光謝過各位，趕緊往衙門外跑，計劃動用一切手段一切關係花再大代價也要在今天把這事給擺平了，不能讓人明天再鳴冤告狀。

錢瓊光跑回衙門，馬上派差役去找周小驢子。周小驢子知道出事，早跑了。錢瓊光無奈，再去找王二瞎子、孫老葷，考慮到王孫二人熟人關係多，託他倆找人出來勸和蒙冤的老頭一家。王二瞎子又找了兩個人幫忙：一個是善堂董事，一個是圖正。

這裡要介紹一下善堂董事和圖正的權力角色。所謂善堂指的是地方上的慈善機構，多數是有官方背景的，少數是民間辦的。董事就是負責人，官辦善堂的董事沒有俸祿（因為既不是官也不算吏），但有支配政府撥款的法定權力，權力不大。民辦善堂的董事似乎沒有任何法定權力。其實不然，官府常常委派善堂主持地方上的慈善活動，清末的捐納買官有時也披著賑災慈善的外衣，也委託善堂主持。有了一些重大專案，善堂董事的衍生權力就不可小視了。所謂圖正是地方上的一級組織負責人。南方部分地方在鄉鎮之下設圖，圖正便是上下溝通的負責人，類似於當今的村委會負責人。圖正的角色和善堂董事一樣，人脈廣，消息靈通，又能透過承辦官府交代的差事謀取衍生權力，算是當時的政府組織最基層的權力所有者了。這些人擁有官吏不具備的人際關係，精通當地的人情世故。而人情世故具有地域性，又是孕育衍生權力的土壤。因此，當官的遇到難題還真是離不了那些人面廣的底層百姓、善堂董事、圖正們。

錢瓊光找來的兩位都是德高望重之人，錢瓊光又是即將卸任的候

補官，辦這事又沒有報酬，都不太願意幫忙。但考慮到各自和吏目衙門的關係，是「重複博弈」的關係，這次不幫人家下次可能人家就不幫你了。一想彼此都有仰仗的時候，善堂董事、圖正出頭，王二瞎子再叫上地保，帶著錢瓊光派的差役找到原告家人，在小茶館裡調解此事。

原告老父親已經搶救過來，基本無礙了，在王二瞎子、善堂董事一干人等的連騙帶嚇下，原告一方最終答應了調解條件。錢瓊光承諾：「前頭那張票不算數，立刻吊銷。所有你們婚嫁之事，本老爺一概不管。」原告自願撤訟。當天，一樁案子就沒了。錢瓊光又求帳房師爺、錢穀師爺替他在區奉仁面前講情。湊巧區奉仁還沉浸在自己即將升官的小道消息中，滿心快活，只圖省事，不再過問民告官一事。過了兩天，正任吏目隨鳳占從武昌完事回來，錢瓊光卸任交接，回府銷差去了。

第八節
欽差查案到浙江

慈禧時代的一天，浙江巡撫劉某正在和省裡的上級、下面的司局級官員開例會。忽然電報局送來一封內閣公文。公文說兩位欽差大臣前往福建查辦事件，將經過浙江。

一把手劉巡撫和二把手布政使看過，覺得有些奇怪。並沒有聽說福建出什麼事情，需要派欽差查辦啊？省裡的第三把手按察使是部委出身，在軍機處辦過事，知道的事情多，當下用「潛規則」解釋了這封內閣公文的真正含義：

「我看，只怕查的不是福建，而是我們浙江。朝廷派遣欽差，查辦的是山東，上諭上一定說是山西，好叫山東不防備；等到到了山東，這欽差可就不走了。我們不能等欽差來到，一定要早做準備。大家京裡頭有熟人的，可以寫信探探情況，請求關照一下。」

劉巡撫心裡咯噔了一下，表面還若無其事地說：「我們浙江哪有什麼事情叫人說閒話。」大家見長官這麼說，也不再說話。暗地裡，劉巡撫發動京城的關係網絡探聽情況。一個要好的軍機章京寫信給他說：劉巡撫被三個御史一連參了三個摺子，朝廷派欽差查辦劉巡撫和浙江官場來了！（通風報信可見是軍機章京的一個衍生權力。）

欽差到來的那一天，劉巡撫小心翼翼地帶著全省官員恭迎兩位欽差

大臣。誰知，兩位欽差只同將軍、學政寒暄了兩句，見到包括劉巡撫在內的其餘官員只是臉仰著天，一言不發。這裡有個講究，浙江將軍例由滿族將領擔任，控制軍隊不受地方官員箝制；浙江學政也由中央委派，負責學業科舉不受地方指揮。兩人不算在「查辦對象」範圍內，所以兩位欽差可以和他們寒暄，對其他官員擺出「公事公辦」的嘴臉，對省裡安排的歡迎儀式也不領情，很快就進城住進欽差行轅。兩人閉門謝客，關防非常嚴密，對於前來拜訪的各級官員一概不見，又禁止北京來的隨員會客和出門。行轅的大門口，欽差派了一員巡捕、一位師爺，一天到晚，坐在那裡稽查，凡有人出入都要掛號登記。

劉巡撫硬是沒和欽差說上一句話，心裡更加害怕了。

第二天，欽差大臣傳話給杭州縣令，命令他預備十副新刑具，添辦三十付手銬、腳鐐，十副木鉤子、四個站籠，連同尋常的鏈子、桿子、板子、夾棍等刑具送到行轅來。杭州縣令連夜做好，第三天一早就送到行轅。

消息一傳出，劉巡撫叫苦不迭。底下的官員都有「魂不附體」的感覺。

第三天，欽差行轅忽然發出公文，諮給劉巡撫。諮文說：本欽奉諭旨查案，現在對以下官員進行處理，兩名實職的局級官員（寧紹臺道臺、金衢嚴道臺）立地撤任，兩名相當於局級的官員（支應局的老總、防軍統領）立地撤差，五名知府、十四名同知、通判、知州、知縣立地撤任。整個公文中足足處理了一百五十多名浙江官員。

劉巡撫看到欽差諮文後，又驚又喜。驚的是處理掉了這麼多官員；喜的是欽差大人最高只處理到局級為止，其中最重要的也只是在任道臺。劉巡撫接到諮文，不敢不辦，命令單上的官員全都去職離任，等候

查辦。不妙的是，劉巡撫的幾個幕僚也在名單中，讓劉巡撫臉上無光。而且如果深究下去，浙江的官場貪腐各級官僚通通有份，勢必引火燒身。怎麼辦？

正當劉巡撫等人憂心忡忡的時候，欽差行轅的門禁突然鬆了起來：一個叫做拉達的欽差隨員，走出行轅，去拜訪杭州城內的一個候補道過富。

這個拉達不是一般的隨員，他是旗人，官居刑部員外郎，更是正欽差的得意門生。正欽差也是旗人，官拜兵部尚書，兼了個內務府大臣，年紀大了，被派了個查案的差事，就塞了門生拉達進來。那麼，過富又是什麼人呢？這個過富也是旗人，和拉達是同榜中的舉人。兩人中舉的那年鄉試主考官就是如今的正欽差。所以，過富算是欽差大人的門生、拉達的同年同榜了。當天，拉達就拿著「年愚弟」帖子前來拜訪過富，又是敘舊又是噓寒問暖，非常熱情。

拉達告辭後，過富開始思索著如何回請拉達，盡盡地主之誼。他打算明天請拉達逛西湖：「只要一隻船，到了西湖，隨便到岸上小酌一頓，化上頭兩塊錢，便算請過了他，盡了東道之誼。」

同年舉人千里迢迢從北京來拜訪，過富只肯花兩塊錢隨便打發一下，是不是太寒磣了啊？過富有他的苦衷。雖然他大小算個候補道，也是個局級官員，可是官員也有貧富之分。過富就屬於混得極差的那種。他出身官宦世家，有功名，起點不低，可是無德無才，又不會說話不擅交際，所以候補了多年一直沒有擔任實際職務。省裡面看在過富父輩的臉面上，為他安排了一個臨時差事：看管城門，每月支領一百塊洋錢的薪水。過富就靠這筆鐵打不動的薪水，哪裡有能力款待遠道而來的同年？

　　我們來分析過富的權力情況。他擁有的法定權力（看管城門），遠遠低於他的級別（四品道臺），權力值可以混略不計，很可憐。更可憐的是，過富是被官場邊緣化的人物，每次省裡開會，過富也穿戴整齊夾雜在司道州縣官員裡面，但永遠是待在小角落裡的份，連巡撫的臉都看不清楚，更不用說「候補道」什麼時候能夠轉正了。窮候補了多年，連飯館子都不讓過富賒帳了。所以他的衍生權力值簡直是負數，大多數人連他看管城門的法定權力都不尊敬了。

　　就在過富長吁短嘆的時候，巡撫衙門來人，恭恭敬敬地說，劉巡撫請「過大人」到府一敘。過富不敢怠慢，趕緊跟著來人就趕往巡撫衙門。到了衙門，過富的待遇發生了 180 度大轉變：

　　首先，劉巡撫命令將所有來客擋駕，整個衙門當天只接待過富一個人。過富一到，就被人請進內簽押房 —— 內簽押房是處理機密政務的地方，劉巡撫一般不讓人進入。過富進來，驚奇地發現劉巡撫早已站在那裡等候了。

　　其次，劉巡撫請過富入座，看過富穿的長衫是兩種不同顏色料子接的，沒戴帽子 —— 過富太窮了，買不起好衣服和帽子。劉巡撫就對跟班說：「我和過大人身材差不多，快去把我新做的那件實地紗大褂拿來給過大人穿。」不容過富推辭，劉巡撫又說：「這麼早讓過大人過來，只怕還沒有吃過點心吧！」又叫跟班拿點心上來招待過富。長官這麼重視抬愛，頓時讓坐慣了冷板凳的過富渾身難受，頭上開始出現黃豆大小的汗珠，滾了下來。劉巡撫又趕著叫他把大小褂脫掉，吩咐管家絞手巾：「替過大人擦背」。

　　第三，話入正題，劉巡撫說：「過大人候補多年了，經驗豐富，如今剛好有兩個部門出缺，一個是支應局，一個是營務處。」（這兩個部門

245

的管理者剛被欽差勒令撤職。）過富心中暗喜：難不成這兩個部門中的一個要交給我了？誰知道幸福來得更凶猛，只聽劉巡撫說：「就委屈過大人兼任一下支應局總辦和營務處統領吧！」話音剛落，過富歡喜得差點暈過去。他雙腿發軟，就要跪下去向劉巡撫磕頭謝恩。他不知道因為老師的到來，自己的權力值早已經今非昔比了。

劉巡撫要的就是這個效果。他注意到拉達行蹤後就把過富和欽差的關係了解清楚了，現在要求過富走拉達的門路，打探一下欽差查案的情況，設法「解決」查辦事件。「要拉達費心了，不過沒有叫他白費心的道理。查是查的浙江省的事，用是用的浙江省的錢，多兩個，少兩個，倒不在乎，只要大家能把面子光過就算完了。」過富自然滿口應承下來。

事情安排好了，劉巡撫也就不留過富繼續「款待」了，吩咐跟班的替過大人拿衣帽送了出去。過富隨即去找拉達，奇怪的是欽差行轅門口的巡捕和師爺並沒有攔駕。

欽差大人和拉達正翹首以盼，等著過富到來呢！一接到聖旨，欽差大人就把浙江之行業作撈錢之行，拉上拉達謀劃怎麼敲浙江官場一筆橫財。過富因為科舉關係，被他倆選為了內外溝通的棋子。起初三天的雷厲風行，只是先緊後鬆的伎倆而已。過富一來，拉達接他到自己屋裡，直接把話挑明了：官場出事了，查辦起來，最終是級別越低的人越晦氣，推出幾個底下的人頂案就可以了。拉達把嘴湊在過富耳朵上，低聲說道：「這事我瞞別人，不瞞你。老師早放話了，一齊在內，總得這個數。」一邊說，一邊伸出兩個指頭。過富問：「二萬？」拉達說：「差得天上地下！」過富咬牙問：「二十萬？」拉達說：「還只有一折。」過富驚嘆：「只有一折！」拉達說：「老師說過，要你們兩百萬。」

數額巨大，過富不敢做主，只求拉達能否將欽差參案的底稿拿來一

看。拉達早就準備好了，過道臺接過來一看，只見上面自劉巡撫開始一直到幕僚、紳士、書吏、家丁人等，一共被「查定」二十多款罪名，牽連二百多人。過富花了兩萬兩的「消息費」從拉達手中買了一份底稿的抄本告辭回去。

過富來不及回家，直奔巡撫衙門，把一切稟明劉巡撫，並將底稿抄本呈上。劉巡撫將抄本隨手往桌上一扔，問：「他們要多少錢？」過富說欽差要兩百萬。劉巡撫大怒：「我情願同他到京城打官司去！他要這麼多，難道浙江的飯都被他一個人吃了，就不留點給別人嗎？」等怒氣消了會兒，劉巡撫說：「他只管要錢，我也有我的辦法。暫且把他擱起來，不要理他。這抄本花的銀子，明天你到善後局去領。」

過富不好多嘴，老實回家待著，幾天不聯繫拉達。

遲遲不見回信，正欽差發脾氣了，再次發文給劉巡撫，要求立刻提審之前撤職查辦的官吏，讓他們嘗嘗欽差行轅新刑具的滋味。消息一出，浙江全省的官員嚇得坐不住了。布政使和按察使帶著各人，去找劉巡撫，紛紛表示心甘情願湊兩百萬，只求早日了結此事。劉巡撫也沒有辦法，索性當起甩手掌櫃，說這事我不管了，你們自己去辦吧！

這一下，終年冷落的過富家頃刻門庭若市，全省官員都一窩蜂往過家跑。一層層的轎子堵住了大門，從早到晚過富一刻不停地接待訪客。道、府、州、縣老爺們都擠在門房；幕僚、佐雜就只能對著過家看門的大爺作揖磕頭，求他在過大人跟前說情了。有的人見不到過富，就連續幾天地來；有人好不容易見到過富，一連為好幾個人求情。已經被撤職看管的那些人，自己不能來，就託各式各樣的人來說情。過了幾天，外省的電報、信函都紛至沓來，為某某求情。過富乾脆不出門了，專門處理幾尺高的求情函電。

　　幾天之間，過富的權力值扶搖直上。法定權力值的上升還相對有限（候補道轉正了），主要是衍生權力值一路看漲。原先沒有發揮作用的科緣權力、靠山權力結合老師身上的體制權力，讓過富幸運地成了權力寵兒。

　　過富現在要做的事情很簡單，就是在求情官員和欽差之間做傳聲筒。很繁瑣，也很有技巧。比如欽差大人要某知府八萬，拉達傳話說要十萬，過富就同知府要十二萬。涉案官員「破產免災」，咬咬牙拿出錢來，然後放心大膽回去了。少數拿不出錢來的人，知道難逃此劫，開始準備鋪蓋回家了。

　　一波三折，過富那邊有條不紊地運轉著，兩位欽差大人起了內訌。原來正欽差和拉達的操作，事先沒告知副欽差。正欽差這樣做就侵蝕了副欽差的衍生權力，霸占了後者可能的衍生收益。而副欽差的官雖然比正欽差小，但資歷比正欽差老。副欽差連日看正欽差和拉達鬼鬼祟祟地躲在屋裡談話，就趕過來聽。等到副欽差來了，師生二人又不說了。副欽差當眾向正欽差發難：「怎麼這些隨員當中，只有拉某人會辦事？」正欽差支吾道：「我看拉達為人活絡，人頭也熟。」副欽差就說：「事情太多，怕他一個人忙不了，我明天再派一個人幫他去辦。工作嘛，大家一起做，不用分彼此了。」正欽差不好反駁，只好默許副欽差插進來分了一杯羹。

　　一切操作完成，兩位欽差傳諭，把那些沒出錢的幾十個人押到欽差行轅，分別審訊，認真記錄，絲毫不徇情面，該打的打，該收監的收監。最後查辦結束，處理了包括候補知縣、書吏在內的若干人。欽差將案情向朝廷稟告，把贓款一分，工作結束，剩下的就是出門拜客了。今天將軍請，明天巡撫請，後天學政請，大後天司局諸公請，又逛了兩天

西湖，皆大歡喜。其實過富不應該歡喜，而應該冷靜思考欽差回京後自己的權力問題。之前的權力暴富得益於欽差老師的存在，老師回京後過富的賴以發達的所有衍生權力蕩然無存。如果他不開發新的衍生權力，就只能靠新任命的支應局和營務處的法定權力在浙江立足了。

第九節
朝中有人好辦事

　　清朝時，江蘇人劉玉書計劃讀書入仕。可惜他資質實在太差，上私塾白天學的字晚上就忘了，到十四五歲連「之」和「而」的意思都搞不清楚。

　　劉家的人，尤其是劉玉書的老父親，很擔心劉玉書的將來。這個笨小子將來何以為生啊？根據劉玉書的特點（又傻又憨），家人覺得他最好能找一個不用動腦子不用賣力氣不用辛苦就能衣食無憂的工作，而且這份工作要超級穩定，能讓傻小子端上飯碗就砸不了。什麼工作符合這些要求呢？只有做官才可以。於是，劉家掏錢為劉玉書捐了一個官。可憐劉家只是個普通人家，掏老底替傻兒子捐了一個不入流的小官，連從九品都沒捱上，之後就再沒錢在官場上活動了。更可憐的是劉玉書捐了官後，一直在北京「候補」著，等著有了空缺吏部叫自己上任去。這一等就是 20 年啊！

　　清朝後期，捐納之門大開，買官之人很多，實缺太少。官帽發得太多了，可是位置沒那麼多。怎麼辦？一個辦法就是找各種方法縮短在位官員的任期。比如平均每個縣太爺當個兩三年就被挪位置了，很少有做滿任期卸任的。另一個方法就是提高上任的資格，除了特別強硬的「遇缺即補」的特殊官員，其他官員全都「候補」，按照資歷排隊等著。你要

插隊，就得另外交錢。晚清，上任資格的買賣價格比官位本身的價格還要高。劉家家底薄，沒有能力買上任資格，只好委屈傻孩子傻等了。20年後，劉玉書滿頭黑髮等成了白髮，終於熬資格輪到了廣東某縣巡檢的空缺。

巡檢是縣級機構派駐鄉鎮的辦事人員，負責部分鄉鎮的治安司法和其他交辦事務。雖是皇上任命的，但連縣級領導團隊都進不了。巡檢抓住了官員序列的末梢，地位僅比吏員和衙役略高而已。

劉玉書高興極了，拿了委任狀後問吏部經辦人員還需要履行什麼手續。經辦人員一看是個又老又傻的巡檢，打官腔一本正經地告訴劉玉書：明天一早呢，你就到紫禁城午門外「望闕謝恩」；然後上任，到廣州後拜見兩廣總督大人；再去縣裡拜見知縣老爺，由知縣老爺具體分配職掌。劉玉書都一一記在心裡。

第二天天還沒亮，劉玉書就穿上朝服戴上頂戴，全身上下弄得整整齊齊的，趕到紫禁城午門面前，要「望闕謝恩」。所謂的「望闕謝恩」起源於皇帝重視地方吏治，州縣官員上任前都親自接見的「陛見」制度。因為要見的人太多，清朝又規定一定級別和職位的官員才去陛見，低階官員就在午門外對著紫禁城磕頭謝恩就可以了，就算是見過皇上了。「望闕謝恩」制度很快就徒具其文流於形式，沒人去磕頭，也沒人追究。劉玉書天沒亮就走到午門前，把紫禁城侍衛們嚇了一跳。聽說是一個外地的新任巡檢來磕頭，侍衛們都覺得好笑，可是又不便驅逐，只好看著劉玉書演獨角戲。不巧，劉玉書恭恭敬敬地跪下的時候，天空下起了雨。他不顧下雨，跪在雨水中從容叩拜，行三叩九拜大禮，絲毫不敢馬虎。

有位王爺兼軍機處大臣，正去軍機處值班，坐著肩輿打午門前經過，看到有個官員跪在雨水中三叩九拜，以為出了什麼大事，忙派個跟

班去問問是什麼人，在做什麼？跟班問過後稟報：「新選廣東某縣某司劉玉書叩謝天恩。」王爺聽了，心裡大笑，也不理睬就入宮進了朝房。巧了，王爺在朝房中遇到了進京上朝的兩廣總督。見面了總得上前寒暄幾句，王爺不由想起了剛才雨中情景，脫口便對兩廣總督說：「貴屬下某縣某司巡檢劉玉書……」更巧的是，王爺剛講到這裡，太監叫到皇上要見王爺。王爺匆匆入內。他的本意無非是拿劉玉書的事情當個笑料，和兩廣總督寒暄幾句。可是總督只聽到前半句，沒聽到後半句，不知道王爺是什麼意思，只當是王爺拜託他多關照巡檢劉玉書。一面之緣後，兩廣總督沒有機會和王爺再見面，沒辦法考核這事就回廣州了。他在心中默記住了「劉玉書」這個名字，認定他是「王爺的人」。

　　不知情的劉玉書繼續「按規矩」辦事，到了廣州後去參見總督大人。地方新任官員都要先去省城參見總督或者巡撫，再去上任，這也是一條制度。不過也流於形式，地方首長只接見一定級別的官員，像劉玉書這樣不入流的官員肯定是不見的。慢慢地，閒職雜職和不入流的官員也就不去參見地方首長了。可是劉玉書「認真」啊，寫了個手本來到兩廣總督行轅，恭恭敬敬地遞了進去。總督行轅的門政私下裡接到了主人的叮囑，要求一見「劉玉書」來立即通報。手本很快就遞到，總督傳令馬上接見。見到劉玉書，總督就問：「王爺安好？我出都時，來不及向他辭行。」他大談特談對王爺的仰慕和敬佩之情，劉玉書完全不知所云，就只會一個勁地說「是」，告別時再鄭重其事地磕頭，就矇混過去了。

　　劉玉書以巡檢之身參見總督的時候，衙門進進出出的人就被他的舉動給嚇著了，都搞不清楚劉玉書是什麼來頭。後來見到總督立即接見，又客氣地與之交談，衙門裡的人確信：這個劉玉書不簡單，有背景！消息很快在廣東官場傳開，大小官員都敬劉玉書三分，劉玉書辦錯什麼事

情也都幫著遮掩。上任未滿一年，兩廣總督便讓劉玉書兼了一個徵稅的差使。廣東又是富庶之地，劉玉書天時地利人和都占了，智商雖低也在一年後賺翻了天。

　　劉玉書有事第二次參見總督。總督說：「你官職太小，我亦無法提升你，再捐兩階吧！」劉玉書磕頭照辦，拿賺到的錢又捐了個知縣。廣東巡撫和布政司知道劉玉書是「總督的人」，沒讓他候補立刻就補了實缺。此後數年，凡有好缺肥差劉玉書都占光，正常提拔加花錢買官，劉玉書居然升為道員，創造了一個奇蹟。

　　提升到道員一級後，兩廣總督要想再提拔劉玉書就力不從心了。加上沒有實缺，劉玉書要回北京候補。臨行前，兩廣總督拜託他帶上禮物和信件向王爺「問好」。劉玉書呆頭呆腦地就去王爺府邸了。王爺早就忘了幾年前午門前的那一幕，不知道劉玉書是何人，看到廣東來了一個滿頭白髮的道員帶著兩廣總督的禮物和書信前來，只當劉玉書是總督栽培多年的親信。總督的信中極力誇獎劉玉書老成穩重（其實是老）、為人忠厚（其實是傻），已薦保至道員云云。總督的本意是透過誇獎「王爺的人」對王爺拍馬屁，王爺則確信劉玉書是「總督的人」，是總督拜託讓自己關照的。王爺只是覺得總督在信中不遺餘力地盛讚一個親信，是不是有點不太謙虛啊？

　　第二天，王爺入值，恰逢廣東空出一個道臺的位置。皇帝徵求王爺意見。王爺剛好沒有自己的人選，就做個順水人情給兩廣總督，推薦了劉玉書。有王爺和兩廣總督的推薦，皇帝就恩准了。劉玉書又是沒有候補，歡天喜地回廣東上任。

　　清朝的情況是品級越高，遇缺即補的情況就越少見，畢竟是級別越高位置越少。兩廣總督見劉玉書在京城晃了幾天就得到實缺上任了，能不再

次確定他是王爺的紅人嗎？廣東的大小官吏見劉玉書扶搖直上九天，總督對他越來越客氣，能不再次確定他的背景非同小可嗎？總督當劉玉書是王爺的人，王爺當劉玉書是總督的人，劉玉書就算是根木頭也能升官。

地富人眾的棗強縣是清朝直隸（今河北省）的「第一美任」，有「銀南宮、金棗強」之稱。棗強的知縣「歲可餘四萬金」（衍生收益是法定俸祿的近 900 倍：40000/45）。

光緒年間，有個方知縣在棗強當縣令。棗強縣城裡有個年輕的寡婦，「無子女，有遺產千金」。小叔叔覬覦寡嫂的家產，逼她改嫁。寡婦不從，小叔子就狀告嫂子不貞。方知縣把寡婦抓來，和顏悅色地說：「我看妳不像是不貞之人，妳的小叔子太荒謬了。我替妳著想，妳和惡叔相處，總會防不勝防，將來妳小叔子難免不會鬧出其他事來，怎麼辦？」寡婦叩頭求保護。方知縣就說：「妳年輕又無子女，按律應再婚。」寡婦擔心：「再嫁就怕財產被小叔子奪走。」方知縣說：「不會，家產是妳應有的，小叔子不能奪走。」寡婦感激地說：「感謝大人曉諭，我願意再嫁。」方知縣再三稱好，回頭說：「叫縣衙門的縫工來。」他指著寡婦對縫工說：「本縣指此婦與你為妻，如何？」縫工見寡婦小有姿色，寡婦見縫工年齡相仿，雙方都同意婚配。方知縣即令當堂成禮，讓縫工攜寡婦回自己家去，再派衙役到寡婦家去把家產都拿到縣署中。第二天，新婚的縫工來謝恩，提到新婚妻子的家產歸屬。方知縣說：「你都抱得佳人歸了，還要財嗎？人怎麼能這麼不知足呢？你妻子的家產全都充公了。」說完，方知縣就把縫工斥退。縫工不敢言，寡婦也懊喪不已。最後，寡婦努力保全的家產都被方知縣霸占了。

棗強縣每月都有集市，挺熱鬧的。某月集日，方知縣備下少許酒食款待四鄉耆老。臨別，方知縣搬出一堆堆自己的語錄，送給各位鄉親。

他說：「這些書都是本縣的心得之學，足裨教化，所值無多，你們可拿去。希望大家回去後廣為散發，大有益於人心風俗也。」耆老以為這些書都是贈品，稱謝而去。第二天，縣裡的保正里長都接到縣裡的通知，要求每戶繳納知縣語錄的刊資，每冊若干錢。這就等於棗強全縣百姓都要花錢買方知縣的圖書，僅此一筆方知縣就獲金無算。

　　一次，方知縣的族弟從故鄉來省親。方知縣一見，大喜：「弟弟來得正好，我一無所有，把微薄的薪資都花在買書上了，現在有圖書數十箱，想運回家鄉留給子孫。我正愁沒人可託，你來了，就麻煩幫我把圖書運回去吧！」第二天，方知縣蒐羅了幾十個空箱子擺在堂上，親自從內室取出用木頭或者厚布包著的圖書來，往來數十百次裝箱。衙役和隨從們見了，都覺得知縣親自搬運太辛苦了，要上前代勞，結果遭到方知縣的喝斥。大家都很不理解，族弟也不理解，更不明白哥哥為什麼這麼重視這些書。半夜，知縣夫人偷偷告訴族弟：「你途中須加留意，箱子裡不是圖書，而是一萬多兩銀子。」族弟大驚：「我看到的都是圖書，不是銀子。」夫人說：「銀子都在書裡呢，每一包書裡夾著一百兩銀子。」族弟害怕了，恐途中有變，不願意押送。夫人說：「你就裝作不知道有銀子，如果出什麼意外了，罪不在你。我之所以偷偷告訴你，是擔心你途中不用心。」族弟的嘴巴不嚴，方知縣偷運贓銀的事情才洩露出去。

　　這樣的知縣竟然在考核中得到了「循良第一」的評語，被保薦升職，照例要入京覲見皇帝。方知縣離開棗強的那一天，鄉民數萬人聚集城下，拿著糞便穢物等待方知縣出現，準備好好「歡送」一下方知縣。新任知縣知道後，連忙派轎子找條小路把方知縣送出縣境。方知縣害怕到北京後遭到言官的彈劾，連官都不要了，以健康原因辭官回家享福去了。

　　名聲掃地、劣跡斑斑的方知縣為什麼能夠在棗強知縣的位置上巋然不動、得以善終呢？原來方知縣是舊湘軍幕府中的人物。鎮壓太平天國的戰爭，讓湘軍勢力如日中天，全國有一半的總督巡撫和提督級別的官員都出自湘軍陣營。方知縣算是其中級別低的。他在棗強任職的時候頂頭上司直隸總督就是當年湘軍幕府中的老朋友李鴻章。李鴻章很重鄉誼，「晚年坐鎮北洋，凡鄉人有求無不應之。久之，聞風麇集，局所軍營，安置殆遍，外省人幾無容足之所。自謂率鄉井子弟為國家捐軀殺賊保疆上，今幸遇太平，當令積錢財、長子孫，一切小過悉寬縱勿問。」（《國聞備乘》）在幕府中，方知縣和李鴻章的關係最好，任職直隸自然深受總督老友的關照。清朝皇帝拜謁皇陵，直隸總督要督治馳道。道路修成後，李鴻章要檢驗。直隸百官鵠立道旁，等候李鴻章的檢驗。方知縣也列班中。李鴻章看到方知縣就握手寒暄，又拉他一起在馳道上檢驗。道旁有數萬人看到了這一幕，指著兩人竊竊私語：「珊瑚頂戴的那人，就是李中堂，銅頂戴的那人，就是方知縣。」人們都嘖嘖稱奇，都知道方知縣和李總督關係不一般，誰還敢出來揭發方知縣的劣跡。

　　張祖翼從在北京的棗強人那裡聽到了方知縣的種種劣跡，都記在了《清代野記》裡面。他曾好奇地問棗強人：「何邑人甘受其虐，竟無上訴者？」（百姓被方知縣如此虐待，怎麼不上訴呢？）回答說：「彼與中堂有舊，訟亦不得直，且無巨室與朝貴通，何敢也？」方和李鴻章關係很好，上訴了也不會得到公正裁決。重要的是，上訴往往要有強而有力的地方人物出面首告，平民百姓是沒有能力承擔漫長昂貴的民告官過程的。但是棗強縣沒有走上層路線的「巨室」，也就沒有人帶頭狀告方知縣了。結果，方知縣在棗強任職五年，仰仗李鴻章的親信，以道學粉飾自己，平日裡布衣蔬食敝車羸馬以為常，暗地裡搜刮了不下四十萬兩銀子。

第十節
愣頭青與好官

在泛權力時代，頭腦簡單的理想主義者或者法定制度和表面宣傳的迷信者，常常在現實面前碰得頭破血流，而且還得不到世俗的認同。他們被諷刺為「愣頭青」。

我們先來看看幾個愣頭青的悲劇：

第一是康熙年間湘潭的秀才石侖森。石侖森這個人讀書好有文名，而且見義勇為，好打抱不平。康熙平三藩時候，下詔蠲免戰火蔓延區域的丁糧，其中湖南就享受到了這個免糧政策。但是湖南地方官違背聖旨，照收不誤。老百姓因為戰爭剛過，不願多事，同時怕如狼似虎的官吏，就默默接受了不公正的待遇。只有石侖森一個人大呼大叫：「明朝就是因為橫徵暴斂滅亡的，想不到如今太平盛世了還有這樣的惡行！」他不僅說說而已，還自費跑到北京城，到御史臺和都察院去狀告湖南官府。清朝制度沿襲了中國歷代看似公平公正的傳統，允許民告官，為普通百姓提供了種種上訴的管道。可惜，猜想在石侖森之前，還沒有遇到過百姓狀告本省官府的事情，御史臺和都察院都不接受他的狀子。這裡，法定的制度形同虛設，老百姓的法定權力在實踐中被剝奪了。

石侖森不灰心，他想起了「告御狀」，懷揣狀子天天等著康熙皇帝出紫禁城。告御狀也是國家政治賦予老百姓的一項法定權力，不過極少

有人這麼做。所以猜想皇帝身邊的人也沒料到石侖森會在康熙出巡的時候突然闖入車駕行列告狀，竟然讓石侖森輕易接近了康熙的御駕。康熙皇帝當時正是血氣方剛的年紀，看了石侖森的狀子後，對湖南陽奉陰違盤剝百姓的行徑極為憤怒。他當即指示刑部嚴辦，把石侖森送到武昌，命令湖廣的總督、巡撫嚴肅處理他反映的問題。很快，石侖森舉報的事情得到了處理，相關責任人受到了處分。石侖森也名動天下，同時也種下了禍根。

湖廣官員把石侖森恨透了，不僅因為他舉報徵收錢糧斷了地方官的財路，更因為他見義勇為好為百姓出頭，仗著見過皇帝、自己名聲響亮到處揭露官府黑幕、糾正官員錯誤。石侖森的行為嚴重侵犯了當地官員的實際權力，影響了大家的收入。恰好武昌夏逢龍作亂，官府平定叛亂後，搜捕餘黨。湖南巡撫藉口石侖森參與叛亂，密令湘潭縣令楊篤生逮捕石侖森。石侖森聽到武昌叛亂的消息後，也預料到當地官員可能會藉機「修理」自己。叛亂前後，他正從四川趕回湘潭，沿途投宿，都在房間的牆壁上題詩寫字，而且詳細記上年月日。回到湘潭被捕後，石侖森以此為證據，說自己根本就沒有參加叛亂。楊篤生面對鐵證，還是要殺石侖森。石侖森的兒子石觀來探監，也被一同逮捕要處死。百姓們聽到消息，聚眾數百人要劫石侖森出來。楊篤生害怕了，竟然在湘潭將石侖森父子祕密處決──沒有紀錄、沒有判決。不料，石侖森死後不久，任命他為學官的委任狀到了。楊篤生給了石家親戚一筆錢，讓他們為石侖森報了一個「病死」，矇混了過去。湖南官員都知道石侖森之死的實情，都沒有說破。楊篤生還因為殺石侖森有功被提拔為知府。

第二「愣頭青」是乾隆時福建人李夢登。他出任孝豐知縣，不帶家室，帶上三四個志同道合的人就去上任，準備為民服務。新任縣官到任

前要拜謁巡撫，巡撫衙門的門政索要賄賂，李夢登分文不給，因此被拒之門外。李夢登就在衙門門口架了個繩床，整天睡在上面不離開了。他說：「我有公事拜見巡撫，並非私事。等巡撫出來的時候，我就在門口把事情說清楚，門政奈何得了我？」門政勉強為他通報。巡撫看李夢登的樣子，好言相勸：「我看你樸實無華，這固然不錯，但對官場上的事情也要多熟悉、多適應。你趕緊找幾個通曉規矩的人當幕僚隨從，輔佐自己。」李夢登回答：「孝豐知縣的俸祿，一年不過三十多兩銀子，我哪請得起幕僚啊？況且和我一起來的三四個好友，學問、人品俱佳，可以朝夕相處共事了。」巡撫可能被李夢登的回答驚呆了，竟然接不上話來。

李夢登上任後，衙門口沒有門政、出入沒有隨從，百姓有事可以直接上堂找他。李夢登親自為他們解答、辦理事情，還限制屬官和胥吏擾民。百姓常常看到知縣李大人一個人走在田野阡陌之間，有時與鄉親父老討論農事，有時與俊秀子弟談文論道。偶爾有公事需要去外地辦事，李夢登遇到哄鬧、訴訟，也都停下來幫忙解決，絲毫不管當地官員的感受。孝豐的老百姓和鄰縣的老百姓都念李夢登的好處。不過還沒到三個月，巡撫就上奏將李夢登的知縣給罷免了。

第三個「愣頭青」其實不是青年了，而是一個叫做費叟的老農。他的經歷充分說明了在泛權力盛行的古代，普通老百姓如何攀附權力，又是如何為權力所傷的。

費叟是鄉間的富農，辛勤勞動累積了不少財富，唯一遺憾的是自己和貴家大族扯不上關係，連當官的都不認識一個。一日大雨，兒媳婦在河邊看到一艘破船上有個書生被淋成了落湯雞，極其狼狽。兒媳婦一問，知道是城裡的秀才費某，趕緊跑回家告訴公公。費叟見到同姓秀才，覺得攀附人家的機會來了，連忙拿著雨具把費秀才迎接到家裡來，

拿出最好的酒菜衣物招待。雙方因為是同姓，以兄弟相稱，費叟為兄秀才為弟。費叟趁機向費秀才炫耀自己有水田若干、姜芋蔗田若干、魚池若干、茭灘若干、桑原蔬圃若干，又帶費秀才參觀了自己的十餘間住房、倉庫、牛羊豬圈。費秀才也說了家世和社交網絡：「某官為年伯，某官為座師，某部某大人是房師。其他某某某是我表親、城中現任官某某也和我親善，言聽計從。」最後，費秀才拍著胸脯說：「凡是與弟弟交往的人，我都不會讓他們有禍患！」費叟大喜，以為自己終於交上了一戶有權有勢的人家，此後兩家經常來往。費叟送土特產，送金銀給秀才弟弟，還滿心歡心，覺得自己沾上了權貴、身價高了許多。

其實，費秀才是個陰險小人，貪圖費叟的家產，勾結平時熟悉的捕役，誣陷費叟是盜匪集團成員，將他抓入大牢去。費叟的兒子向費秀才求援。費秀才流著淚說：「你父親是我兄長，我就是拋頭斷頸也要救他出來！只是兄長他惹上的官司很麻煩，不是口舌能掙脫的，不花點錢不行。」費叟的兒子想想救人哪能不花錢的，這也是官場的潛規則，就一切拜託費秀才做主。費秀才就藉口某某官應該賄賂多少某某吏應該賄賂多少，今天需要多少錢明天需要多少錢，連續一年時間從費叟家拿錢救人。費叟家雖然殷實，但也經不起這麼折騰。兒子把房產和田地全部變賣了，才湊足了錢。暗地上，這些房產、田地都被費秀才假名買走了。

費叟在獄中，還很感激費秀才幫忙，等到終於被「撈」出來後，發現家徒四壁一無所有了。他越想越覺得奇怪，自己連強盜的面都沒有見過，怎麼會被人誣陷為盜匪呢？他割雞攜酒到監獄裡，當面問指認自己的強盜。強盜看他可憐，告訴他這一切都是費秀才設計的，目的就是霸占你的家產。費叟大怒，去找費秀才；費秀才閉門不見。回家後，費叟上吊自盡了。

　　「愣頭青」的道路是行不通的，相信絕大多數人也不願意做那樣的人。那麼，在泛權力大行其道的背景下，什麼樣的道路才是可行的呢？讓我們來看看被官府和百姓都稱讚為好官的人，是如何做人辦事的。

　　康熙年間，杭州人徐潮出任河南巡撫，被朝野視為克己奉公的能臣幹吏，還得到了百姓的交口稱讚。徐潮上任後，主要做了四件「好事」：一、之前河南省的火耗州縣官員隨意規定標準，他下令全省統一標準徵收，不許州縣官員多收一分；二、南陽黑鉛、衛輝漕米之前都是由胥吏負責徵收押送，他下令由州縣長官親自採辦，防止胥吏舞弊；三、之前河南各地有許多掛名官府的人員，主要是為了逃避徭役，他下令各地清理這類人，增加政府徭役徵發對象，之後利用增加的勞力興修水利；四、開封五府出現饑荒，他奏請朝廷緩徵漕糧，拿出政府儲備糧入市抑制糧價過度高漲，同時糜粥救濟饑民。我們看徐潮的四項政績，沒有任何轟轟烈烈的事蹟，相反顯得那樣平常。它們的成功，透露著當好官不當愣頭青的兩大原則：第一是接受現狀，不挑戰實際權力的現狀，在現有權力網絡允許的範圍內施政；第二是量力而行，根據自身實際權力情況展開行動，不承擔過分的責任。比如徐潮統一河南火耗徵收標準，並沒有侵犯全省官員的衍生收益，只要求大家不要過分貪婪而已；又比如他清理官府掛名人員，增加徵發徭役的對象，看似得罪了一大批人，但他身為巡撫的實際權力完全可以抵擋得住這群人的反撲。更何況增加徭役惠及全省官員——官員們有了更多的勞動力可以支配，全省官員是支持徐潮的。「接受現狀」、「量力而行」，再加上良好的個人操守，這樣的官員就能被視為好官了。

　　這樣的好官如果再會使些手腕，就完美了，能成為民間的傳奇。

　　道光年間，江忠源出任秀水知縣。當時秀水的情況非常糟糕。首

先是大旱造成大饑荒，米價飛漲，到處有饑民搶米。他剛到任，就接到二十多起饑民搶米的案子，縣牢裡關著數以百計的饑民。官府和百姓的對立，到了一個非常危險的境界。江知縣應該怎麼辦？

要解決饑荒、杜絕官民衝突，按照正常的匯報程序請求支援，顯然不行；向饑民投降，搶劫官紳富戶的方法也不行。江知縣的做法是，先解決最迫切的饑民搶米問題。他從監獄中拉出一名平時為害地方、如今又參與搶米的某甲，關在站籠（強迫犯人只能站立的木籠）裡，在烈日之下放在大街上曝晒示眾。結果某甲死在了站籠中。正當監獄中的其他饑民戰戰兢兢的時候，江知縣把所有的搶米行為都歸結到已經死去的某甲頭上，其餘人一概不問，無罪釋放。這第一槍，既讓江知縣對被搶的官紳富戶們有所交代，又爭取到了饑民們的好感。

其次，還是要徹底解決飢餓問題。江知縣覺得還是要發動秀水的富裕人家有糧的領薪水，有錢的捐錢。只見他邀請眾位官紳一起去拜城隍神。江知縣親自拿出誓神文，一一詢問到場官紳，是否願意在城隍面前署名救災。在這樣的場景下，就算再吝嗇的官紳也只能簽名表示願意。然後，江知縣和大家同跪神前，朗聲誦讀誓文。接著，縣衙大量製作兩種牌匾，一種上書「樂善好施」四字，一種大書「為富不仁」，捐錢捐糧的人贈送第一種牌匾，不捐錢捐糧的就把第二種牌匾掛到他的大門口。江知縣責令地保天天巡視，不許第二種人家藏匿牌匾。其實，根本就不需要地保巡視，因為江知縣還對百姓說：凡是看到「樂善好施」的人家，百姓不得哄搶，否則照某甲一律處死。言下之意，饑民哄搶「為富不仁」的人家官府就不管了？數日之間，秀水官紳和富裕人家踴躍捐錢捐糧，大家都想拿到一塊「樂善好施」的護身符。很快，單單救災銀，秀水縣就籌集到了十餘萬兩。

　　第三步的工作就簡單多了。江知縣親自調查鄉鎮的饑民戶口人數，分別造冊救濟。為了防止賑災者貪汙，江知縣允許出錢領薪水的人自行聯繫饑民，一對一地救濟，官府隨時抽查。同時江知縣對同一救濟的表冊也五日一核，隨時抽查。救濟過程中沒有發生一起貪汙腐敗的案子。秀水的饑荒也順利度過了，沒有造成大量的死亡，也沒有釀成群體性事件。

　　分析江忠源的行為，一些措施遊走在法律邊緣，比如將饑民某甲曝曬致死、將其他搶糧饑民全部釋放、用「為富不仁」的牌匾和默許饑民哄搶的方法逼富戶賑災等等。但是這些措施都產生了正面效果，而且沒有人告發：某甲罪行累累無人同情、釋放饑民爭取到了廣泛的同情緩和了官民對立、真正的為富不仁者沒法拿這個問題告倒江忠源。更為重要的是，客觀結果可以為主觀過程提供強而有力的保護：一切都是為了解決危機。

　　綜上所述，泛權力是存在的事實，當愣頭青是沒有前途的。品行端正的人不妨接受現實，靈活地施展拳腳，爭取做個好人、「好官」。如此，於人於己，善莫大焉。

後記

感謝閱讀本書！

本書聚焦中國古代的權力泛化現象，我稱之為「泛權力」。權力因素存在於政治、經濟、文化、生活各個方面，塑造著我們的社會和生活。其範圍之廣、影響之潛移默化，當得起一個「泛」字。需要特別指出的是，古代官府的權力並非白紙黑字那般清晰，而是衍生出了許多說不清道不明的權力，同時泛溢到其他領域。社會瀰漫著「一切以衙門為中心」的觀念。人們痴迷於那一方官印、一紙委任狀包含著的權力——那是衍生出更多的權力、獲取更大的收益的根本。在古代，權力因素蔓延到各個領域，幾乎沒有遺漏。比如陶淵明尋找桃花源，我們都希望他能找到。遺憾的是，陶淵明沒有找到，歸隱並不能逃避權力和現實的影響。陶淵明除了歸隱最初的三四年，後半生過得窘迫而悲慘。

正是因為權力的強制屬性和造禍功能，理想的權力應該是有邊界的：權力的大小、形式明確無誤，存在有效的制約，權力的行使過程受到監督。中國古代發展出了輝煌的政治文明，但遺憾的是泛權力的現象始終存在，尤其是官府權力有強烈的泛溢欲望和事實。正如海瑞所說：「百姓口小，有公議不能自致於上。」老百姓在實踐中的話語權被剝奪了，面對官府處於弱勢；權力所有者的實際權力很大，處於強勢地位。

本書力圖描述清楚泛權力的歷史現象，同時歸納出了「泛權力公式」：實際權力 = 法定權力 + 衍生權力。一個人的實際權力不是法律明文授予的法定權力，相當程度上取決於他從法定權力上發展出來的衍生

權力。而衍生權力是來自於一個人的人際關係網絡和人際交往的手段。清末，御史劉汝驥外放徽州知府，入見慈禧太后辭行。慈禧太后問他：「你拜謁各位軍機大臣辭行了沒？」劉汝驥回答：「沒有。」慈禧太后就開導他說：「軍機大臣，你一定要去拜謁。你現在是外官了，不再是御史了。御史是清流，要清正剛硬才能監察百官。今後，你要好好學習應酬。」慈禧太后金口提醒劉汝驥「學習應酬」，其實就是要劉汝驥提高人際交往手腕、好好搭建人際關係網絡、發展出各種衍生權力，不然的話他的徽州知府是很難當好的。類似的話，唐德宗對拒絕收禮的丞相陸贄也說過，唐德宗私下批評陸贄：「卿清慎太過，地方官員給你的餽贈，你一概拒絕，會傷害大家的感情，恐怕事情不通，影響工作。以後像馬鞭、靴子之類的禮物，你但收無妨。」這些事例反覆說明，泛權力影響之廣，似乎已深入各個權力層級和歷史階段。

　　權力因素之所以頑固，重要原因是它與利益捆綁在了一起。在中國古代，權力因素決定了一個人的收益。實際權力的大小和與權力關係的遠近，決定了一個人的收益多少。實際收入和實際權力緊密相關，地方官的實際收益大於京官，掌握核心權力的吏部、戶部官員的收益大於其他部門的同僚。六部中刑部相對清苦，刑部官吏自然不能靠俸祿生活，就在刑罰上打主意。清朝，刑部以廢黜嚴刑峻法的名義，取消笞杖，改作罰金攤派給地方州縣，規定每縣每年向刑部上繳 200 兩銀子。這筆銀子就是刑部諸官的法定之外的衍生收益了。而欽天監比刑部更清苦，人家只管天文曆法，和官員和百姓沒有直接關係。不過欽天監依然能靠「攤派皇曆」賺錢，每年頒發皇曆以每本二兩銀子的高價攤派給地方州縣。雖然收益只有刑部同僚的百分之一，欽天監官員們也總算有筆衍生收益 —— 現實中似乎沒有純粹的「清水衙門」。

泛權力現象和金錢因素相互結合，是引發古代許多匪夷所思現象的根本原因。清末，沈幼嵐想抱住慶親王奕劻這棵大樹得以升遷，但屢次求見皆被拒。同鄉某御史就對他說：「奕劻之門不難進，但必須花費鉅款方可。」沈幼嵐大悟，拿著兩萬兩銀票送給慶王府的看門人，說：「這是小意思，給王爺買些果品。」看門人進入報告，奕劻竟然親自出來迎接，沈幼嵐又喜又驚。告辭後，奕劻又親自送出門外。沈幼嵐出來對人說：「金錢魔力竟然如此巨大！」沒幾天，沈幼嵐就得到了升遷。這說明了金錢在搭建權力關係時的重要作用，是權力收益的又一表現。此外，科舉、地緣、血緣、派系等因素也對權力關係的搭建很有作用。

　　在本書中，類似的觀點、事例還有很多。本書結合歷史案例和邏輯分析，反覆說明泛權力的現象，希望讓讀者留下若干印象。相信讀者如果記住以下概念：實際權力、法定權力、衍生權力、權力收益、人際關係等，基本就能理解泛權力的內涵和表現了。

　　本書主要選材於明清時期的筆記和小說，其中有許多《官場現形記》的內容。筆者覺得參考小說的內容並不影響對泛權力現象的闡述和相應的論點發揮，相反小說內容提供了豐富、形象的論據。小說內容來源於生活，是對現實的提煉。胡適在〈《官場現形記》序〉中說：「《官場現形記》是一部社會史料……就大體上論，我們不能不承認這部《官場現形記》裡大部分的材料可以代表當日官場的實在情形。」據說慈禧太后索閱此書後，曾經按照線索調查，還有官吏因此獲咎。

　　我並非歷史科班出身，寫作完全是業餘所為，書中史料遴選和觀點推演難免存在錯誤，歡迎讀者批評指正。

　　謝謝大家！

張程

參考文獻

[01] 吳承恩《西遊記》[M]. 北京：人民文學出版社，1980.

[02] 施耐庵，羅貫中《水滸傳》[M]. 北京：人民文學出版社，1997.

[03] 李伯元《官場現形記》[M]. 上海：上海古籍出版社，2005.

[04] 東魯古狂生《醉醒石》[M]. 上海：上海古籍出版社，1992

[05] 徐珂《清稗類鈔》[M]. 北京：中華書局，1984.

[06] 張祖翼《清代野記》[M]. 北京：中華書局，2007.

[07] 胡思敬《國聞備乘》[M]. 北京：中華書局，2007.

[08] （美）何天爵著，張程、唐琳娜譯：《中國人本色》，中國言實出版社 2006 年 9 月版。

[09] 完顏紹元《天下衙門》[M]. 北京：中國檔案出版社，2006.

[10] 葉赫那拉·根正、郝曉輝《我所知道的慈禧太后：慈禧曾孫口述實錄》[M]. 北京：中國書店，2007.

[11] 葉赫那拉·根正、郝曉輝《我所知道的末代皇后隆裕》[M]. 北京：中國書店，2008.

[12] 馬東玉《正說清朝非常人物：慈禧與恭親王》[M]. 北京：團結出版社，2009.

[13] 龐承強《《官場現形記》對近代小說現實主義風格的開拓》[J]. 古典文學知識 .2003，03.

[14] 龐金殿《明清世情小說名著對封建官場政治的描寫與批判》[J]. 殷都學刊 .2007，02.

[15]　鈔曉鴻《清末廢止捐納實官考實》[J]. 中國經濟史研究 .2009，04.

[16]　謝俊美《晚清賣官鬻爵新探 —— 兼論捐納制度與清朝滅亡》[J]. 華東師範大學學報（哲學社會科學版）.2001，05.

權力與冤案,泛權力下的歷史困局:

官僚體制結構 × 《官場現形記》解析 × 漕運利益糾葛……
從衙門到民間,看權力如何在無形中滲透與影響!

作　　　者:張程
發　行　人:黃振庭
出　版　者:崧燁文化事業有限公司
發　行　者:崧燁文化事業有限公司
E-mail:sonbookservice@gmail.
　　　　　com
粉　絲　頁:https://www.facebook.
　　　　　com/sonbookss/
網　　　址:https://sonbook.net/
地　　　址:台北市中正區重慶南路一段
　　　　　61號8樓
8F., No.61, Sec. 1, Chongqing S. Rd.,
Zhongzheng Dist., Taipei City 100, Taiwan

電　　　話:(02)2370-3310
傳　　　真:(02)2388-1990
印　　　刷:京峯數位服務有限公司
律師顧問:廣華律師事務所 張珮琦律師

定　　　價:375元
發行日期:2024年07月第一版
◎本書以POD印製

國家圖書館出版品預行編目資料

權力與冤案,泛權力下的歷史困局:
官僚體制結構 × 《官場現形記》解
析 × 漕運利益糾葛……從衙門到民
間,看權力如何在無形中滲透與影
響! / 張程 著 . -- 第一版 . -- 臺北市
: 崧燁文化事業有限公司 , 2024.07
面;　公分
POD 版
ISBN 978-626-394-460-2(平裝)
1.CST: 權力 2.CST: 社會風氣
3.CST: 社會環境 4.CST: 文化史
5.CST: 中國
630　　113008566

電子書購買

爽讀 APP

臉書